普及类国家古籍整理图书专项资助项目

中华传统价值观丛书

# 尊师重教

万德敬 高淑君 和谈 编注

李浩 审读

人民文学出版社

图书在版编目(CIP)数据

尊师重教/万德敬,高淑君,和谈编注.—北京:人民文学出版社,2018
(中华传统价值观丛书)
ISBN 978-7-02-013706-0

Ⅰ.①尊… Ⅱ.①万…②高…③和… Ⅲ.①社会主义建设—价值论—中国—通俗读物 Ⅳ.①D616-49

中国版本图书馆 CIP 数据核字(2018)第 013671 号

责任编辑　杨　华
装帧设计　黄云香
责任印制　徐　冉

出版发行　人民文学出版社
社　　址　北京市朝内大街166号
邮政编码　100705
网　　址　http://www.rw-cn.com

印　　刷　三河市西华印务有限公司
经　　销　全国新华书店等

字　　数　291千字
开　　本　880毫米×1230毫米　1/32
印　　张　11.375　插页3
印　　数　1—5000
版　　次　2018年11月北京第1版
印　　次　2018年11月第1次印刷

书　　号　978-7-02-013706-0
定　　价　42.00元

如有印装质量问题,请与本社图书销售中心调换。电话:010-65233595

# 目 录

前言 ………………………………………………… 李 浩 1

## 师 礼 学 则

弟子职 ……………………………………………… 管 仲 3
学记 ……………………………………………… 《礼记》 9
三王教世子 ……………………………………… 《礼记》 17
侍坐之礼 ………………………………………… 《礼记》 19
入学尊师 …………………………………………… 班 固 21
庠序之学 …………………………………………… 班 固 24
王者尊师 …………………………………………… 班 固 26
释奠释菜议 ………………………………………… 王 俭 28
论先圣与先师 …………………………………… 长孙无忌 31
明代的经筵 ……………………………………… 《明史》 34

## 诏 令 奏 疏

修学令 ……………………………………………… 曹 操 39
置学官立五经博士诏 ……………………………… 孙 休 40
请建国学疏 ………………………………………… 袁 瓌 42
请修学校疏 ………………………………………… 王 导 45
武昌开置学官令 …………………………………… 庾 亮 49

1

| | | |
|---|---|---|
| 请兴复国学疏 | 谢　石 | 52 |
| 立学诏 | 江　淹 | 55 |
| 劝学诏 | 隋炀帝 | 57 |
| 令诸州举送明经诏(节选) | 唐高祖 | 60 |
| 增修学馆制 | 唐代宗 | 63 |
| 请崇学校疏 | 韦嗣立 | 66 |
| 请崇国学疏 | 李　绛 | 69 |
| 请修学校尊师儒取士札子 | 程　颢 | 73 |

## 庙记学记

| | | |
|---|---|---|
| 处州孔子庙碑 | 韩　愈 | 81 |
| 凤翔府扶风县文宣王新庙记(节选) | 程　浩 | 84 |
| 襄州谷城县夫子庙碑记 | 欧阳修 | 86 |
| 吉州学记 | 欧阳修 | 90 |
| 慈溪县学记 | 王安石 | 94 |
| 墨池记 | 曾　巩 | 98 |
| 袁州学记 | 李　觏 | 100 |
| 南安军学记 | 苏　轼 | 104 |
| 白鹿洞书院记 | 吕祖谦 | 109 |

## 师论学论(一)

| | | |
|---|---|---|
| 《蒙》卦辞(节选) | 《周易》 | 117 |
| 尊师教民 | 《礼记集说》 | 119 |
| 劝学(节选) | 荀　子 | 121 |
| 有师法者人之大宝 | 荀　子 | 126 |
| 国将兴必贵师而重傅 | 荀　子 | 128 |
| 文公问教学于胥臣 | 《国语》 | 129 |

| 论尊师 | 《吕氏春秋》 133 |
| --- | --- |
| 论施教(节选) | 《吕氏春秋》 138 |
| 师者人之模范 | 扬 雄 141 |
| 教化立而奸邪止 | 董仲舒 143 |
| 兴学养士 | 董仲舒 145 |
| 问难之道 | 王 充 147 |
| 学官颂 | 曹 植 151 |
| 征圣 | 刘 勰 153 |
| 论教育婴孩 | 颜之推 159 |
| 论早教与晚学 | 颜之推 162 |
| 勤学举隅 | 颜之推 164 |

## 师论学论(二)

| 师说 | 韩 愈 169 |
| --- | --- |
| 答韦中立书 | 柳宗元 173 |
| 师友箴 | 柳宗元 178 |
| 师说 | 王 令 180 |
| 论为学尊贤 | 陈 鹄 186 |
| 子弟不可废学 | 袁 采 188 |
| 论立师道 | 虞 集 190 |
| 论求知 | 王守仁 192 |
| 讲学 | 唐 甄 195 |
| 续师说 | 黄宗羲 199 |
| 广师说 | 黄宗羲 202 |
| 师道或问 | 汪 琬 207 |
| 师说 | 章学诚 211 |
| 送唐先生南归序 | 曾国藩 216 |

## 尊师敬学故事（一）

武王尊师 ………………………………… 《大戴礼记》 223
孔子向老子问礼 ………………………………… 司马迁 225
孔子劝子路好学 ………………………………… 《孔子家语》 227
孔子评点三位弟子 ………………………………… 《韩诗外传》 229
颜渊评价孔子 ………………………………… 《论语》 233
子贡评价孔子 ………………………………… 《论语》 235
曾子避席 ………………………………… 《孝经》 237
薛谭学讴于秦青 ………………………………… 《列子》 239
纪昌学射 ………………………………… 《列子》 240
孟母三迁 ………………………………… 《列女传》 242
苏秦读书锥刺股 ………………………………… 《战国策》 245
张良受书 ………………………………… 司马迁 249
伏生治《尚书》 ………………………………… 班　固 252
申公享受安车蒲轮 ………………………………… 班　固 254
河间献王刘德好藏书 ………………………………… 班　固 257
目不窥园 ………………………………… 班　固 259
带经耕读 ………………………………… 班　固 260
文翁兴学 ………………………………… 班　固 261
凿壁偷光 ………………………………… 《西京杂记》 263

## 尊师敬学故事（二）

汉元帝尊师孔霸 ………………………………… 司马光 267
汉明帝尊师桓荣 ………………………………… 司马光 269
发明家张衡 ………………………………… 范　晔 271
郑玄之学 ………………………………… 范　晔 274

| | | |
|---|---|---|
| 魏昭师事郭泰 | 司马光 | 280 |
| 三余读书 | 《艺文类聚》 | 282 |
| 集萤 | 《晋书》 | 283 |
| 书圣王羲之 | 《太平广记》 | 284 |
| 映雪读书 | 《艺文类聚》 | 286 |
| 燃糠自照 | 李延寿 | 287 |
| 牛角挂书 | 《新唐书》 | 289 |
| 唐太宗定《五经正义》 | 司马光 | 291 |
| 唐太宗尊师 | 吴 兢 | 293 |
| 怀素传 | 陆 羽 | 297 |
| 熊丸教子 | 《新唐书》 | 301 |
| 苦节读书 | 白居易 | 302 |
| 恶圆 | 姚 铉 | 304 |
| 一字之师 | 王定保 | 306 |

## 尊师敬学故事（三）

| | | |
|---|---|---|
| 邵雍刻苦求学 | 陈邦瞻 | 311 |
| 胡瑗弟子如云 | 《宋史》 | 313 |
| 欧母画荻 | 《宋史》 | 316 |
| 警枕 | 范祖禹 | 318 |
| 程门弟子杨时 | 《宋史》 | 319 |
| 苏轼以范滂为榜样 | 《宋史》 | 321 |
| 毕昇发明活版印刷术 | 沈 括 | 323 |
| 辽太祖祀孔 | 《辽史》 | 326 |
| 辽世宗尊师 | 《辽史》 | 327 |
| 王冕读书 | 宋 濂 | 328 |
| 尊师重教诗歌八首 | 耶律楚材 | 330 |

5

耶律有尚的儒学贡献 …………………………… 苏天舜 *334*
送曹生从师 …………………………………… 袁 凯 *337*
钱唐尊孟 ……………………………………… 《明史》*339*
河东薛夫子 …………………………………… 《明史》*342*
顾炎武好学 …………………………………… 《清史稿》*346*
万先生 ………………………………………… 《清史稿》*349*

关 键 词 …………………………………………… *352*

# 前　言

尊师重教是中华民族的一个优秀传统,也是古典教育思想中念兹在兹的一个突出特色。

历代关于尊师的论述很多。《礼记·学记》云:"凡学之道,严师为难。师严然后道尊,道尊然后民知敬学。是故君之所不臣于其臣者二:当其为尸,则弗臣也;当其为师,则弗臣也。大学之礼,虽诏于天子,无北面,所以尊师也。"韩愈《师说》:"师者,所以传道授业解惑也。"也是由秦汉以来的思想演生而来的。

现在湖南长沙的岳麓书院崇道祠仍保留一块匾额,上写"斯文正脉"四字,意思是说这是尊师之道的主流。在岳麓书院讲堂的门上,山长旷敏本还撰写了一副对联,上联是:"是非审之于己,毁誉听之于人,得失安之于数,陟岳麓峰头,朗月清风,太极悠然可会。"下联是:"君亲恩何以酬,民物命何以立,圣贤道何以传,登赫曦台上,衡云湘水,斯文定有攸归。"教坛如祭坛,将师者的使命、责任、义务庄严地传达出来。

古代儒家以天、地、君、亲、师为人伦的五种基本关系,长期以来,民间专门设置牌位祭祀。钱穆曾考证说:"天地君亲师五字,始见于《荀子》书中,此下两千年,五字深入人心,常挂口头,其在中国文化、中国人生中之意义价值之重大,自可想象。"① 在古人

---

① 钱穆《晚学盲言》,广西师范大学出版社2004年版,第242页。有关"天地君亲师"的观念最早出现于何时、源于何典籍说法较多,较新的研究参见徐梓《"天地君亲师"源流考》,《北京师范大学学报》2006年第2期。

看来,一旦作了教师,成了受教育者的"教父"(或教傅、保傅),与学生缔结了自然血统之外的另外一种文化关系:"学统"(道统),人们常说"师徒如父子",师生关系可以比附血缘关系,足见师者在文化传统中地位之重大,也使得人们对教师的遴选、师资的建设有着几近苛刻的要求。

关于重教的论述就更多了。《礼记·中庸》第三十一:"故君子尊德性而道问学,致广大而尽精微,极高明而道中庸。温故而知新,敦厚以崇礼。"《礼记·大学》第四十二开宗明义:"大学之道,在明明德,在亲民,在止于至善。"教与学又有密切关系,古人对通过学习提升自我、拓展自我、成就自我,有非常明晰深邃的认识,《孟子·离娄下》中说:"君子深造之以道,欲其自得之也。自得之,则居之安;居之安,则资之深;资之深,则取之左右逢其原,故君子欲其自得之也。"《荀子·劝学篇》云:"古之学者为己,今之学者为人。君子之学也,以美其身;小人之学也,以为禽犊。"这也引出中国古代教育史上一个非常著名的观点:学以为己或为己之学①。古代文献中重教敬学的材料汗牛充栋,现代的研究也林林总总,我自己也曾先后撰写过《我之大学教育观》《大雅:传统文化视域中的高等教育资源》等文章②。文章的题目虽叫作"我之教育观",但实际上主要是体会、汲取、提炼或援引传统教育思想宝库中仍有生命活力的一些命题和金句,有兴趣的读者可以参读以求通观。

尊师与重教是互为因果、互为体用的关系。从某种意义上,师与教的关系类乎鸡与蛋的关系,互相依存,互相作用,剪不断,理还乱。

---

① 较详细的阐释参见李弘祺《学以为己:传统中国的教育》,香港中文大学出版社2012年出版。
② 前文收入拙著《课比天大》,生活·读书·新知三联书店2013年出版,后文刊于《文学与文化》2016年第3期。

古代有关尊师重教的内容既见于《礼记·大学》、《礼记·学记》、《荀子·劝学》等专题文章之中,但更多地散见于浩如烟海的文史文献中,包括家训、家规、家约、家书中。著名的如《颜氏家训》、《朱子家训》、《郑板桥家书》、《曾文正公家书》等。现代学者傅雷所著《傅雷家书》,也包含很多启人心智的教子训子内容。也有没有用这样的名称的,如《了凡四训》,但内容上也属于这一类。

本书将有关尊师重教的内容分为师礼学则、诏令奏疏、庙记学记、师论学论等几类,分类虽有些勉强,也有些交叉,主要是希望纳入更多内容,采撷更多资料。按照本套丛书的总体要求,将相关资料分门编类,每篇都有一个解题,并对入选文字简注,标注出处,以便于读者了解阅读。

当然,这还仅仅是一个很粗浅的选本,对尊师重教的话题如欲进行更深入专业的了解,可以参读和研修中国古代教育史方面的专门成果。有些专题可能过去学界涉猎较少,希望有心者以此为出发点再进行更深入专门的研究。譬如积薪,后来居上。

2015年春节期间,万德敬君越过黄河来西安看望我,我非常高兴,我就把人民文学出版社准备出版"中华传统价值观丛书"的事宜告诉了他,希望他与高淑君、和谈几位能够参与《尊师重教》的编写工作。万君慨然应允,迅速组建了工作群。三位编写者在搜集资料、选定篇目、制订体例的过程之中,反复辩难,集思广益,遇到不能商定的问题,能够及时地向我提出来,充分表现了认真负责的态度。由于和谈远在边疆,高淑君有一年多在境外工作,遇到出版社催问,我更多地把压力推在万德敬身上。万君也当仁不让,任劳任怨,在统稿的过程中,对于版本的校订、注释的深浅、文字的打磨以及体例的统一等方面做了大量的工作。万、高、和三位都在高校教学科研一线,年富力强,在各自的专业领域多有创获,已开始崭露头角,但都能尊师重教,弘扬河汾事业。因他们过去曾与我有师生之谊,本书的撰写我也有推荐之责,故略写几句以为弁言。

李 浩

# 师 礼 学 则

# 弟 子 职

管 仲

[**解题**] 管仲(约前723—前645),名夷吾,曾辅佐齐桓公称霸。有学者考证本篇托名管仲,实际是战国时期齐国稷下学官的校规学则。全文首先提出为弟子者所应具备的基本道德标准和行为总则,之后依次说明日常起居的一系列行为规范,包括作息、受教、待客、用餐、洒扫、执烛、请衽和退而自处等,从中可以窥得先秦时代理想的师生关系和师礼学范。全文以"先生施教"为弟子规范的总则,将尊师摆在首位,并要求"游居有常,必就有德",通过详尽而具体的规定,培养学生循规矩、知礼仪的习惯,将道德教育贯穿到日常生活的细节中,以外在的礼仪形式最终达到养习成性的目的,集中体现了重视道德教育、重视礼法的价值观念。宋代朱熹十分重视《弟子职》,称其为"童子入学受业事师之法",曾专门为其做注解。

先生施教,弟子是则[1]。温恭自虚,所受是极[2]。见善从之,闻义则服。温柔孝悌,毋骄恃力。志毋虚邪,行必正直。游居有常,必就有德。颜色整齐,中心必式[3],夙兴夜寐,衣带必饬[4]。朝益暮习,小心翼翼。一此不解[5],是谓学则。

少者之事,夜寐蚤作[6]。既拚盥漱,执事有恪[7]。摄衣共盥,先生乃作[8]。沃盥彻盥,汛拚正席[9],先生乃坐。出入恭敬,如见宾客。危坐乡师,颜色毋怍[10]。受业之纪,必由长始[11];一周则然,其余则否[12]。始诵必作,其次则已[13]。

凡言与行,思中以为纪[14]。古之将兴者,必由此始。后至就席,狭坐则起[15]。若有宾客,弟子骏作[16]。对客无让,应且遂行[17]。趋进受命,所求虽不在[18],必以反命。反坐复业[19],若有所疑,捧手问之[20]。师出皆起。至于食时,先生将食,弟子馔馈[21]。摄衽盥漱[22],跪坐而馈。置酱错食,陈膳毋悖[23]。凡置彼食,鸟兽鱼鳖。必先菜羹,羹胾中别[24]。胾在酱前,其设要方[25]。饭是为卒[26],左酒右酱。告具而退[27],捧手而立。三饭二斗[28],左执虚豆,右执挟匕[29]。周还而贰,唯嗛之视[30]。同嗛以齿,周则有始[31]。柄尺不跪,是谓贰纪[32]。先生已食,弟子乃彻[33]。趋走进漱,拚前敛祭[34]。

先生有命,弟子乃食。以齿相要,坐必尽席[35]。饭必捧揽,羹不以手[36]。亦有据膝,毋有隐肘[37]。既食乃饱,循咡覆手[38]。振衽扫席[39],已食者作[40]。抠衣而降[41],旋而乡席[42]。各彻其馈,如于宾客[43]。既彻并器[44],乃还而立。

凡拚之道,实水于盘,攘臂袂及肘[45]。堂上则播洒,室中握手[46]。执箕膺揲[47],厥中有帚。入户而立,其仪不贷[48]。执帚下箕,倚于户侧[49]。凡拚之纪,必由奥始[50]。俯仰磬折,拚毋有彻[51]。拚前而退,聚于户内[52]。坐板排之,以叶适己[53]。实帚于箕。先生若作,乃兴而辞[54]。坐执而立,遂出弃之。既拚反立,是协是稽,暮食复礼[55]。昏将举火,执烛隅坐[56]。错总之法,横于坐所[57]。栉之远近,乃承厥火[58]。居句如矩,蒸间容蒸[59]。然者处下,捧桄以为绪[60]。右手执烛,左手正栉[61]。有堕代烛,交坐毋倍尊者[62]。乃取厥栉[63],遂出是去。

先生将息,弟子皆起。敬奉枕席,问所何趾[64]。俶衽则请,有常则否[65]。先生既息,各就其友,相切相磋,各长其仪[66]。周则复始,是谓弟子之纪。

——《管子·弟子职》

[1] 是则:一作"则之",意思是以此(先生施教)为准则。

[2] "温恭"二句:以温顺恭敬的态度虚心受教,才能得到最多教益。

[3] "颜色"二句:意即外表整洁端正,内心必须符合规范。颜色,面容,外表。式,规范,即合乎规范。

[4] "夙兴"二句:意即早起晚睡,而衣带整齐。夙,早。饬,整齐。

[5] 解:一作"懈",懈息。

[6] 蚤作:早起。蚤,同"早"。

[7] "既拚"二句:打扫干净,洗手漱口,做事严谨有度。拚(fèn奋),扫除,假借字,本字为"坌"。恪,恭敬,谨慎。

[8] "摄衣"二句:整顿衣服,服侍先生洗漱。

[9] "沃盥"二句:(先生)洗漱完毕,撤下洗漱用具,洒扫,整理好讲席。沃,浇水。汎拚,意即洒扫。汎,当作"汛",洒水。

[10] "危坐"二句:坐姿端正,面向老师,不能随便改变表情。危坐,即两膝跪地、耸起上身的坐姿,表示严肃恭敬。乡,同"向",面向。作,改变(表情)。

[11] 受业:接受教诲。纪,次序。长,年长者。

[12] "一周"二句:(受业从年长者开始)只是在第一个周期中是如此,其后则不必。

[13] 作:起,站起来。第一次诵读时起身,是在开始此事时表达的恭敬态度。

[14] "思中"句:要谨记以合乎中和之道为纲纪。

[15] "后至"二句:后到的学生入席就坐时,旁边的人应该起身相让。

狭坐,即坐在两边,离得很近,使空间狭窄。

[16] 骏作:迅速起身。

[17] "对客"二句:让,推辞,避开,这里指失礼。应,应答。遂行,一边跟着行走。

[18] 所求:指客人所求。

[19] 反:同"返",即返回复命,向(客人)说明。复业:继续学习。

[20] 捧手:拱手,表示敬意。

[21] 馔馈(zhuàn kuì 篆愧):(为先生)准备餐具,进献食物。馈,准备餐具、食物。

[22] 摄衽(rèn 认):挽起衣袖。衽,此处指袖子。

[23] "置酱"二句:摆放食物的时候,陈列的膳食位置不能有差错。错,同"措",即放置。悖(bèi 备),混乱,错误。

[24] "必先"二句:上鸟兽鱼鳖等肉食之前,一定要先上蔬菜和羹汤,而羹和肉食应该分别摆放。胾(zì 自),切成大块的肉。

[25] "胾在"二句:肉远而酱近,餐具食物要摆成方形。

[26] "饭是"句:饭要最后上,吃完饭用餐就结束了。卒,完毕。

[27] 告具:禀告(饭菜)已全部上齐。

[28] 三饭二斗:三碗饭两斗酒。斗,酒器。

[29] "左执"二句:左手拿豆,右手拿匕。手持"虚豆"和"挟匕",是添饭所用。豆,古代食肉用的器具。挟,或为"梜(jiā 夹)",即筷子之类的餐具。匕,取饭用的勺子。

[30] "周还"二句:轮流添饭,注意看饭吃完的人。贰:再,意谓添饭。嗛(qiàn 歉):食物已尽。

[31] "同嗛"二句:如果同时有两人饭碗俱空,以年龄长幼为序添饭,如此周而复始。齿,年,指长幼次序。

[32] "柄尺"二句:如果饭勺为长柄,添饭时不必跪,这是添饭的规矩。贰纪,添饭夹菜的规矩。

[33] 彻:撤除(食具)。

[34] "趋走"二句:尽快为先生送上漱口水,清扫并收拾祭品。趋,小步快走,表示恭敬。漱:指盛漱口水的器具。敛,收拾,收起。

〔35〕"以齿"二句:以年龄长幼为序坐好,尽量靠前席而坐。

〔36〕"饭必"二句:饭必须用手捧,汤不能用手拿。

〔37〕"亦有"二句:也可以两手撑在膝盖上,不能把手肘放在桌面上。隐肘,指肘部全放在桌上,即完全伏在桌面上。

〔38〕循咡覆手:饭后用手擦拭嘴周围。咡(ěr耳),嘴边,耳口之间。

〔39〕振衽:即抖动衣襟。扫席:清理坐席。

〔40〕作:站起。

〔41〕抠衣:即提起衣服。降:指退席。

〔42〕乡:同"向",即回到(席间)。

〔43〕"各彻"二句:各自撤去自己的食物,宾客也一样。彻,撤除,撤去;馈,这里指食物。

〔44〕"既彻"句:撤去餐具收藏好。并,一说或为"屏"字,藏去。

〔45〕"凡拚"三句:洒扫的方法,就是在盘中装上水,把衣袖挽至肘上。攘(rǎng嚷),捋。袂,衣袖,袖口。

〔46〕"堂上"二句:意谓在宽敞的堂屋中可以扬手把水洒开,而在狭窄的房间就该握手掬水而洒。

〔47〕箕:簸箕。膺:当,对着。揲(shé舌):簸箕的舌。"膺揲"意指把箕舌对着自己。

〔48〕"入户"二句:进门以后站着,举止不能有差错。贷(tè特),同"忒",失误。

〔49〕"倚于"句:把扫帚放靠在门边。

〔50〕"凡拚"二句:意谓洒扫的规矩,是要从西南角开始。奥,西南角。

〔51〕"俯仰"二句:弓背打扫时不能碰到其他东西。俯仰磬折,都是指打扫时的动作。磬(qìng庆)折,背弯起来像磬一样。磬,古代打击乐器,形状像曲尺。拚毋彻,打扫时不能触动其他东西。彻,动。

〔52〕"拚前"二句:打扫时从前往后,退着扫,把扫出的垃圾聚拢在是在屋里。

〔53〕"坐板"二句:以木板排除垃圾,让箕舌对着自己。板,一说当为"扱(xī吸)",收取。叶,即揲(shé舌),箕舌。适己,对着自己。

〔54〕"先生"二句:先生如果起身站立(自谦之举),弟子则表示不

敢当。

[55]"既拚"三句:洒扫完后返回站立,才合乎礼仪。协,合。稽,考。暮食复礼,意谓为敬先生,晚上吃饭要同早上用一样的礼。

[56] 昏:黄昏。隅坐:坐于席角的旁边。古代席地而坐,尊者正席,卑者坐于旁位。

[57]"错总"二句:错,放置。总,把柴束在一起,作为火炬。横于坐所,指横着放在坐前,不妨碍别人的行动。

[58]"栉(zhì 至)之"二句:观察火烛燃烧剩下部分的长短,然后取烛来接续更换。栉,火烛燃烧的余烬。远近,即长短。

[59]"居句"二句:把接续用的烛火按原样放好,柴束间要留好空隙。居,放置。句,(原来)放烛的地方。矩,方法。蒸,细小的木柴,也指以麻秸、竹木等制成的火炬,火炬间留下能容细小柴木的空隙,是为了便于燃烧。

[60]"然者"二句:燃烛的人应在下面烧,要拿着碗接着烛火余烬。然,即"燃"的本字。椀(wǎn 碗),同"碗"。绪,烛火燃烧后的余烬。

[61] 正栉:修整火烛的余烬。

[62]"有堕"二句:一人所指烛火燃尽时,另一人要接替他,交接时不要背对尊者。堕,指烛火燃尽毁灭,一说通"惰",疲惫。倍,同"背"。

[63] 厥栉:那些余烬。

[64]"敬奉"二句:为先生准备枕席时,应问清先生睡觉时脚在哪边。趾,脚。

[65]"俶袵"二句:第一次铺床时要询问,以后固定下来就不用问了。俶(chù 处),开始。袵,卧席。

[66] 长:增益。仪:同"义",义理,义蕴。

# 学　记

[解题]《礼记》是先秦时期教育思想和教育实践的总结，也是我国古代教育史上的重要论著。《学记》是《礼记》中的一篇名作，它对学校制度、学校礼仪、教师素养、教师作用、学习方法以及教育的意义、原则、方法等问题作了全方位的论述，对后来的影响甚巨。其中的很多论述，确立了中国文化传统关于教育观念的基本原则。比如，关于教师的能力和地位，文章认为"能为师然后能为长，能为长然后能为君"，对教师的修养提出了很高的要求，视教师如长如君，也是对为师者的极高尊崇。文章对教师的地位给予了高度的肯定，这是后来历代帝王礼敬师者的理论依据。

发虑宪，求善良，足以谀闻，不足以动众[1]。就贤体远，足以动众，未足以化民[2]。君子如欲化民成俗，其必由学乎[3]！玉不琢不成器，人不学不知道[4]。是故古之王者建国君民[5]，教学为先。《兑命》曰："念终始典于学。"[6]其此之谓乎！虽有嘉肴，弗食，不知其旨也；虽有至道，弗学，不知其善也。是故学然后知不足，教然后知困。知不足，然后能自反也[7]；知困，然后能自强也，故曰：教学相长也。《兑命》曰："学学半[8]。"其此之谓乎！

古之教者，家有塾，党有庠[9]，术有序[10]，国有学。比年入学[11]，中年考校[12]。一年视离经辨志[13]，三年视敬业乐群，五年视博习亲师，七年视论学取友[14]，谓之小成。

九年知类通达[15],强立而不反[16],谓之大成。夫然后足以化民易俗,近者说服,而远者怀之,此大学之道也。《记》曰:"蛾子时术之[17]。"其此之谓乎!

大学始教,皮弁祭菜[18],示敬道也;《宵雅》肄三[19],官其始也;入学鼓箧[20],孙其业也[21];夏楚二物[22],收其威也;未卜禘[23],不视学,游其志也[24];时观而弗语,存其心也[25];幼者听而弗问,学不躐等也[26]。此七者,教之大伦也。《记》曰:"凡学,官先事,士先志。"[27]其此之谓乎!

大学之教也,时教必有正业,退息必有居学[28]。不学操缦[29],不能安弦;不学博依[30],不能安诗;不学杂服[31],不能安礼;不兴其艺,不能乐学。故君子之于学也,藏焉,修焉,息焉,游焉[32]。夫然,故安其学而亲其师,乐其友而信其道。是以虽离师辅而不反也[33]。《兑命》曰:"敬孙务时敏[34],厥修乃来[35]。"其此之谓乎!

今之教者,呻其占毕[36],多其讯,言及于数[37],进而不顾其安[38],使人不由其诚[39],教人不尽其材,其施之也悖[40],其求之也佛[41]。夫然,故隐其学而疾其师,苦其难而不知其益也,虽终其业,其去之必速。教之不刑[42],其此之由乎!

大学之法,禁于未发之谓豫[43],当其可之谓时[44],不陵节而施之谓孙[45],相观而善之谓摩[46]。此四者,教之所由兴也。发然后禁,则扞格而不胜[47];时过然后学,则勤苦而难成;杂施而不孙,则坏乱而不修;独学而无友,则孤陋而寡闻;燕朋逆其师[48],燕辟废其学[49]。此六者,教之所由废也。

君子既知教之所由兴,又知教之所由废,然后可以为人师也。故君子之教喻也,道而弗牵[50],强而弗抑[51],开而弗达[52]。道而弗牵则和[53],强而弗抑则易[54],开而弗达则思[55]。和易以思,可谓善喻矣。学者有四失,教者必知之。人之学也,或失则多[56],或失则寡,或失则易,或失则止[57]。此四者,心之莫同也。知其心,然后能救其失也。教也者,长善而救其失者也[58]。善歌者,使人继其声;善教者,使人继其志。其言也约而达,微而臧[59],罕譬而喻[60],可谓继志矣。君子知至学之难易,而知其美恶,然后能博喻,能博喻然后能为师,能为师然后能为长[61],能为长然后能为君。故师也者,所以学为君。是故择师不可不慎也。《记》曰:"三王、四代唯其师[62]。"此之谓乎!

凡学之道,严师为难[63]。师严然后道尊,道尊然后民知敬学。是故君之所不臣于其臣者二[64]:当其为尸[65],则弗臣也;当其为师,则弗臣也。大学之礼,虽诏于天子,无北面[66]。所以尊师也。

善学者师逸而功倍,又从而庸之[67];不善学者师勤而功半,又从而怨之。善问者如攻坚木,先其易者,后其节目[68],及其久也,相说以解[69]。不善问者反此。善待问者,如撞钟,叩之以小者则小鸣,叩之以大者则大鸣,待其从容[70],然后尽其声。不善答问者反此。此皆进学之道也。

记问之学[71],不足以为人师。必也听语乎[72],力不能问,然后语之[73];语之而不知,虽舍之可也[74]。

良冶之子,必学为裘[75]。良弓之子,必学为箕[76]。始驾马者反之,车在马前[77]。君子察于此三者,可以有志于学矣。

古之学者,比物丑类[78]。鼓无当于五声,五声弗得不和[79];水无当于五色,五色弗得不章[80];学无当于五官,五官弗得不治[81];师无当于五服,五服弗得不亲[82]。君子曰:"大德不官[83],大道不器[84],大信不约[85],大时不齐[86]。察于此四者,可以有志于学矣。"

三王之祭川也,皆先河而后海,或源也[87],或委也[88]。此之谓务本。

——《礼记·学记》

[1]"发虑"四句:发布宪令以求善良之士,可以赢得小的声誉,却不足以感动众人。发,起发,开始。虑,谋虑,思考。法,法则,一说为宪令之意。善良,德行好的人。謏(xiǎo小),小。闻,声闻,声誉。

[2]"就贤"三句:接近贤德之人,亲近跟自己疏远的人。就,接近。体,亲近。

[3]"君子"二句:君子如果想要教化百姓,美化风俗,就必须从兴学施教开始。

[4]"玉不琢"二句:喻指人不通过学习,就不懂得道理。器:用具,器物。知道:明白道理。

[5]君民:君长其民,即为君者统治百姓。

[6]"《兑(yuè月)命》"二句:《古文尚书·兑命》里说,应始终想着学习。

[7]反:反省。

[8]学(xiào笑)学半:教育别人时,其中一半的好处是会令自己的学业受益。第一个"学"是动词,教育。第二个"学"是名词,学习。

[9]党有庠(xiáng祥):乡里有学校。党,古时五家为邻,五邻为里,五百家为党。庠,学校,乡学。

[10]术有序:"术"同"遂"。"遂"是古时较"党"更高的行政区划,一万二千五百家为一"遂",遂设学校名为"序"。

[11]比年:每年。

[12]中年:隔一年,即下一年。中,间隔。

[13]离经:断开经文的句读,解析经意。辨志:判别其心意的趋向。

[14]论学:在学问上有所得而能自为论说。取友:择善为友。

[15]知类:懂得类比、依类推理。

[16]强立而不反:遇事不惑,不违反师道。

[17]"蛾(yǐ以)子"句:意谓蚍蜉时时学习衔泥,终能成大土堆。蛾,"蚁"的古字,昆虫,即蚍蜉。术,学习。

[18]皮弁祭菜:官员身着朝服举行祭礼。皮弁,天子朝服,这里泛指朝服。祭菜,以芹藻之菜(取其谐音"勤早")行祭礼,表达对先师的礼敬。

[19]《宵雅》肄三:学习《小雅》中的三篇,即《鹿鸣》、《四牡》、《皇皇者华》(这些都是君臣之间宴乐时相互慰问的诗篇,是初学者学习的篇目)。宵,小。肄,学习。

[20]鼓箧(qiè切):击鼓警示众人,开箧拿出所要修习的经文,是古时入学的仪式。箧,小箱子。

[21]孙(xùn讯):通"逊",恭顺。下同。

[22]夏(jiǎ甲)楚:古代学校用荆条等抽打犯规者的工具。夏,木名,亦作"榎"。楚,荆。

[23]卜禘(dì帝):占卜以确定禘祭的日子。禘,大祭。

[24]游:优游纵暇,即给学者充分的时间培养其志气,不急切。

[25]"时观"二句:意谓(教育者)应时时观察而不说,直到学者有想要透彻理解而不得、想要充分表达却不能的状态,然后再启发他们。

[26]"幼者"二句:意谓年幼者只需听从老师的讲解而不要追问,学习有先后次序,不要逾越。躐(liè猎),逾越。

[27]"凡学"三句:凡是学习,做官要先学会做事情,做士要树立志向。

[28]退息:学者疲倦暂时休息。

[29]缦:琴瑟之弦。

[30]博依:广为比喻,这里是就诗的比兴而言。

[31]杂服:冕服、皮弁之类的衣服,这里指与服饰相关的礼仪。

[32]"藏焉"四句:是对为学的几种要求,即将学业放在心上,时时修习,休息时不忘学习,游玩时也时时学习。藏,怀抱。修,修习。

[33]辅:辅助的人,即朋友。反:违反,即前文所说"强立不反"之意。

[34]"敬孙"句:敬重圣贤之道,逊顺学业,时时练习,迅速行动。敏,迅速。

[35]"厥修"句:所学会有成。厥,其。修,修习。

[36]呻其占毕:看着经书念,故意找些问题为难学生。呻,吟诵。占,

13

看。讯,问。

[37] 言及于数:(不解义理)言谈中动辄称有法象。数,法象。

[38] "进而"句:只是往前讲,多吟诵经文,而不顾学生是否领悟。

[39] 由:用。

[40] 悖:违背。

[41] 佛(fú服):同"拂",违背。

[42] 刑:成,成功。

[43] 豫:同"预",预防。

[44] 可:可以,适当。时:合时,及时。

[45] 陵节:超过限度。施:教。

[46] 摩:观摩,切磋。

[47] 扞(hàn汉)格:坚不可入的样子,抵触。胜:克服。

[48] "燕朋"句:轻慢的朋友会使人违背师长的教导。

[49] "燕辟"句:燕游邪辟会荒废学业。

[50] 道而弗牵:引导而不强迫。

[51] 强而弗抑:勉励而不强推。

[52] 开而弗达:启发而不是面面俱到地讲解。

[53] 和:(师生关系)和谐。

[54] 易:(学生)和易,易成功。

[55] 思:(使学生)善于思考。

[56] 失则多:失之于(想要的)太多。

[57] 止:停止,不求继续进取。

[58] "长善"句:发挥其长处,补救过失。

[59] 微而臧:义理微妙且解释精善。臧,善,好。

[60] 罕譬而喻:少用比喻却能使人明白。喻,晓畅,明白。

[61] 长:长官,君长。

[62] "三王"句:三王、四代无不慎重择师。三王:夏、商、周三代的天子。四代:虞(舜)、夏、商、周。

[63] 严:尊敬,尊重。

[64] "是故"句:所以君主对两种人不以对待普通臣子的方式来对待

他们,意即尊重这两种人。

[65] 尸:祭主,即代死者受祭祀的人。

[66] 北面:面向北行礼,是臣拜见君主或弟子拜人为师所行的大礼。古代老师的座位是坐北朝南,学生北面受教,以示尊敬。

[67] 庸:把自己学习上的所得归功于老师。

[68] 节目:树枝交接出坚硬而文理不顺的部分,此喻学习时的难点。

[69] 相说以解:使两边脱离而分开。说,当读为"脱",即脱离。

[70] 从容:即舂容,用力撞击。

[71] 记问:记诵诗书等以待问,有死记硬背之意。

[72] "必也"句:一定要倾听学生的问题(由此入手为学生解说)。

[73] "力不"二句:(如果)学生没有能力提问,也可以告诉他。语,解说,告诉。

[74] 舍之:放弃它(指问题)。

[75] "良冶"二句:优秀冶金匠的子弟,一定先学习制作裘皮(以此明白如何柔合金铁的道理)。

[76] "良弓"二句:优秀弓箭匠的子弟,一定先学习制作簸箕(以此明白如何弯折弓弦的道理)。

[77] "始驾"二句:意即刚开始驾驶马车的马,先让它跟在车后跑(等它习惯了再开始拉车)。

[78] 比物丑类:比较事物而触类旁通。丑,比。

[79] "鼓无"二句:鼓声不属于五声之列,但五声离开了鼓声就不和谐。五声,即宫、商、角、徵、羽五声。

[80] "水无"二句:水不在无色之列,但五色离开了水就不能显色。章,明,分明。

[81] "学无"二句:学问不在五官之列,但是为官离开学问不行。

[82] "师无"二句:老师不在五服亲属之列,但是五服至亲离开老师就不亲,意即弟子离开了老师的教诲就不能认识到亲情的重要。五服,古代丧服分为五等,即斩衰、齐衰、大功、小功、缌麻,以此区分亲疏之别。

[83] 大德不官:德行最高的人不担任具体官职。

[84] 大道不器:圣人之道并不适用于具体事务。器,有形的具体事物,

与"道"相对。

[85] 大信不约:最有诚信的人并不约誓。约,约誓。

[86] 大时不齐:天时变化中的物候变化并不一致。

[87] 源:源头,这里指河为海的源头。

[88] 委:水流所聚之处,下游,这里指海在河的下游。

# 三王教世子

〔解题〕世子是国家未来的继承人,他们的教育也因此备受重视。本文阐述的是三王教育世子的原则,即通过礼乐的方式使得学生内外兼修,同时又能取得受教育者心悦诚服的良好效果。由此可见,上古时代世子教育的重心是修养和礼仪,教育过程是"润物细无声"式的浸润与感化,注重对其心灵的塑造和精神境界的培养,而并非以知识传授为目的。世子的施教者包括太傅、少傅等,他们的职责是传道。世子既有师,也有保,这样能够尽可能地保证他们的身心全面发展。

凡三王教世子[1],必以礼乐。乐,所以修内也;礼,所以修外也。礼乐交错于中,发形于外,是故其成也怿[2],恭敬而温文。立大傅、少傅以养之[3],欲其知父子、君臣之道也。大傅审父子、君臣之道以示之[4],少傅奉世子以观大傅之德行而审喻之[5]。大傅在前,少傅在后;入则有保[6],出则有师,是以教喻而德成也。师也者,教之以事而喻诸德者也;保也者,慎其身以辅翼之而归诸道者也。

——《礼记·文王世子》

[1] 三王:夏、商、周三代的君主。世子:天子或诸侯的嫡长子,即有继承权之子。

[2] 怿(yì 义):喜悦,和顺。

［3］大傅:与"少傅"均为官名,负责教导太子。大,通"太"。
［4］审:详究,细察。
［5］审喻:明白地告知。喻,知晓,明白。
［6］保:辅导天子和诸侯子弟的官员。

# 侍坐之礼

〔解题〕本文讲述学生侍坐时的基本礼仪。很多行为要求在今天看来仍不过时,比如,听老师讲课,容色要恭谨端正。回答老师提出的问题,要有自己的独特见解,与别人雷同者,就不要再站起来回答。向老师请教,必须站起来恭恭敬敬地侍立一旁认真听讲。老师呼喊,必须立刻答应,不能拖延推诿。

先生书策,琴瑟在前,坐而迁之[1],戒勿越。虚坐尽后[2],食坐尽前[3],坐必安,执尔颜[4]。长者不及[5],毋儳言。正尔容,听必恭。毋剿说[6],毋雷同。必则古昔,称先王[7]。侍坐于先生,先生问焉,终则对[8]。请业则起,请益则起[9]。父召无诺,先生召无诺,唯而起[10]。侍坐于所尊敬,毋余席[11]。

——《礼记·曲礼上》

[1] 坐:古人双膝跪地,把臀部靠在脚后跟上。
[2] 虚坐尽后:没有事情的时候,坐得尽量靠后些。虚坐,没事时的坐法。
[3] 食坐尽前:用餐时坐得尽量靠前。食坐,吃饭时的坐法。
[4] 执尔颜:颜色要端庄。执,把持,这里是坚守的意思。尔,你的。
[5] 及:提及。
[6] 剿说:抄袭别人的言论为己说。
[7] "必则"二句:说话一定要以历史事实为根据,也可引述先王之言

为根据。

[8] 对:回答。

[9] "请业"二句:向先生请教书本中的问题,要起立。请先生把不明白的地方再讲一遍,也要起立。

[10] "父召"三句:父亲召唤时,不可用"诺"来答应。先生召唤时,也不可用"诺"来答应。应该用"唯"来答应,同时起立。

[11] "侍作"二句:在所尊敬的人身边陪坐,要尽量靠近,不要使自己的席端留有余地。

# 入学尊师

班　固

〔**解题**〕《白虎通义》是东汉章帝时白虎观经学会议的资料汇编,也是汉代经学的集大成之作,由班固撰成。班固(32—92),字孟坚,扶风安陵(今陕西咸阳东北)人,著有《汉书》。本篇引用相关的儒家经典,总论入学及尊师。关于学习,古人认为十五岁以前要学文字和计算等基础知识,十五岁以后则要学经籍,学习的意义在于提高道德修养和思想认识。关于尊师,文章列举历代王者和圣人的尊师之事,表明尊师为先王之道,又强调学生必须前往老师处求学,彰显尊师之制。这里所引的古代典籍,以《礼记》为主,兼及《论语》等,可见汉人的尊师重教,皆以先秦时代古礼古制为标准。

古者所以年十五入大学何[1]？以为八岁毁齿[2],始有识知[3],入学学书计[4]。七八十五,阴阳备,故十五成童志明,入大学,学经籍。学之为言觉也[5]。以觉悟所不知也。故学以治性,虑以变情[6]。故玉不琢不成器,人不学不知道[7]。子夏曰:"百工居肆以成其事,君子学以致其道。"[8]故《曲礼》曰:"十年曰幼,学。"[9]《论语》曰:"吾十有五而志于学,三十而立。"[10]

又曰:"生而知之者,上也;学而知之者,次也。"是以虽有自然之性,必立师傅焉。《论语谶》曰[11]:"五帝立师[12],三王制之[13]。"帝颛顼师绿图,帝喾师赤松子,帝尧师务成子,帝舜师尹寿,禹师国先生,汤师伊尹,文王师吕望,武王师尚父,周公师虢叔,孔子师老聃[14]。天子之大子,诸侯之世子,皆就师于外者,尊师重先王之道也。故《曲礼》曰:"闻有来学,无往教也。"[15]《易》曰:"匪我求童蒙[16],童蒙求我。"《王制》曰:"小学在公宫南之左,太学在郊。"[17]又曰:"王太子、王子、群后之太子[18]、公卿大夫元士之嫡子[19],皆造焉[20]。"小学,经艺之宫[21]。大学者,辟雍乡射之宫[22]。

——《白虎通疏证·辟雍》

[1] 大学:即太学,国学,设立于京师的最高学府。

[2] 毁齿:儿童乳牙脱落,更换恒牙。

[3] 识知:见识,此指孩子懂事。

[4] 书计:文字与筹算。

[5] 觉:领悟,明白。

[6] 虑:思考,谋划。

[7] "故玉"二句:语出《礼记·学记》,参见前面《学记》一文。

[8] "百工"二句:各种工匠要在自己的作坊里完成工作,君子则要在学习中求致其道,语出《论语》。肆,作坊,集市。

[9] "十年"二句:人出生后至十岁叫"幼",应该学习,语出《礼记·曲礼上》。

[10] "吾十"二句:语出《论语·为政》。立,有所成就。

[11] 论语谶(chèn 衬):汉代谶纬之书,已亡佚。

[12] 五帝:上古传说中的五位帝王,一般认为是指黄帝(轩辕氏)、颛顼(高阳氏)、帝喾(高辛氏)、唐尧、虞舜五位。

[13] 制:遵从。

[14] "帝颛顼(zhuān xū 专须)"十句:列举了前代"圣王"从师学习的事迹。颛顼,上古"五帝"之一,号高阳氏,相传为黄帝之孙。汤,即成汤,商

开国之君。文王,即周文王姬昌。武王,周武王姬发,文王之子,西周的建立者。

[15]"闻有"二句:语出《礼记·曲礼》,所引原文为:"礼有来学,无往教也",意谓依礼,学生应该主动到老师处求学,没有老师去学生那里施教的。

[16]匪:同"非",不是。童蒙:启蒙时期的孩童。

[17]"小学"二句:语出《礼记·王制》,意谓小学设在王宫的东面,大学设于郊外。

[18]群后:四方诸侯。太子:天子或诸侯的嫡长子,即有继承权之子,后代改称诸侯之子为"世子"。

[19]元士:天子之士称元士。

[20]造:到,去。

[21]经艺:儒家经书的总称,又称"六艺"。

[22]辟雍:周时天子所设之学为"辟雍",后来各个朝代都有辟雍,是尊师重教的场所。乡射:古时饮酒射箭的礼仪。乡射有二:一是州长春秋在州学中以礼会民习射;一是在三年大比贡士之后,乡大夫、乡老与乡人习射。

# 庠序之学

班　固

[解题] 本文主要讲述庠、序之学。庠、序是乡、里一级的学校,即基层的教育机构。其中有德高望重的人来教育青少年,教育的内容有知识技能和孝悌仁义等。基层学校教育的基本目标是使普通民众知晓人伦,实现全社会"无不教之民"的理想,达到教化的目的。

乡曰庠[1],里曰序[2]。庠者,庠礼义[3];序者,序长幼也[4]。《礼五帝记》曰:"帝庠序之学,则父子有亲,长幼有序,善如尔舍。明令必次外,然后前民者也[5],未见于仁,故立庠序以导之也。"古者教民者,里皆有师,里中之老有道德者为里右师,其次为左师,教里中之子弟以道艺[6]、孝悌、仁义。立春而就事[7],朝则坐于里之门,余子皆出就农而后罢。夕亦如之,皆入而后罢。其有出入不时,早晏不节[8],有过,故使语之,言心无由生也。若既收藏[9],皆入教学,其有贤才美质,知学者足以闻其心,顽钝之民,亦足以别于禽兽而知人伦。故无不教之民。孔子曰:"以不教民战,谓弃之。"[10]明无不教民也。

——《白虎通疏证·辟雍》

〔1〕乡:县以下的行政单位,周制以一万两千家为一乡,后代各有不同,汉代以万家为一乡。庠:学校,特指乡学。

〔2〕里:乡以下的行政单位,周制以二十五家为一里,后代的里则有五十家、七十二家、八十家等,因时代而不同。序,指里一级的学校。

〔3〕庠:教导,教养。

〔4〕序:按次序排列。

〔5〕前民:引导人民。

〔6〕道艺:学问和技能。

〔7〕就事:开始这项工作(指学校的教学活动)。

〔8〕晏:晚,迟。节:法度,规则,这里指按时。

〔9〕收藏:收集蓄藏,这里指收获完毕,农事结束。

〔10〕"以不"二句:以未经教导的人民去战斗,就等于无情地抛弃他们。语出《论语·子路》。

# 王者尊师

班　固

〔解题〕　本文讲述为王者应该尊重"授受之师",即自己的老师。天子不以臣下之礼来要求其师,就是要以此凸显对老师的敬重。这也是承自《礼记》的观点。尊师重道的思想,于此代相传承。

王者有暂不臣者五[1],谓祭尸[2],授受之师[3],将帅用兵,三老,五更[4]。不臣祭尸者,方与尊者配也[5]。不臣授受之师者,尊师重道,欲使极陈天人之意也[6],故《礼·学记》曰:"当其为师,则不臣也。当其为尸,则不臣也。"不臣将帅用兵者,重士众为敌国,国不可从外治,兵不可从内御,欲成其威,一其令。《春秋》之义,兵不称使,明不可臣也。不臣三老、五更者,欲率天下[7],为人子弟。《礼》曰:"父事三老[8],兄事五更。"

——《白虎通疏证·王者不臣》

[１]　不臣:不以臣属来对待,表示格外尊重。
[２]　祭尸:祭祀时代死者受祭的人。
[３]　授受:传授与接受,这里指为王者传授知识的老师。
[４]　"三老"二句:古时设三老五更之位,以年老致仕者担任,天子以

父兄之礼养之,以示尊老之意,也备以顾问。

[5] 尊者:指受祭的死者,即逝去的祖先。

[6] 极陈:详尽彻底地讲解。

[7] 率:作为表率。

[8] 父事:将其当作父亲一般对待。

# 释奠释菜议

王　俭

〔解题〕 本文是王俭的一篇奏议。王俭（452—489），字仲宝，琅琊临沂（今山东临沂）人，南齐名臣，博学多识。本文的主题是释奠、释菜所用乐器、礼器等问题。释奠、释菜是古已有之的立学、入学之礼，也是体现统治者尊师重教的重要形式，但仪典的具体形式和细节，没有明文规定，所以在具体实施中也是因时代而异的。当时专门负责相关事务的官员无所适从，长于礼学的王俭对释奠的乐器和祭礼的规格进行了说明和辨析。

《周礼》："春入学，舍菜合舞[1]。"《记》云："始教，皮弁祭菜[2]，示敬道也。"又云："始入学，必祭先圣先师。"中朝以来[3]，释菜礼废，今之所行，释奠而已[4]。金石俎豆[5]，皆无明文。方之七庙则轻[6]，比之五祀则重[7]。陆纳、车胤谓宣尼庙宜依亭侯之爵[8]；范宁欲依周公之庙[9]，用王者仪；范宣谓当其为师则不臣之[10]，释奠日，备帝王礼乐。此则车、陆失于过轻，二范伤于太重。喻希云[11]："若至王者自设礼乐，则肆赏于至敬之所[12]；若欲嘉美先师，则所况非备[13]。"寻其此说，守附情理[14]。皇朝屈尊弘教[15]，待以师资，引同上公[16]，即事惟允[17]。元嘉立学[18]，裴松之议应舞六佾[19]，以郊乐未具[20]，故权奏登歌[21]。今金石已备[22],宜设轩县之乐[23],六佾之舞,牲牢器用[24],悉依上公。

——《南齐书·礼志上》

[1] 舍菜:即"释菜",也称"舍采"、"舍菜"、"释采"。古代学子入学之时以苹蘩等物祭祀先圣先师的礼节。合舞:伴以歌舞。

[2] 皮弁祭菜:见前《学记》注[18]。

[3] 中朝:这里指西晋,因东晋偏安江左,所以称原来建都中原的西晋为中朝。

[4] 释奠:在学校设置酒食奠祭先圣先师,一种很隆重的典礼。《礼记·文王世子》:"凡学,春官释奠于其先师,秋冬亦如之。凡始立学者,必释奠于先圣先师。"郑玄注:"释奠者,设荐馔酌奠而已。"

[5] 金石:钟、磬一类的乐器,这里泛指祭礼用的乐器。俎(zǔ组)豆:俎和豆,是祭祀、宴享时用的两种盛放食物的礼器,这里泛指祭礼用的礼器。

[6] 七庙:指帝王在供奉祖先的宗庙举行的祭祀,是隆重的祭礼。

[7] 五祀:五种祭礼,祭祀五行之神。

[8] 陆纳:字祖言,吴郡人,东晋大臣,官至左仆射、尚书令等,事见《晋书·陆晔传》附《陆纳传》。车胤(约333—401):字武子,东晋大臣。宣尼庙:即孔子庙,汉平帝曾追谥孔子为褒成宣尼公,后世因此称孔子谓宣尼。亭侯:爵位名,食禄于亭。

[9] 范宁(339—401):字武子,东晋大儒,官至豫章太守,事见《晋书·范汪传》附《范宁传》。

[10] 范宣:字宣子,陈留人,东晋大儒。

[11] 喻希:字益期,豫章(今江西南昌)人,东晋时人。

[12] 肆赏:过分的奖赏,滥行奖赏。

[13] 况:比附,比方。备:完备。

[14] 守附情理:符合情理。守,遵守,遵循。

[15] 皇朝:本朝,这里指南齐。弘教:弘扬教化。

[16] 上公:晋以太宰、太傅、太保为上公,这里指地位尊崇。

[17] 即事惟允:就事情而言是恰到、公允的。

29

[18] 元嘉:南朝宋文帝刘义隆的年号(422—453),此处代指宋文帝。

[19] 裴松之(372—451):字世期,河东人,南朝宋人,史学家,注《三国志》,曾为国子博士。六佾(yì 艺):周代乐舞的规格,天子用八佾,诸侯用六佾。佾,乐舞的行列。

[20] 具:完备,齐全。

[21] 登歌:祭典、朝会时,乐师登堂所演奏的歌。

[22] 金石:钟磬一类的乐器,这里泛指乐器。

[23] 轩县:陈列乐器,三面悬挂,是诸侯乐器的规格。县,通"悬"。

[24] 牲牢:祭礼用的牲畜。

# 论先圣与先师

长孙无忌

[解题] 本文节选自唐代长孙无忌的一篇奏议。长孙无忌（596—659），字辅机，河南洛阳人，唐太宗、高宗时期名臣。本篇讨论的是关于祭祀孔子师徒的礼仪问题。长孙无忌据儒家经典和东汉郑玄的注解认为，"圣则因天合德，师则偏善一经"，孔子的地位曾为先圣，但高宗永徽时期改周公为先圣，孔子为先师，降低了孔子的地位。有鉴于此，长孙无忌上疏请求改变祀孔之礼。

按新礼，孔子为先圣，颜回为先师。又准贞观二十一年诏[1]，亦以孔子为先圣，更以左丘明等二十二人，与颜回俱配尼父于太学[2]，并为先师。今据永徽令文[3]，改用周公为先圣，遂黜孔子为先师，颜回、丘明并为从祀[4]。谨按《礼记》云："凡学，春官释奠于其先师。"[5]郑玄注云："官谓诗书礼乐之官也。先师者，若汉礼有高堂生[6]，乐有制氏[7]，诗有毛公[8]，书有伏生，可以为师者。"又《礼记》云："始立学，释奠于先圣。"郑玄注云："若周公、孔子也。"据礼为定，昭然自别。圣则因天合德[9]，师则偏善一经。汉魏已来，取舍各异。颜回、夫子，互作先师；宣父、周公，迭为先圣[10]。求其节文[11]，递有得失[12]。所以贞观之末，亲降纶言[13]，依《礼记》之明文，酌康成之奥说[14]，正夫子为先圣，加众儒为先师,永垂制于后昆[15],革往代之纰谬[16]。而今新令不详制旨[17],辄事刊改,遂违明诏。但成王幼年,周公践极[18],制礼作乐,功比帝王。所以禹、汤、文、武、成王、周公,为六君子。又说明王孝道[19],乃述周公严配[20],此即姬旦鸿业[21],合同王者祀之。儒官就享[22],实贬其功。仲尼生衰周之末,拯文丧之弊,祖述尧舜,宪章文武[23],弘圣教于六经[24],阐儒风于千代。故孟轲称生灵已来,一人而已。自汉已来,奕叶封侯[25],崇奉其圣,迄于今日,胡可降兹上哲,俯入先师[26]?又且丘明之徒,见行其学,贬为从祀,亦无故事[27]。今请改令从诏,于义为允[28]。其周公仍依别礼,配享武王。谨议。

——《全唐文》卷一三六

[1] 贞观:唐太宗李世民年号(627—649)。

[2] 尼父:即孔子,孔子字仲尼,父是对男子的美称。

[3] 永徽:唐高宗李治的年号(650—655)。

[4] 从祀:陪祭,配享。

[5] "凡学"二句:语出《礼记·文王世子》。指入学时以酒食向先圣先师行奠祭之礼。

[6] 高堂生:复姓高堂,名伯,西汉鲁(今山东曲阜)人,专治古礼。

[7] 制氏:《汉书·礼乐志》载:"汉兴,乐家有制氏,以雅乐声律,世在大乐官。"

[8] 毛公:大毛公毛亨或小毛公毛苌,毛苌为西汉赵(今河北邯郸)人,传毛亨所传《诗》,相传源自孔子学生子夏。西汉传《诗》四家,惟有毛诗流传下来。

[9] 因天合德:盛德与天相合。因,亲近。

[10] 宣父:即孔子,汉平帝曾追谥孔子为褒成宣尼公,后世称孔子为宣尼。迭:轮流。

[11] 节文:礼节,仪式。

[12] 递有得失:各有得失。递,交替。

[13] 纶言:《礼记·缁衣》有"王言如丝,其出如纶;王言如纶,其出如綍",后以纶言代指帝王诏令,此指唐太宗的诏令。

[14] 奥说:奥秘的学说,即前文提到的郑玄注《礼记》时所说的周公、孔子为先圣。

[15] 后昆:后代,后嗣。

[16] 纰谬:也作"纰缪",即错误。

[17] 制旨:制和旨,都是帝王的命令。

[18] 践极:即位,登极。

[19] 明王:圣明的君主。

[20] 严配:祭天时以先祖配享。

[21] 姬旦:即周公,姬姓,名旦。

[22] 儒官就享:这里指孔子与周公享有同样的祭祀礼。

[23] "祖述"二句:遵循尧、舜之道,效法周文王、周武王之制,语出《礼记·中庸》。祖述,效法、遵循前人所说所为。宪章,效法典章制度。

[24] "弘圣教"句:孔子编订六经,弘扬圣人的教导。圣教,指尧、舜、文王、武王、周公之说。六经,即《诗》《书》《礼》《乐》《易》《春秋》六部儒家经典。

[25] 奕叶:累世,代代。

[26] "胡可"二句:怎么能将孔子这样的上哲降到先师之列呢?上哲,具有超凡德行与才智的圣哲。

[27] 故事:惯例。

[28] 允:允当,得当。

33

# 明代的经筵

〔解题〕 从汉唐以来,国家遴选知名学者为帝王讲学,在历史上称"经筵"。其目的当然是为了提高帝王的政治素质和执政能力。宋代程颐认为:"天下重任,惟宰相与经筵:天下治乱系宰相,君德成就责经筵。"经筵制度在中国一直保留到明清时期。

明初无定日,亦无定所。正统初[1],始著为常仪[2],以月之二日御文华殿进讲[3],月三次,寒暑暂免。其制[4],勋臣一人知经筵事[5],内阁学士或知或同知[6]。尚书、都御史、通政使、大理卿及学士等侍班[7],翰林院、春坊官及国子监祭酒二员进讲[8],春坊官二员展书,给事中御史各二员侍仪[9],鸿胪寺、锦衣卫堂上官各一员供事[10],鸣赞一赞礼[11],序班四举案[12],勋臣或驸马一人领将军侍卫[13]。

礼部择吉请[14],先期设御座于文华殿[15],设御案于座东稍南[16],设讲案于案南稍东[17]。是日,司礼监先陈所讲《四书》、经、史各一册置御案[18],一册置讲案,皆《四书》东,经、史西。讲官各择撰讲章置册内[19]。帝升座[20],知经筵及侍班等官于丹陛上[21],五拜三叩头(后每讲止行叩头礼)。以次上殿[22],东西序立[23]。序班二员,举御案于座前,二员举讲案置御案南正中。鸿胪官赞进讲。讲官二员从东西班出,诣讲案前[24],北向并立。东西展书官各至御案南铜鹤下,相向立。鸿胪官赞讲官拜,兴[25]。东班展书官诣御案前,跪展《四书》,退立于东鹤下。讲官至讲案前立,奏讲某书,讲毕退。展书官跪掩书,仍退立鹤下。西班展书官展经或史,讲官进讲,退,如初。鸿胪官赞讲官拜,兴。各退就东西班,展书官随之,序班彻御案讲案[26]。礼毕,命赐酒饭。各官出至丹陛,行叩头礼。至左顺门,酒饭毕,入行叩头礼。

　　隆庆元年[27],定先一日告奉先殿,告几筵[28]。是日,帝诣文华殿左室,展礼先圣先师[29]。讲章于前两日先进呈览。万历二年[30],定春讲以二月十二日起,至五月初二日止,秋讲以八月十二日起,至十月初二日止,不必题请[31]。

——《明史·礼志九》

[1] 正统:明英宗朱祁镇的年号(1436—1449)。

[2] 著:明文规定。常仪:常规。

[3] 御:与帝王相关的动作或器物。这里指皇帝到文华殿听讲。进讲:臣子为帝王讲解知识和典故。

[4] 制:制度,规定。

[5] 勋臣:功臣。知:主管,负责。

[6] 内阁学士:明初朱元璋废除了宰相制度,之后内阁学士相当于宰相。

[7] 尚书:吏、户、礼、兵、刑、工六部最高长官。都御史:都察院的最高长官,负责纠察百官。通政使:明代通政使司的最高长官,掌管帝命出纳、公文出入、四方奏报与申诉。大理卿:大理寺的最高长官,负责刑狱审理。侍班:即入直。臣子在帝王身边随侍值班。

[8] 翰林院:掌管制诰文字、编修国史与翻译外文。春坊官:太子官署。国子监:明清时期掌管教学和考试的最高学府。祭酒:古代学官名。

[9] 给(jǐ挤)事中:职官,掌管皇帝的顾问工作。侍仪:典礼时在帝王身边侍立。

[10] 鸿胪寺:官署名。负责在大典时的礼仪引导工作。锦衣卫:明代特有的中央机构,掌管皇帝的保卫和仪仗,另有侦查、缉捕和审问等特权。

35

堂上官:明代时各衙署的长官要在大堂上处理公务,故称堂上官。

[11] 鸣赞:鸿胪寺的属官,掌管典礼唱赞之事。《明史·职官志三》:"鸣赞典赞仪礼。凡内赞、通赞、对赞、接赞、传赞咸职之。"赞礼:在大典中宣读行礼节目,以便礼仪能够进行。

[12] 序班:明朝设置的一种文官官职,属鸿胪寺。负责朝会、宴飨等活动中的一些工作。《明史·职官志三》:"序班典侍班、齐班、纠仪及传赞。"举案:举起托盘进奉食品。

[13] 驸马:三国时魏国何晏以皇帝女婿的身份授官驸马都尉,之后,帝婿都加驸马都尉称号,简称驸马。不是实官。领:兼任。

[14] 择吉:择选吉日。

[15] 御座:皇帝的宝座。

[16] 御案:皇帝的书案。

[17] 讲案:讲官放书的几案。

[18] 司礼监:明朝特有的一种国家机构,太监掌事。

[19] 讲章:讲义。

[20] 升座:登上座位。

[21] 丹陛:宫殿前的台阶涂红色,故称。

[22] 以次:按次序。

[23] 序立:按品级站立。

[24] 诣:到。

[25] 兴:站起来。

[26] 彻:撤去。《仪礼·士冠礼》:"彻筮席,宗人告事毕。"

[27] 隆庆元年:为公元1567年。隆庆是明穆宗朱载垕的年号。

[28] 几筵:几席。

[29] 展礼:行礼,施礼。先圣先师:一般指孔子。有时也指周公、孔子,或孔子、颜回。

[30] 万历二年:为公元1574年。万历是明神宗朱翊钧的年号。

[31] 题请:奏请。

# 诏令奏疏

# 修学令

曹操

[解题] 本文是建安八年（203）曹操当政时期发布的教令。汉末诸侯割据，战乱频仍，曹操自参与平定黄巾军到"挟天子以令诸侯"，始终处在四处征战的戎马生活中。即使如此，他仍不忘兴学兴教，所以后人常常提及曹操"息马修学"之事，称他为兴学重教的典范。

丧乱已来，十有五年[1]，后生者不见仁义礼让之风，吾甚伤之。其令郡国各修文学[2]，县满五百户置校官[3]，选其乡之俊造而教学之[4]，庶几先王之道不废[5]，而有以益于天下。

——《三国志·魏书·武帝纪》

[1] "丧乱"二句：指中平六年（189）之乱，灵帝崩，少帝即位，常侍张让、段珪等杀大将军何进并劫少帝，后董卓入京控制政权，此后国家逐渐陷入诸侯割据的战乱之中，至诏令发布时已持续十五年。
[2] 郡国：郡和国，汉代实行郡县制，又分封诸王、侯，有王国、侯国。文学：习儒之所，学校。
[3] 校官：掌管学校之官。
[4] 俊造：才智杰出者。
[5] 庶几：希望，但愿。

# 置学官立五经博士诏

孙 休

〔**解题**〕本文是三国时东吴孙休在永安元年(258)登基时发布的诏书。诏书中提出建国须以教学为先,因此令置学官,立五经博士,选拔并考核人才,以期教化风俗之效。

古者建国,教学为先,所以道世治性[1],为时养器也[2]。自建兴以来[3],时事多故[4],吏民颇以目前趋务[5],去本就末,不循古道。夫所尚不惇,则伤化败俗。其案古置学官[6],立五经博士,核取应选,加其宠禄。科见吏之中及将吏子弟有志好者[7],各令就业[8]。一岁课试,差其品第[9],加以位赏。使见之者乐其荣,闻之者羡其誉。以敦王化[10],以隆风俗。

——《三国志·吴书·三嗣主传》

[1] 道(dǎo 导):先导,引导。治性:修性,养性。
[2] 时:时代,当代。养器:培养人才。
[3] 建兴:吴废帝孙亮年号(252—253)。
[4] 故:变故。
[5] 以目前趋务:追求眼前利益。
[6] 案:通"按",按照,根据。
[7] 科:考较,查核。见:同"现"。

〔8〕就业:从事学业。

〔9〕"一岁"二句:学习一年后考核试用,把他们分成不同的等级。差(cī疵),分别等级。

〔10〕敦:使敦厚笃实。王化:天子的教化。

# 请建国学疏

袁 瓌

〔解题〕本文是东晋时袁瓌(guī归)向晋成帝所上的一篇奏疏。袁瓌,字山甫,陈郡阳夏(今河南太康人),时为国子祭酒、散骑常侍。东晋朝廷此前经历了王敦之乱和苏峻之乱,教育文化事业遭到严重的破坏。袁瓌看到这种国学索然的局面,非常痛心,便上疏希望重建国学,朝廷很快采纳了他的建议。

臣闻先王之教也,崇典训以弘远代[1],明礼乐以流后生[2],所以导万物之性,畅为善之道也。宗周既兴[3],文史载焕,端委垂于南蛮[4],颂声溢于四海,故延州聘鲁,闻《雅》而叹[5];韩起适鲁,观《易》而美[6]。何者?立人之道,于斯为首。孔子恂恂以教洙泗[7],孟轲系之[8],诲诱无倦[9],是以仁义之声于今犹存,礼让之节时或有之。

畴昔皇运陵替[10],丧乱屡臻[11],儒林之教渐颓,庠序之礼有阙[12],国学索然[13],坟籍莫启[14],有心之徒抱志无由。昔魏武帝身亲介胄[15],务在武功,犹尚废鞍览卷,投戈吟咏,况今陛下以圣明临朝,百官以虔恭莅事[16],朝野无虞,江外谧静[17],如之何泱泱之风漠然无闻[18],洋洋之美坠于圣世乎[19]!古人有言:"《诗》、《书》义之府,礼乐德之则。"实宜留心经籍,阐明学义,使讽诵之音盈于京室[20],味道之贤是则是咏[21],岂不盛哉！若得给其宅地,备其学徒,博士僚属粗有其官[22],则臣之愿也。

——《晋书·袁瓖传》

[1] "崇典训"句:崇尚典训以光大先祖。远代,古代。
[2] 流后生:流传至后代。
[3] 宗周:指周王朝,周封诸侯国,自为宗主国,故称。
[4] "端委"句:南蛮之地的人也穿上了礼服。端委,古代礼服。
[5] "延州"二句:吴公子季札出使鲁国,听到周王室的雅乐而赞叹。事见《左传·襄公二十九年》。延州,即季札,姬姓,寿氏,名札,以先后封于延陵、州来,又称延州来季子。聘,聘问,特指天子与诸侯、诸侯与诸侯之间的遣使通问。
[6] "韩起"二句:韩起出使鲁国,看到《易经》而以为美。事见《左传·昭公二年》。
[7] 恂(xún)恂:即循循,善于诱导的样子。洙泗:洙水和泗水。古时二水自今山东省泗水县北合流而下,至曲阜北,又分为二水,洙水在北,泗水在南。春秋时属鲁国地,孔子曾在此聚徒讲学。
[8] 系之:继承孔子。系,继续,承接。
[9] 诲诱:教诲,诱导。
[10] 畴昔:往日,从前。陵替:衰落,衰败。
[11] 臻:到来。
[12] "庠序"句:学校的礼仪被废止。
[13] 索然:离散零落,衰微。
[14] 坟籍:古代典籍。坟,三坟,传说中的古籍。
[15] 魏武帝:三国时曹操,其子曹丕称帝后,追尊为武帝。介胄:铠甲和头盔。
[16] 莅事:处理政事。
[17] 江外:江南。
[18] 泱泱:气势宏大。

［19］洋洋:盛大的样子。

［20］京室:王室,朝廷。

［21］"味道"句:能体察道理的贤人诵读经典并以之为准则。味道,体味"道"的哲理,体察道理。

［22］博士:学官名。僚属:属吏,属官。

# 请修学校疏

王　导

〔解题〕本文是东晋王导的一篇奏疏。王导（276—339），字茂弘，琅琊临沂（今山东临沂）人，永嘉元年西晋灭亡后，辅佐琅琊王司马睿南渡，是东晋王朝的奠基人之一。这篇奏疏写于东晋政权初创之时。王导开宗明义地指出："治化之本，在于正人伦"，"人伦之正，存乎设庠序"，认为良好的社会风气要依靠学校和教育来培育，所以治天下者应做到取材用士，将"尊道而贵士"作为治国的原则之一。王导还结合当时的政治局面，一针见血地指出，在礼教陵替的乱世，若想北上复国以实现中兴，就应该复兴文教，学习古人先教后战。当时战乱未平，政权未稳，王导却能以隆教贵道为先，以学校建设为复兴国家的重要措施，充分表现了一个杰出的政治家对教育的高度重视。

夫治化之本[1]，在于正人伦。人伦之正，存乎设庠序[2]。庠序设而五教明[3]，则德化洽通[4]，彝伦攸叙[5]，有耻且格也[6]。父子兄弟夫妇长幼之序顺，而君臣之义固矣。《易》所谓正家而天下定者也[7]。故圣王蒙以养正[8]，少而教之，使化沾肌骨，习以成性，有若自然，日迁善远罪[9]，而不自知。行成德立，然后裁之以位[10]，虽王之嫡子，犹与国子齿[11]，使知道而后贵。其取才用士，咸先本之于学。故

《周礼》,乡大夫"献贤能之书于王,王拜而受之"。所以尊道而贵士也。人知士之所贵,由乎道存;则退而修其身,修其身以及其家,正家以及于乡,学于乡以登于朝。反本复始,各求诸己,敦素之业著[12],浮伪之道息,教使然也。故以之事君则忠,用之莅下则仁[13],即孟轲所谓"未有仁而遗其亲,义而后其君者也"[14]。

自顷皇纲失统[15],礼教陵替,颂声不兴,于今二纪[16]。传曰"三年不为礼,礼必坏;三年不为乐,乐必崩。"而况如此其久者乎?先进渐忘揖让之容[17],后生唯闻金革之响[18]。干戈日寻[19],俎豆不设[20],先王之道弥远,华伪之风遂滋[21],非所以习民靖俗[22],端本抑末之谓也。殿下以命世之资[23],属当倾危之运,礼乐征伐,翼成中兴[24],将涤秽荡瑕,拨乱反正。诚宜经纶稽古[25],建明学校,阐扬六艺,以训后生,使文武之道[26],坠而复兴。方今《小雅》尽废[27],戎虏扇炽[28],节义陵迟[29],国耻未雪。忠臣义士,所以扼腕拊心[30];礼乐政刑,当并陈以俱济者也。苟礼义胶固,纯风载洽[31],则化之所陶者广[32],而德之所被者大,义之所属者深[33],而威之所震者远矣。由斯而进,则可朝服济河,使帝典阙而复补[34],王纲弛而更张;饕餮改情,兽心革面[35],揖让而蛮夷服[36],缓带而天下从[37],得乎其道者,岂难也哉!故有虞舞干戚而三苗化[38],鲁僖作泮宫而淮夷平[39],桓、文之霸[40],皆先教而后战。今若聿遵前典[41],兴复教道,使朝之子弟,并入于学,立德出身者咸习之而后通。德路开而伪涂塞[42],则其化不肃而成,不严而治矣。选明博修礼之士以为之师,隆教贵道,化成俗定,莫尚于斯也。

——《宋书·礼志一》

[1]治化:治理国家,教化人民。

[2]庠序:泛指地方各级学校。

[3]五教:五常之教,即父义、母慈、兄友、弟恭、子孝等伦常之教。

[4]德化洽通:道德教化通行。洽通,普遍,通行。

[5]彝伦攸叙:治国之道因此固定下来,语出《尚书·洪范》。彝伦,伦常,常理。攸,语助词,无义。叙,有次序,有条理。

[6]有耻且格:语出《论语·为政》:"道之以德,齐之以礼,有耻且格",即通过礼乐教化,使百姓有羞耻之心且能自我检点、恪守正道。

[7]正家而天下定:语出《周易·家人》:"父父、子子、兄兄、弟弟、夫夫、妇妇而家道正,正家而天下定也。"

[8]蒙以养正:从儿童就开始涵养正道。蒙,童蒙,儿童。

[9]日:每天。迁善远罪:向善而远离罪恶。

[10]裁之以位:估量其才能给予适当的官位。

[11]齿:并列,此指同等对待。

[12]敦素:敦厚素雅。

[13]莅:临视,治理。

[14]"未有"二句:没有仁爱却遗弃亲人、忠义却将君主抛在脑后的人。

[15]自顷:近来。

[16]二纪:这里约指二十余年。纪,十二年。

[17]先进:前辈,这里指年长一代。揖让:宾主相见之礼,拱手行礼为揖,举手与心平为让。

[18]金革:军械和军装,借指战争。

[19]干戈日寻:战争连续不断。寻,连续,经常。

[20]俎豆:见前王俭《释奠释菜议》注[5]。

[21]华伪:虚浮诈伪。

[22]习民靖俗:教化人民端正风俗。习,教习,训练。靖,使和睦,协调。

[23]殿下:此指晋元帝司马睿,当时称晋王。命世:著名于当世。

[24]"属当"三句:司马睿初封琅琊王,永嘉元年(307)西晋为刘曜所

47

灭,他偕王导等南渡,在江东重建政权,即晋王位,不久称帝,世称东晋,即此处所称"中兴"。

[25] 经纶稽古:遵循古制治理国家。

[26] 文武之道:周文王、周武王的治世之道及西周时代的礼乐文章等。

[27] 《小雅》尽废:《毛诗正义·六月序》:"小雅尽废,则四夷交侵,中国微矣。"

[28] 扇炽:炽盛,猖獗。

[29] 陵迟:败坏,衰败。

[30] 拊心:拍胸,表示悲痛或悲愤。

[31] 纯风载洽:社会风气淳朴融洽。

[32] "则化之"句:那么教化所陶冶的范围就广大。

[33] "义之"句:正义所能渗透的程度就深。

[34] "则可"二句:指收复中原失地,恢复晋室对北方统治。朝服济河,穿着朝服渡过黄河,指恢复中原。

[35] "饕餮"二句:饕餮改掉它残忍的本性,野兽洗心革面,比喻野蛮人被改造成文明人。饕餮(tāo tiè 涛帖去声),传说中贪残的怪物。

[36] "揖让"句:以礼乐文德征服蛮夷。

[37] 缓带:宽束衣带,形容悠闲、从容的样子。

[38] "故有"句:《艺文类聚》引《帝王世纪》曰:"有苗氏负固不服,禹请征之,舜曰:'我德不厚而行武,非道也,吾前教犹未也。'乃修文教三年,执干戚而舞之,有苗请服。"这里指以教化而非武力的方式征服。有虞,舜国号为"有虞",故称虞舜。

[39] "鲁僖"句:《诗经·鲁颂·泮水》:"(鲁僖公)既作泮宫,淮夷攸服。"鲁僖,鲁僖公姬申,春秋时鲁国国君。泮宫,西周时诸侯所设大学。

[40] 桓、文:即春秋五霸中的齐桓公和晋文公。

[41] 聿遵:遵循。

[42] "德路"句:重德之路开启而歪门邪道被堵塞。涂,道路。

# 武昌开置学官令

庾 亮

[解题] 本文是东晋庾亮在武昌开置学官时颁布的教令。庾亮(289—340),字元规,颍川鄢陵(今河南鄢陵)人。曾任中书监、征西将军等职。自西晋八王之乱与永嘉之乱,到晋室南渡后的王敦之乱与苏峻之乱,文教荒废。在庾亮看来,过往的许多历史证明,礼仪之固远胜金汤,所以在天下稍平之际,他立即着手修复学校,并要求官宦子弟全部入学。

人情重交而轻财,好逸而恶劳,学业致苦,而禄答未厚[1],由捷径者多,故莫肯用心。洙泗邈远[2],《风》、《雅》弥替[3],后生放任,不复宪章典谟[4]。临官宰政者[5],务目前之治,不能闲以典诰[6]。遂令《诗》、《书》荒尘[7],颂声寂漠,仰瞻俯省,能弗叹慨。自胡夷交侵[8],殆三十年矣。而未革面向风者[9],岂威武之用尽,抑文教未洽,不足绥之邪[10]?昔鲁秉周礼,齐不敢侮[11];范会崇典,晋国以治[12]。楚、魏之君,皆阻带山河,凭城据汉,国富民殷,而不能保其强大,吴起屈完所以为叹也[13]。由此言之,礼义之固,孰与金城汤池[14]?季路称摄乎大国之间,加之以师旅,因之以饥馑,为之三年,犹欲行其义方[15]。况今江表晏然[16],王道隆盛,而不能弘敷礼乐[17],敦明庠序,其何以训彝伦而来远人乎[18]！魏武帝于驰骛之时[19]，以马上为家，逮于建安之末，风尘未弭，然犹留心远览，大学兴业。所谓颠沛必于是[20]，真通才也。

今使三时既务[21]，五教并修[22]，军旅已整，俎豆无废[23]，岂非兼善者哉！便处分安学校处所，筹量起立讲舍[24]。参佐大将子弟[25]，悉令入学，吾家子弟，亦令受业。四府博学识义通涉文学经纶者，建儒林祭酒[26]，使班同三署，厚其供给，皆妙选邦彦，必有其宜者，以充此举。近临川、临贺二郡[27]，并求修复学校，可下听之。若非束修之流[28]，礼教所不及，而欲阶缘免役者[29]，不得为生。明为条制，令法清而人贵。

——《宋书·礼志一》

[1] 禄答：俸禄报答。

[2] 洙泗：见前袁瓌《请建国学疏》注[7]。

[3]《风》、《雅》：诗经中的国风和大雅、小雅，这里代指诗文之事。弥：更加。替：衰落，衰微。

[4] 典谟：《尚书》中的《尧典》、《舜典》和《大禹谟》、《皋陶谟》等篇的并称，后借指经典、法言。

[5] 临官宰政者：当官主持政务的人。临，监视，统治。

[6] 闲：通"娴"，熟悉。典诰：《尚书》中的《尧典》、《汤诰》等篇的并称，亦泛指经典。

[7]《诗》、《书》：《诗经》和《尚书》，这里泛指古书、经籍。

[8] 胡夷交侵：西晋自八王之乱后，胡人乘机入侵，永兴元年（304），南匈奴刘渊起兵，直至后来西晋灭亡。

[9] 革面向风：此指胡人入侵中原后，被中原文化同化、改变。向风，归依，仰慕。

[10] 绥：安抚。

[11] "昔鲁"二句：鲁国秉持周礼，齐国就不敢欺侮。《左传·闵公元

年》载,齐桓公问仲孙湫:"鲁可取乎?"答曰:"不可,犹秉周礼。"

〔12〕"范会"二句:范会崇尚礼典,晋国于是得治。范会,即范武子,祁姓,士氏,名会,春秋时晋国大夫。《左传·宣公十六年》载,范会"归而讲求典礼,以修晋国之法。"

〔13〕吴起(前440—前381):战国初期兵家代表人物,曾仕魏、楚,著有《吴子》,认为"治国治军,必教之以礼,励之以义"。屈完:芈姓,名完,春秋时楚国大夫,《左传·僖公四年》载,屈完受楚王之命见齐桓公时说:"若以德绥诸侯,谁敢不服?君若以力,楚国方城以为城,汉水以为池,虽众,无所用之。"

〔14〕金城汤池:金属造的城,沸水流淌的护城河,形容城池险固。

〔15〕"季路"五句:《论语·先进》载,子路讲述自己的理想是:"千乘之国,摄乎大国之间,加之以师旅,因之以饥馑;由也为之,比及三年,可使有勇,且知方也。"

〔16〕江表:江外,即江南。晏然:安定,安宁。

〔17〕弘敷:大力敷扬。

〔18〕彝伦:见前王导《请修学校疏》注〔5〕。来远人:让边远的百姓来投奔自己。语出《论语·季氏》:"故远人不服,则修文德以来之。"

〔19〕驰骛:此指征战。

〔20〕颠沛必于是:在流离困顿的时候也在追求儒家的真谛。语出《论语·里仁》:"君子无终食之间违仁,造次必于是,颠沛必于是。"

〔21〕三时:春、夏、秋三季农作之时。

〔22〕五教:五常之教,即父义、母慈、兄友、弟恭、子孝等伦常教育。

〔23〕俎豆:见前王俭《释奠释菜议》注〔5〕。

〔24〕筹量:筹划。起立:兴建,建造。

〔25〕参佐:部下,僚属。

〔26〕祭酒:见前《明代的经筵》注〔8〕。

〔27〕临川:东晋临川郡治所在江州(今江西九江)。临贺:治所在临贺县(今广西贺州)。

〔28〕束修之流:指教化所及之人。束修,古时敬师之礼,教师的酬金,此借指读书之事。

〔29〕阶缘:凭借,攀附。

# 请兴复国学疏

谢 石

〔解题〕本文是东晋谢石在孝武帝时所写的一篇奏疏。谢石(327—389),字石奴,陈郡夏阳(今河南太康)人,东晋名臣,曾在著名的"淝水之战"中大破前秦军队,他也以"重教兴学"为人称道。谢石的"兴学"之议就是要推崇教化,从而达到王化兴隆的目的。当时东晋朝廷面临北御强敌的局面,世事维艰,作者于是特意引用汉光武帝和魏武帝的旧事,说明兴学与教化的重大意义。

立人之道,曰仁与义[1]。翼善辅性[2],惟礼与学。虽理出自然,必须诱导。故洙泗阐弘道之风[3],《诗》、《书》垂轨教之典。敦《诗》悦《礼》[4],王化以斯而隆[5];甄陶九流[6],群生于是乎穆[7]。世不常治,道亦时亡。光武投戈而习诵[8],魏武息马以修学[9],惧坠斯文,若此之至也。大晋受命,值世多阻。虽圣化日融,而王道未备,庠序之业,或废或兴。遂令陶铸阙日用之功[10],民性靡素丝之益[11]。亹亹玄绪[12],翳焉莫抽[13],臣所以远寻伏念[14],瘠瘵咏叹者也。

今皇威遐震,戎车方静[15],将洒玄风于四区[16],导斯民于至德,岂可不弘敷礼乐[17],使焕乎可观。请兴复国学,以训胄子[18];班下州郡[19],普修乡校。雕琢琳琅,和宝毕至[20],大启群蒙,茂兹成德[21]。匪懈于事[22],必由之以通,则人竞其业,道隆学备矣。

——《宋书·礼志一》

[1]"立人"二句:语出《易经·系辞》。
[2]翼善辅性:辅助善行,调养心性。
[3]洙泗:见前袁瓌《请建国学疏》注[7]。弘道:大道,正理。
[4]敦:崇尚,注重。
[5]王化:天子的教化。
[6]甄陶:化育,培养造就。九流:各类人。
[7]群生:百姓。穆:和睦。
[8]"光武"句:《后汉书·樊准传》载,汉光武帝刘秀"受命中兴,群雄崩扰,旌旗乱野,东西征战,不遑启处,然犹投戈讲艺,息马论道",即在军中征战之时,仍不废学。
[9]"魏武"句:魏武帝曹操在战乱中兴学,事见《三国志·魏书·武帝纪》。
[10]"遂令"句:于是导致常用的人才也缺乏。陶铸,培育、造就,这里指培育出的人才。
[11]"民性"句:百姓之性缺乏丝毫的进益。
[12]亹(wěi委)亹:水流的样子,形容连绵不绝。玄绪:前人未竟的功业,这里指教化事业。
[13]翳(yì义)焉莫抽:被遗忘而不能发展。翳,隐没,遮蔽。抽,引,拉。
[14]伏念:退而自省。
[15]戎车:兵车。
[16]玄风:清静之风,此喻天子的教化。
[17]弘敷:见前庾亮《武昌开置学官令》注[17]。
[18]胄子:帝王和贵族的后代,此指国学中的学子。
[19]班:同"颁",颁布。
[20]和宝:和氏璧,稀有而精美的珍品,此喻难得的人才。

53

[21] 茂兹成德：使此盛德隆茂。成德，盛德。
[22] 匪懈：不懈怠。

# 立 学 诏

江 淹

〔解题〕本篇为南朝齐高帝萧道成于建元四年(482)所发布的一份诏书,作者为江淹。江淹(444—505),字文通,宋州济阳(今河南商丘)人,历仕南朝宋、齐、梁三代,以文才著称。诏书明确表示要重视学校和教育之事,因为这是国家大政方针的重要组成部分。

夫胶庠之典[1],彝伦攸先[2]。所以昭振才端,启发性绪,弘世字甿[3],纳之轨义。是故五礼之迹可传[4],六乐之容不泯[5]。朕自膺历受图[6],志阐经训。且有司群僚,奏议横集。以戎车屡警,文教未敷[7]。思乐辟雍[8],永言多慨。今关燧无虞[9],时和岁稔[10],远迩同风[11],华夷慕义。便可式遵前准[12],修建教学,精选儒官,广延国胄[13]。

——《江文通集》

[1] 胶庠:《礼记·王制》:"周人养国老于东胶,养庶老于虞庠。虞庠在国之西郊。"胶为大学,庠为小学,后以胶庠泛指学校。

[2] 彝伦攸先:治国之道因此固定下来,语出《尚书·洪范》。彝伦,见前王导《请修学校疏》注[5]。

[3] 字甿:抚治、管理百姓。字,教化。甿,同"民"。

[4] 五礼:即吉礼、凶礼、军礼、宾礼、嘉礼。

[5] 六乐:即黄帝、尧、舜、禹、汤、周武王六代之乐,此泛指古乐。

[6] 膺历:即膺期,承受期运,受天命成为帝王。受图:指帝王受命登位。

[7] "以戎车"二句:因为不断有战事等危急情况,文明教化之事未能广泛实施。戎车,兵车,代指战争。

[8] 辟雍:见前《入学尊师》注[22]。

[9] 关燧无虞:边关没有忧患。关燧,边关的烽火。

[10] 岁稔(rěn忍):年成丰熟。

[11] 远迩同风:远近都受到天子的教化。同风,指受天子教化。

[12] 式遵:效法,遵循。前准:以前的准则。

[13] 国胄:帝王及贵族子弟。

# 劝 学 诏

隋炀帝

〔解题〕本文是大业元年(605)隋炀帝即位不久发布的一份诏书。隋炀帝在正史中虽然名声不佳,但本人好学多才,又十分重视文化教育,将兴学兴教作为重要的施政方针。在他看来,教育在前代没有受到应有的尊重,这是造成官员素质败坏、纲纪废弛的原因。所以他本人决心尊师重道,选拔贤才。此后,隋炀帝重开其父隋文帝废除的国子监、太学以及州县学,完善选拔人才的制度,对于我国重学重教风气的形成,有着十分深远的影响。

君民建国,教学为先[1]。移风易俗,必自兹始。而言绝义乖[2],多历年代,进德修业[3],其道浸微[4]。汉采坑焚之余[5],不绝如线;晋承板荡之运[6],扫地将尽。自时厥后[7],军国多虞[8];虽复黉宇时建[9],示同爱礼[10];函丈或陈[11],殆为虚器。遂使纡青拖紫[12],非以学优[13];制锦操刀[14],类多墙面[15]。上陵下替[16],纲维不立,雅缺道消,实由于此。

朕纂承洪绪[17],思弘大训[18]。将欲尊师重道,用阐厥猷[19];讲信修睦[20],敦奖名教[21]。方今宇宙平一[22],文轨攸同[23]。十步之内,必有芳草[24];四海之中,岂无奇秀。诸在家及见入学者[25],若有笃志好古,耽悦典坟[26],学行优敏,堪膺时务[27],所在采访,具以名闻。即当随其器能[28],擢以不次[29]。若研精经术,未愿进仕者,可依其艺业深浅,门荫高卑,虽未升朝,并量准给禄[30]。庶夫恂恂善诱[31],不日成器[32],济济盈朝,何远之有。其国子等学,亦宜申明旧制,教习生徒[33],具为课试之法[34],以尽砥砺之道[35]。

——《隋书·炀帝纪上》

[1] "君民"二句:《礼记·学记》:"建国君民,教学为先。"

[2] 言绝义乖:意谓含蓄微妙之言断绝,精深切要的义理乖谬。语出《汉书·艺文志》:"昔仲尼没而微言绝,七十子丧而大义乖。"

[3] 进德修业:提高道德修养,扩大功业。《易经·乾》:"君子进德修业。"

[4] 浸微:逐渐衰微。

[5] 坑焚:指秦始皇焚书坑儒。

[6] 板荡:《诗·大雅》有《板》、《荡》,讽周厉王无道而致天下动荡。

[7] 自时厥后:从那时以后。厥,他的,那个的。

[8] 虞:忧患,灾难。

[9] 黉(hóng 红)宇:校舍。

[10] 爱礼:即爱礼存羊,典出《论语·八佾》。谓子贡提出要去掉每月初一告祭祖庙用的羊,孔子却说"尔爱其羊,我爱其礼",后用来比喻为维护根本而保留相关仪式。这里指所建的学校徒有形式。

[11] 函丈:对前辈学者或老师的敬称,这里指学校的讲席之位。古代讲学者与听讲者的坐席之间相距一丈。

[12] 纡青拖紫:身上配青、紫色的印绶。形容地位显贵。纡,垂挂。扬雄《解嘲》:"纡青拖紫,朱丹其毂。"

[13] 非以学优:并不是因为学习优秀做的大官。《论语·子张》:"学而优则仕。"

[14] 制锦:指出任县令。典出《左传·襄公三十一年》,子皮欲使尹何

为邑,以美锦作比,称"使学者制焉,其为美锦,不亦多乎?"操刀:喻出仕任事。

[15] 墙面:面对着墙壁,什么也看不到。比喻不学无术,一无所知。

[16] 上陵下替:纲纪废弛,上下失序。

[17] 纂承:继承。洪绪:世代相传的大业,指帝业。

[18] 大训:先王、圣哲等的教导。

[19] 用阐厥繇(yóu由):阐明大道。厥,其。繇,通"猷",道。

[20] 讲信修睦:指讲究信用,谋求和睦。《礼记·礼运》:"选贤与能,讲信修睦。"

[21] 敦奖:鼓励,奖励。名教:名声与教化。

[22] 宇宙平一:天下平定。宇宙,天下。平一,统一。

[23] 文轨攸同:指国家统一。《礼记·中庸》谓"今天下车同轨,书同文",后以文字和车轨的统一为国家统一的标志。

[24] "十步"二句:比喻到处都是人才。刘向《说苑·谈丛》:"十步之泽,必有香草。"

[25] 见:同"现",现在。

[26] 耽阅典坟:热爱学习。典坟,三坟五典的简称,代指图书。

[27] 膺:承担,担当。

[28] 器能:才能。

[29] 擢以不次:打破常规而拔擢。不次,不按次序,破格。

[30] 给禄:给予俸禄。

[31] 庶:也许。恂恂:通"循循",有步骤的样子。

[32] 不日:很快。

[33] 生徒:学生,门徒。

[34] 课试:考课,考核。

[35] 砥砺:激励,勉励。

# 令诸州举送明经诏(节选)

唐高祖

〔**解题**〕本文节选自唐高祖李渊的一份诏令。诏书首先讲述了教育的重要意义,将春诵夏弦的读书看作是建邦立极的大事,随后分析了隋末战乱导致典籍毁废、教育衰败的现状,提出要延纳学生、重建各级学校和完善礼仪制度等措施,欲以教化之力来安上治民。

六经茂典,百王仰则[1];四学崇教[2],千载垂范。是以西胶东序[3],春诵夏弦[4],说《礼》敦《诗》[5],本仁祖义,建邦立极,咸必由之。自叔世浇讹[6],雅道沦缺,爰历岁纪[7],儒风莫扇[8]。隋季以来,丧乱滋甚,眷言篇籍,皆为煨烬[9]。周孔之教,阙而不修,庠塾之仪[10],泯焉将坠。非所以阐扬徽烈[11],敦尚风范[12],训民调俗,垂裕后昆[13]。朕受命膺期[14],握图驭宇,思弘至道,翼宣德化[15],永言坟素[16],深存讲习。所以捃摭遗逸[17],招集散亡,诸生胄子[18],特加奖劝。而凋弊之余,湮替日久[19],学徒尚少,经术未隆,《子衿》之叹[20],无忘兴寝[21]。方今函夏既清[22],干戈渐戢[23],搢绅之业[24],此则可兴。宜下四方诸州,有明一经已上未被升擢者,本属举送,具以名闻,有司试策[25],加阶叙用[26]。其吏民子弟,有识性开敏[27],志希学艺,亦具名状,申送入京,量其差品,并即配学。明设考课,各使励精,琢玉成器,庶其非远,州县及乡,各令置学。官僚牧宰[28],或不存意,普更颁下,早遣立修。夫安上治民,莫善于礼[29],出忠入孝,自家刑国[30],揖让俯仰,登降折旋[31],皆有节文[32],咸资端肃[33]。末叶疏惰[34],随时将废,凡厥生民,各宜勉励。又释奠之礼,致敬先师,鼓箧之义[35],以明逊志[36],比多阙略[37],更宜详备。

——《全唐文》卷三

[1] 百王:历代帝王。仰则:敬慕,效法。
[2] 四学:周于四郊设学校,称四学。一说,周、殷、夏、虞四代之学。
[3] 西胶东序:《礼记·王制》:"夏后氏养国老于东序,养庶老于西序……周人养国老于东胶,养庶老于虞庠。虞庠在国之西郊。"后泛指学校。
[4] 春诵夏弦:泛指读书学习。语出《礼记·文王世子》,意即春季诵诗,夏季以乐器演奏诗歌。诵,念诵。弦,以丝播诗。
[5] 说(yuè阅):通"悦",高兴,喜爱。敦:崇尚,注重。
[6] 叔世:末世,衰乱的时代。浇讹:浮薄诈伪。
[7] 爰历岁纪:岁月荏苒,时光流逝。爰(yuán元),变换,变更。
[8] 扇:兴起,兴盛。
[9] "眷言"二句:从前的图书典籍都被烧成灰烬。眷言,回顾的样子。煨(wēi威)烬,灰烬。
[10] 庠塾:《礼记·学记》有"家有塾,党有庠"之说,这里泛指学校。
[11] 徽烈:宏业,伟业。
[12] 敦尚:推崇,崇尚。
[13] 垂裕后昆:语出《尚书·仲虺之诰》。意思是为后世子孙留下功业。后昆,后嗣,后代。
[14] 膺期:承受期运,受天命成为帝王。
[15] 翼宣:辅佐宣扬。
[16] 坟素:泛指古代典籍。

［17］捃摭（jùn zhí 俊执）：采取，采集。

［18］胄子：见前谢石《请兴复国学疏》注［18］。

［19］湮替：废弃。

［20］《子衿》之叹：《诗经·郑风》有《子衿》一篇，《毛诗序》认为是"刺学校之废"，这里借指学校荒废。

［21］无忘兴寝：昼夜不能忘记。兴寝，起卧。

［22］函夏：函诸夏，《汉书·扬雄传》有"以函夏之大汉兮"句，后以函夏称全国。

［23］戢（jí 急）：收藏（兵器）。引申为停止战争。

［24］搢绅：把笏板插在衣带里，是官宦或儒者的打扮，后因称为官者或儒者。

［25］试策：选拔官吏等的考试，就经义、政事等提出问题，令应试者撰文回答。

［26］叙用：录用，分等级进用。

［27］开敏：通达聪明。

［28］牧宰：州县长官，州官为牧，县官为宰。

［29］"夫安上"二句：《孝经·广要道章》："安上治民，莫善于礼。"安定国家，驯服人民，没有比礼教更好的了。

［30］自家刑国：在自己的家庭里面表现很好，然后能做全国的表率。刑，通"型"，表率。

［31］"揖让"二句：指各种礼仪。揖让，见前王导《请修学校疏》注［17］。登降，登阶下阶进退揖让之礼。折旋，曲行，行礼时的动作。

［32］节文：礼节，仪式。

［33］端肃：端正严肃。

［34］末叶：后世子孙。

［35］鼓箧（qiè 切）：击鼓开箧，是入学时的仪式，此指学校、教育等事。

［36］逊志：虚心谦让。

［37］阙略：缺漏，不完备。

# 增修学馆制

唐代宗

〔解题〕文教兴而国家治。古代圣王贤君,都非常明白这个道理并重视文教事业。唐代宗李豫想要重振盛唐之风,于是下诏命令天下增修学馆、尊师重教、崇扬儒术、精选学官、供应餐食及学习所需材料,为培养人才做了较为全面的安排。同时,为显示对大臣的恩宠,他还诏令高官子弟进入京师国子学学习,这起到了稳定人心、培养官宦子弟的作用。

治道同归,师氏为上[1],化人成俗[2],必务于学。俊造之士[3],皆从此途。国之贵游[4],罔不受业[5]。修文行忠信之教[6],崇祗庸孝友之德[7],尽其师道,乃谓成人。然后扬于王庭[8],敷以政事[9],征之以理,任之以官[10]。置于周行[11],莫匪邦彦[12],乐得贤也,其在兹乎!朕志承理体[13],尤重儒术,先王设教,敢不虔行[14]?顷以戎狄多虞[15],急于经略[16],太学空设,诸生盖寡。弦诵之地[17],寂寥无声,函丈之间[18],殆将不扫[19]。上庠及此[20],甚用闵焉[21]。

今宇县乂宁[22],文武并备,方投戈而讲艺[23],俾释菜而为礼[24]。使四科咸进[25],六艺复兴,神人以和[26],风化浸美,日用此道,将无闲然[27]。其诸道节度、观察、都防御等使,朕之腹心,久镇方面,眷其子弟[28],为奉义方,修德立身,是资艺业[29]。恐干戈之后,学校尚微,僻居远方,无所咨禀[30]。山东寡问[31],质疑必就于马融;关西盛名,尊儒乃称于杨震[32]。负经来学,宜集京师。其宰相、朝官及神策六军诸将子弟欲得习学者[33],自今已后,并令补国子学生。欲其业重籝金[34],器成琢玉[35],日新厥德[36],代不乏贤。其中身虽有官,欲附学读书者亦听。其学官委中书、门下选行业堪为师范者充。其学生员数多少,所习经业考试等,并所供粮料,及缘学馆破坏,要量事修理,各委本司条件闻奏[37]。务须详悉,称朕意焉。

——《全唐文》卷四六

[1] 师氏:指学官或教师。

[2] 化人成俗:教化百姓,使之形成良好的风尚。

[3] 俊造:才智杰出。

[4] 贵游:王公贵族。

[5] 罔不受业:没有不跟随老师学习的。

[6] 文行忠信:此指儒家的教化。《论语·述而》:"子以四教:文行忠信。"

[7] 祗庸孝友:指尊敬老者、孝顺父母、友爱兄弟等美好的品德。《周礼·春官·大司乐》:"以乐德教国子,中和祗庸孝友。"

[8] 扬于王庭:此指在君王发号施令的场所宣扬教化。语出《易经·夬》。

[9] 敷以政事:施行教化。

[10] 官:官职。

[11] 周行:大路,大道。

[12] 邦彦:国家的优秀人才。

[13] 理体:治政之体要。

[14] 虔行:虔诚地去做。

[15] 顷:近来。戎狄:指当时一些威胁唐朝安定的少数民族政权。多虞:多难,此指侵掠行径。

[16] 经略:筹划治理。

[17] 弦诵:弦歌与诵读,代指学校教学。

[18] 函丈:见前隋炀帝《劝学诏》注[11]。

[19] 殆将:将要。

[20] 上庠:古代的学校。

[21] "甚用"句:感到很可惜。

[22] 宇县:海内。乂(yì亿)宁:安定。

[23] 投戈而讲艺:见前谢石《请兴复国学疏》注[8]。

[24] 俾(bǐ比):使。释菜:见前王俭《释奠释菜议》注[1]。

[25] 四科:指儒家的德行、言语、政事、文学四门科目。

[26] 神人以和:此指在儒家教化下,天下各处和谐相处。语出《尚书·尧典》。

[27] 闲然:亦作"间然",非议,异议。

[28] 眷:眷顾。

[29] 艺业:技艺,学业。

[30] 咨禀:请教,禀告。

[31] 山东寡问:崤山以东的人不喜欢提问。

[32] 杨震(?—124):字伯起,弘农华阴(今陕西华阴东)人。东汉时名臣,有"关西孔子"之称。

[33] 神策六军:唐朝后期最重要的禁军,负责保卫首都、宿卫宫廷以及行征伐事,是皇帝直接控制的武装力量。

[34] 业重籯(yíng迎)金:指对于儒家经典的学习比拥有金银更重要。《汉书·韦贤传》:"遗子黄金满籯,不如一经。"籯金,古人常用籯存放贵重金银,故喻指财富。籯,箱笼一类的盛具。

[35] "器成"句:语出《礼记·学记》:"玉不琢,不成器。"

[36] "日新"句:每日品德都能得到提升。

[37] 本司:各司。司,分管事务的官署。

# 请崇学校疏

韦嗣立

〔解题〕韦嗣立(654—719),字延构,郑州阳武(今河南原阳)人,唐中宗时为同平章事。针对当时国学废散的状况,作者向朝廷提出应该大兴学校,王公以下子弟必须入国学接受教育。针对官僚体系中的一些问题,他提出的解决之道就是崇重学校,通过教育提高官员素质,净化官场风气和社会风气。在韦嗣立看来,教育可安人利国,是从源头上解决问题的关键所在。

臣伏闻古先哲王立学官,所以掌教国子以六德、六行、六艺[1],三教备而人道毕矣[2]。《礼记》曰:"化民成俗,必由学乎!"学之于人,其用盖博。故立太学以教于国,设小学以化于邑,王之诸子,卿大夫士之子,及国之俊选皆造焉[3]。八岁入小学,十五入大学,春秋教以礼乐,冬夏教以诗书,是以教洽而化流[4],行成而不悖[5]。故自天子至于庶人,未有不须学而成者也。国家自永淳已来[6],二十余载,国学废散,胄子衰缺[7],时轻儒学之官,莫存章句之选。贵门后进,竞以侥幸升班;寒族常流,复因陵替弛业。考试之际,秀茂罕登[8],驱之临人[9],何以从政?又垂拱之后[10],文明在辰,盛典鸿休[11],日书月至,因籍际会[12],入仕尤多。加以谗邪凶党来俊臣之属[13],妄执威权,恣行枉陷。正直之伍,死亡为忧,道路以目[14],人无固志,罕有执不挠之怀,徇至公之节,偷安苟免,聊以卒岁。遂使纲领不振,请托公行,选举之曹[15],弥长逾滥。随班少经术之士[16],摄职多庸琐之才,徒以猛暴相夸,罕能清惠自勖[17],使海内黔首[18],骚然不安。赖陛下忧劳,频有处分,然革弊斯近,此风尚余,州县官僚,贪鄙未息。而望事必循理,俗致康宁,求之于今,不可得也。

陛下诚能下明制,发德音,广开庠序,大敦学校,三馆生徒[19],即令追集。王公已下子弟,不容别求仕进,皆入国学,服膺训典[20]。崇饰馆庙,尊尚儒师,盛陈奠菜之仪[21],宏敷讲说之会[22]。使士庶观听[23],有所发扬,弘奖道德[24],于是乎在。则四海之内,靡然向风[25],延颈举足,咸知所向。然后审持衡镜[26],妙择良能,以之临人,寄之调俗,则官无侵暴之政,人有安乐之心。居人则相与乐业,百姓则皆恋桑梓[27],岂复忧其逃散而贫窭哉[28]?今天下户口,亡逃过半,租调减耗[29],国用不足,理人之急,尤切于兹。故知务学之源,岂惟润身进德而已[30],将以安人利国,安可不务之哉?

——《全唐文》卷二三六

[1]"所以"句:《周礼·地官·大司徒》述大司徒之职,称其"以乡三物教万民而宾兴之",即以三方面的内容来教育百姓、选拔人才,包括六德、六行和六艺。其中六德是知、仁、圣、义、忠、和,六行是孝、友、睦、姻、任、恤,六艺是礼、乐、射、御、书、数。

[2]三教:指上述六德、六行和六艺。人道:人伦。

[3]造:培养,造就。

[4]教洽:教化浸润。化流:德化广布。

[5]行成:德行养成。

[6]永淳:唐高宗李治年号(682—683)。

[7]胄子:见前谢石《请兴复国学疏》注[18]。

［8］秀茂：特别优异的人才。

［9］临人：治理百姓。

［10］垂拱：唐睿宗李旦年号(685—688)，实际执政者是武则天。

［11］鸿休：鸿福。

［12］因籍际会：机缘巧合，得到机会。

［13］来俊臣(651—697)：武则天当政时的著名酷吏。

［14］道路以目：《国语·周语上》："国人莫敢言，道路以目。"在路上相见时不敢交谈，只能以目示意，比喻政治气氛恐怖暴虐。

［15］曹：负责某事的职官。

［16］随班：依照官位等级入朝，这里指朝廷官员。

［17］清惠：清廉仁慧。勖(xù 续)：勉励。

［18］黔首：平民，百姓。

［19］三馆：即弘文馆(昭文馆、修文馆)、集贤殿书院、史馆。弘文馆掌校书及教授生徒，集贤殿掌勘辑书籍等，史馆掌修国史。

［20］服膺：铭记在心，衷心信奉。

［21］奠菜：见前王俭《释奠释菜议》注［1］。

［22］宏敷：广布。讲说：讲述解说。

［23］观听：看到的和听到的，借指舆论。

［24］弘奖：大大劝勉，奖励。奖，原作"弊"，误，据《旧唐书·韦嗣立传》改。

［25］向风：仰慕，归依。

［26］衡镜：衡器和镜子。衡可以称轻重，镜可以照美丑，比喻辨别是非等的标准。

［27］桑梓：古人常在家宅旁种植桑树和梓树，后以此代指故乡。

［28］贫窭(jù 巨)：贫乏，贫穷。

［29］租调：唐代赋税有租、庸、调等，这里泛指税赋。

［30］润身进德：语出《礼记·大学》："富润屋，德润身。"

# 请崇国学疏

李　绛

〔解题〕本文是中唐时李绛所写的一篇奏疏。李绛(764—830)，字深之，赵郡赞皇(今属河北)人，唐宪宗元和时期为同中书门下平章事。奏疏列举先圣明君崇立太学、国学的史实，说明建太学、重名儒应是为君者的头等大事。文章回顾了唐代开国以来朝廷重视学校教育的历史和安史之乱以来风气渐坏的事实，得出太学"皆兴于理化之时，废于衰乱之代"的结论，认为国学兴废与社会风气、国运等都有着密切的关联。

自三代哲王已降[1]，奄有天下者[2]，未尝不崇建太学，尊重名儒，习干戚羽籥之容[3]，盛樽俎揖让之礼[4]，以兴教化，以致太平。天子亲入视学，皇太子行齿胄之礼[5]，斯所以化成天下也。故《记》曰："如欲化民成俗，必由学乎？"[6]当征讨之急，则先武事；丁治平之运[7]，则尚文德。二柄相须[8]，百王不易。故汉光武于兵草之中，投戈讲艺[9]；魏太祖于扰攘之际，崇立学校[10]。历代之于儒道，如此急也。后汉儒学之盛，太学至有三万人，讽先圣之言[11]，酌当代之务[12]，鸿名硕德，匡国济时，未有不游于太学，以跻于显位者也。

国家自高祖初立，关中便修太学[13]，并为功臣、宗室子弟别立小学,建黉舍[14],大加儒训,增置生徒,各立博赡,鸿儒硕学,盛于朝列,质疑应问,酌古辨今,咸征经据,并传师法。故朝廷无不根之论,蕃夷有慕义之名,风教大成,礼乐咸备,贞观之理[15],谓之太平。至于开元中[16],亦弘国学之制,复睹儒道之盛。

故太学兴废,从古及今,皆兴于理化之时[17],废于衰乱之代。所以俾风俗趋末而背本,好虚而忘实,盖由国学废讲论之礼,儒者靡师资之训。自是以降,不本经义,不识君臣父子之道,不知礼乐制度之方,和气不流,悖乱遂作。其师氏之废[18],如是之害也。

今天下遭逢圣明,荡除瑕秽,前代所不能举,而陛下举之,百王所不能行,而陛下行之。万方倾耳,兆人企踵[19],思望圣化,希承德风。而德盛道隆,阙弦歌之雅咏[20];政流化洽[21],鲜儒学之高风。顷自羯胡乱华,乘舆避狄[22],中夏凋耗[23],生人流离[24],儒硕解散[25],国学毁废,生徒无鼓箧之志[26],博士有倚席之讥[27],马厩园蔬,殆恐及此。伏惟陛下挺超代之姿,发振俗之令,复崇太学,重延硕儒,精选生徒,奖宠博士,备征天下名德专门之士,增饰学中屋室厨馔之制,殿最讲习之优劣[28],彰明义训之得失,明立科品,使有惩劝,拔萃出群者縻之以禄[29],废业怠教者置之以刑[30],自然儒雅日兴,典坟日重[31],先王之道日盛,太学之训日崇。陛下垂拱明庭[32],受釐清禁[33],使师氏教德,不独美于周时,桥门观礼[34],岂复谢于汉日?伏希天造[35],特鉴愚言,起兹废坠,弘于教化,冀裨圣教,以助皇风。

——《全唐文》卷六四五

[1] 三代哲王:夏、商、周三代的天子。哲王,贤明的君主。

［2］奄：覆盖，引申为尽、全。

［3］"习干"句：指修习礼乐之事。干戚：盾与斧，是兵器，也是武舞时所持的舞具，此借指乐舞之事。羽籥（yuè阅）：雉羽和籥，是祭祀或宴享时舞者所持的舞具和乐器，此借指祭祀之事。籥，一种编组多管乐器。容，法度、规范。

［4］樽俎（zǔ组）：古代盛酒食的器皿，樽以盛酒，俎以盛肉，此借指祭祀、宴享之礼。揖让：见前王导《请修学校疏》注［17］。

［5］齿胄：太子及公卿之子以年龄为序入学。

［6］"如欲"二句：语出《礼记·学记》，参见本书前面《学记》注［3］。

［7］丁：当，遭逢。

［8］"二柄"句：文武两种手段互相支持、依靠。

［9］"投戈"句：见前谢石《请兴复国学疏》注［8］。

［10］"魏太祖"二句：三国时魏太祖曹操在战乱中兴学。参见本书《修学令》一篇。

［11］讽：诵念。

［12］酌：衡量，估量。

［13］关中：函谷关以西，战国时的秦国故地，是唐代京师及周边地区。

［14］黉（hóng红）舍：校舍，借指学校。

［15］贞观：唐太宗李世民年号（627—649）。

［16］开元：唐玄宗李隆基年号（713—741）。

［17］理化之时：治世、太平时期。

［18］师氏：见前唐代宗《增修学馆制》注［1］。

［19］企踵：踮起脚跟，形容急切仰望的样子。

［20］弦歌：古时传授《诗》学，皆配以弦乐歌咏，称"弦歌"，后亦以此借指学习诵读、礼乐教化之事。

［21］化洽：教化普沾。

［22］"顷自"二句：指安史之乱及其后一系列叛乱。羯胡，指安禄山，其母为突厥人。乘舆，天子或诸侯所乘车，此指唐玄宗安史之乱中逃出长安。

［23］中夏：华夏，中国。凋耗：衰败，损耗。

[24] 生人:即"生民",百姓,唐人避李世民讳,改"民"为"人"。

[25] 儒硕:博通的学者、儒士。

[26] 鼓箧(qiè切):击鼓开箧,是古时的入学仪式,此指经业、学术。

[27] 倚席:博士、经师不设讲座,座位被倚于侧席,不受重视,形容废弃学术。

[28] 殿最:考课,考评。殿,考课中居下等者。最,考课中居上等者。

[29] 縻(mí迷):拴缚,束缚,此指(用俸禄)留住。

[30] 置:处置,处罚。

[31] 典坟:三坟五典,借指古代典籍。

[32] 垂拱明庭:在朝廷之上可以垂拱而治。垂拱,垂衣拱手,表示不亲理事务。

[33] "受厘"句:在皇宫中享清福。受厘,汉代皇帝派人祭祀天地五畤后,以祭祀所余肉归致皇帝,以示受福。厘即祭祀所余肉食。清禁,皇宫,因其清静严肃,故称。

[34] "桥门"句:东汉明帝即位后举行宴享射礼等仪式,亲自讲解经义,并请诸多儒生当面诘问辩驳,当时士大夫和官员在桥门观看听讲者数以万记,盛况空前。事见《后汉书·儒林传上》。

[35] 天造:天之创始,此指皇帝。

# 请修学校尊师儒取士札子

程 颢[1]

[**解题**] 程颢是一位很有政治眼光的理学家和教育家,他清醒地看到,君主治天下就必须正风俗、得贤才,而正风俗、得贤才的关键在于兴教化。基于这一点认识,在宋神宗熙宁元年(1068),时任监察御史里行的程颢写了这篇札子,希望朝廷在全社会大兴尊师重教之风。至于从中央到地方各级政府兴办学校的一些可操作性措施,比如入学条件、教师资格、教学目的、修业年限、规章制度以及奖惩措施等问题,程颢也给出了具体的建议。其中,相关教师对学业和品行最差的学生负连带责任这一条,就很具有激励性。

臣伏谓治天下以正风俗、得贤才为本[2]。宋兴百余年,而教化未大醇[3],人情未尽美,士人微谦退之节[4],乡间无廉耻之行[5],刑虽繁而奸不止,官虽冗而材不足者[6],此盖学校之不修,师儒之不尊,无以风劝养励之使然耳[7]。窃以去圣久远[8],师道不立[9],儒者之学几于废熄,惟朝廷崇尚教育之,则不日而复[10]。古者一道德以同俗[11],苟师学不正,则道德何从而一?方今人执私见,家为异说,支离经训[12],无复统一,道之不明不行,乃在于此。

臣谓宜先礼命近侍贤儒[13],各以类举,及百执事、方岳、州县之吏[14]，悉心推访。凡有明先王之道，德业充备，足为师表者，其次有笃志好学，材良行修者，皆以名闻。其高蹈之士[15]，朝廷当厚礼延聘[16]，其余命州县敦遣[17]，萃于京师，馆之宽闲之宇[18]，丰其廪饩[19]，恤其家之有无[20]，以大臣之贤典领其事[21]，俾群儒朝夕相与[22]，讲明正学[23]。其道必本于人伦，明乎物理[24]。其教自小学洒扫应对以往[25]，修其孝悌忠信，周旋礼乐。其所以诱掖激厉、渐摩成就之道[26]，皆有节序。其要在于择善修身，至于化成天下，自乡人而可至于圣人之道。其学行皆中于是者为成德。

又其次取材识明达，可进于善者，使日授其业，稍久则举其贤杰以备高任[27]。择其学业大明、德义可尊者，为太学之师[28]，次以分教天下之学，始自藩府[29]，至于列郡[30]。择士之愿学、民之俊秀者入学，皆优其廪给而蠲其身役[31]。凡其有父母骨肉之养者，亦通其优游往来，以察其行。其大不率教者，斥之从役[32]。

渐自太学及州郡之学，择其道业之成，可为人师者，使教于县之学，如州郡之制。异日则十室之乡达于党遂[33]，皆当修其庠序之制[34]，为之立师，学者以次而察焉。县令每岁与学之师以乡饮之礼会其乡老[35]，学者众推经明行修、材能可任之士[36]，升于州之学，以观其实。学荒行亏者罢归，而罪其吏与师[37]；其升于州而当者[38]，复其家之役[39]。郡守又岁与学之师行乡饮酒之礼，大会群士，以经义、性行、材能三物宾兴其士于太学[40]，太学又聚而教之。其学不明、行不修与才之下者罢归，以为郡守学师之罪。升于太学者，亦听其以时还乡里，复来于学。

太学岁论其贤者能者于朝，谓之选士。朝廷问之经以考其言，试之职以观其材，然后辨论其等差而命之秩[41]。凡处郡县之学与太学者,皆满三岁,然后得充荐。其自州郡升于太学者,一岁而后荐。其有学行超卓、众所信服者,虽不处于学,或处学而未久,亦得备数论荐。

凡选士之法,皆以性行端洁,居家孝悌,有廉耻礼逊[42],通明学业,晓达治道者。在州县之学,则先使其乡里长老,次及学众推之。在太学者,先使其同党[43],次及博士推之[44]。其学之师与州县之长,无或专其私。苟不以实,其怀奸罔上者[45],师长皆除其仕籍,终身不齿[46];失者亦夺官二等[47],勿以赦及去职论[48]。州县之长,莅事未满半岁者[49],皆不荐士。师皆取学者成否之分数为之赏罚。

凡公卿大夫子弟皆入学,在京师者入太学,在外者各入其所在州之学,谓之国子。其有当补荫者[50],并如旧制,惟不选于学者,不授以职。每岁诸路别言一路国子之秀者升于太学[51],其升而不当者,罪其监司与州郡之师[52]。太学岁论国子之有学行材能者于朝,其在学宾兴考试之法,皆如选士。

国子自入学,中外通及七年,或太学五年。年及三十以上,所学不成者,辨而为二等[53]。上者听授以管库之任[54],自非其后学业修进,中于选论,则不复使亲民政。其下者罢归之。虽岁满,愿留学者亦听。其在外学七岁而不中外选者,皆论致太学而考察之,为二等之法。国子之大不率教者,亦斥罢之。凡有职任之人,其学业材行应荐者,诸路及近侍以闻,处之太学,其论试亦如选士之法,取其贤能而进用之。凡国子之有官者,中选则增其秩。

臣谓既一以道德仁义教养之,又专以行实材学升进[55],去其声律小碎、糊名誊录一切无义理之弊[56],不数年间,学者靡然丕变矣[57]。岂惟得士浸广[58],天下风俗将日入醇正,王化之本也。臣谓帝王之道,莫尚于此。愿陛下特留宸意[59],为万世行之。

——《二程文集》卷二

[1] 程颢(1032—1085),字伯淳,世称"明道先生"。与弟程颐同学于周敦颐,世称"二程"。他是北宋理学的奠基者。

[2] 伏:伏在地上。古代臣对君、下对上陈诉时的表敬之词。

[3] 醇:纯正。

[4] 微:无。

[5] 乡闾(lú 驴):泛指民间。

[6] 冗:多余。

[7] 风劝养励:教化劝导、培养鞭策。风,教化。使然:让它这样。耳:句尾语气词。

[8] "窃以"句:我私下里认为我们这个时代距离圣人的时代已经很久远了。窃,古人发表看法时使用的谦辞。

[9] 师道:尊师之道。

[10] 不日:时间很短。

[11] "古者"句:古代用统一道德来统一风俗。一,统一。

[12] "支离"句:使经典的解释变得支离破碎。

[13] 礼命:礼貌地命令。近侍:侍奉在帝王身边。

[14] 百执事:众多官员。《书·盘庚下》:"呜呼!邦伯师长百执事之人,尚有隐哉。"孔颖达疏:"其百执事谓大夫以下,诸有职事之官皆是也。"方岳:指封疆大吏。方,方伯。岳,四岳。

[15] 高蹈之士:隐居之士。

[16] 延聘:聘请。

[17] 敦遣:督促遣送。

[18] "馆之"句:把他们安排在宽敞清净的屋子里居住。馆,动词,让……居住。

[19] 廪饩(xì 细):官府供给的粮食。

[20] 恤:体恤。有无:偏义复词,无。

[21] 典领:主持领导。

[22]俾:使。

[23]"讲明"句:研究阐明符合正道的学问。

[24]物理:事物的道理。

[25]小学:少年儿童就读的学校。

[26]诱掖:诱导帮助。

[27]高任:担任要职。

[28]太学:宋代太学始设于仁宗朝。

[29]藩府:宋代的大州升格为府,其地位相当于唐代的藩镇,故称藩府。

[30]列郡:各州。

[31]蠲(juān捐):免除。身役:本人的劳役。

[32]"其大"二句:那些完全不服从教育的学生,开除出去,让他们去服劳役。斥,开除。

[33]党遂:基层的行政单位。党,五百家。遂,远郊之外的一种行政区划。

[34]庠序:泛指学校。

[35]乡饮:古代乡学在完成学业或向上级推荐成绩优异者的时候,设宴饮酒,其间有一定的礼仪。乡老:乡里德高望重的老人。

[36]经明行修:通晓经典,品行端正。

[37]罪:怪罪,追究责任。

[38]当:合格。

[39]复:免除徭役或赋税。《墨子·号令》:"男女老小,先分守者,人赐钱千,复之三岁。"

[40]宾兴:举荐。在周代,乡小学有才德的人被推荐到国学受教育之前,他们会受到贵宾之礼的优待。《周礼·地官·大司徒》:"以乡三物教万民而宾兴之。"郑玄注:"兴,犹举也。民三事教成,乡大夫举其贤能者,以饮酒之礼宾客之。"

[41]秩:官职或级别。

[42]礼逊:谦让。

[43]同党:同乡。这里不是贬义词。

77

［44］博士：学官，太学的老师。

［45］怀奸罔上：内怀奸邪之心，欺骗朝廷。罔（wǎng 网），欺骗。

［46］不齿：不收录。《礼记·王制》："不变，屏之远方，终身不齿。"郑玄注："齿，犹录也。"

［47］失者：有过失的老师和学官。夺官二等：贬官两级。夺官，削去官职。

［48］去职：离开职位。

［49］莅事：视事，处理公务。

［50］补荫：因父祖之功而享受入学或做官的权利。

［51］路：宋代的行政区划，直接隶属中央，下面管辖府、州、郡、县等。

［52］监司：负有监察责任的各级地方行政机构，如转运使、转运副使、转运判官、提点刑狱、提举常平等。

［53］辨：区分。

［54］管库之任：任命他们管理仓库。

［55］行实：实际行为。

［56］声律：诗与骈文讲究声韵、声调和格律。糊名：从宋代开始，参加科考的试卷要封卷头，把考生的姓名、籍贯等信息遮蔽起来，防止作弊。誊（téng 腾）录：考生的试卷由专门的书手抄成副本，再送给考官评阅，这是防止通过辨识笔迹而作弊。

［57］靡然：一下子，全部迅速的样子。丕变：大变。丕，大。

［58］浸广：渐渐增多。

［59］宸（chén 陈）意：帝王的思虑。宸，北极星所在，借指帝王。

庙记学记

# 处州孔子庙碑

韩　愈

[**解题**] 本文是唐宪宗元和十五年(820)韩愈为处州新修的孔子庙所写的碑文。韩愈(768—824),字退之,河南河阳(今河南孟州)人,中唐"古文运动"的倡导者,致力于复兴儒学,其思想及文学成就均影响深远。韩愈在本文中从祭祀孔子的礼仪规格谈起,极言孔子的崇高地位。杜牧在《书处州韩吏部孔子庙碑阴》中说:"自古称夫子者多矣,称夫子之德,莫如孟子。称夫子之尊,莫如韩吏部。"

自天子至郡邑守长通得祀而遍天下者[1],唯社稷与孔子为然[2]。而社祭土,稷祭谷,句龙与弃乃其佐享[3],非其专主,又其位所不屋而坛[4],岂如孔子用王者事,巍然当座,以门人为配[5],自天子而下,北面跪祭,进退诚敬,礼如亲弟子者!句龙、弃以功,孔子以德,固自有次第哉!自古多有以功德得其位者,不得常祀;句龙、弃、孔子皆不得位,而得常祀。然其祀事皆不如孔子之盛,所谓生人以来未有如孔子者,其贤过于尧舜远者,此其效欤?

郡邑皆有孔子庙,或不能修事,虽设博士弟子,或役于有司,名存实亡,失其所业。独处州刺史邺侯李繁至官[6],能以为先。既新作孔子庙,又令工改为颜子至子夏十人像[7],其余六十子,及后大儒公羊高、左丘明、孟轲、荀况、伏生、毛公、韩生、董生、高堂生、扬雄、郑玄等数十人[8],皆图之壁。选博士弟子必皆其人。又为置讲堂,教之行礼,肄习其中[9]。置本钱廪米[10],令可继处以守。庙成,躬率吏及博士弟子[11],入学行释菜礼,耆老叹嗟[12],其子弟皆兴于学。邺侯尚文,其于古记无不贯达[13],故其为政知所先后,可歌也已。乃作诗曰:

惟此庙学,邺侯所作。厥初庳下[14],神不以宇。先师所处,亦窘寒暑。乃新斯宫,神降其献[15]。讲读有常,不诫用劝[16]。揭揭元哲[17],有师之尊。群圣严严[18],大法以存。像图孔肖[19],咸在斯堂。以瞻以仪[20],俾不或忘。后之君子,无废成美。琢词碑石,以赞攸始。

——《昌黎先生集》卷七

[1] 郡邑守长:郡守和邑长(县令)。

[2] 社稷:古代帝王、诸侯祭祀的土神和谷神。

[3] "句龙"句:据《周礼·大司徒之职》贾公彦《疏》,句龙即土神,相传为共工之子,为后土官,死后"配社而食",即"佐享"。弃即周始祖后稷,因曾被弃养,故名弃,为农官,教民耕稼,故称后稷,死后"配稷而食"。唐代"社以句龙配,稷以后稷配"(《旧唐书·礼仪志四》)。

[4] 不屋而坛:不建屋宇而设祭坛。

[5] "岂如"三句:唐开元二十七年(739)追谥孔子文宣王,"南面而坐,以颜子配享",即"王者礼",参见《新唐书·礼乐志五》。

[6] 李繁:京兆(今陕西西安)人,为德宗时宰相李泌之子。官:官府。

[7] 颜子:即颜回。

[8] "及后"句:所列皆后世大儒。公羊高,战国齐人,传《春秋》为《春秋公羊传》。韩生,韩婴,注《诗经》为《韩诗》,后亡佚。董生,西汉董仲舒,倡"罢黜百家,独尊儒术"。高堂生,复姓高堂,秦时治《礼记》。左丘明、伏

生、毛公、扬雄、郑玄等见本书前文注释。

[9] 肄(yì艺)习:学习,练习。

[10] 廪米:按月发给在学生员的粮食。

[11] 躬率:亲自率领。

[12] 耆老:老人,多指多年士绅。

[13] 贯达:博通,贯通。

[14] 庳(bēi杯)下:低矮,低下。

[15] 献:祭祀时用的犬,此指祭品。

[16] 用劝:用以劝勉鼓励。

[17] 揭揭:很高的样子。元哲:先哲,指孔子。

[18] 严严:威重、庄严的样子。

[19] 孔肖:非常相像。

[20] 以瞻以仪:即瞻仪,瞻仪效法。以,助词,无实义。

# 凤翔府扶风县文宣王新庙记(节选)

程 浩

〔解题〕程浩,唐朝人。本文对孔子给予了极高的评价,认为孔子知天地之始终,与日月齐辉光,与江海同广博,对后世的影响胜于尧、禹,对于国家治理来说,"用之则昌,舍之则亡",可见作者对孔子的推崇与景仰。

天地,吾知至广也,以其无所不覆载[1];日月,吾知至明也,以其无所不照临;江海,吾知至大也,以其无所不容纳。料广以寸管[2],测景以尺圭[3],航大以一苇[4],广不能逃其数[5],明不能私其质[6],大不能忘其险。伟哉夫子[7]!生后于天地而知始;亡先于天地而知终。非日非月,光之所及者远;不江不海,润之所浸者博[8]。三代礼乐,吾知其损益;百王宪章[9],吾知其消息[10]。君臣以位,父子以亲,家国以肥,鬼神以享[11]。道未可诠于无物[12],释未可证于无生[13]。一以贯之者,我先师夫子见之矣。夫子,圣人也。帝之圣者曰尧,王之圣者曰禹,师之圣者曰夫子。尧之德有时而息,禹之功有时而穷。夫子之道久而弥彰[14],远而弥光,用之者昌,舍之者亡。昔否于宗周[15],今泰于皇唐[16]。不然者,何被衮而裳,垂旒而王者哉[17]?

——《全唐文》卷四四三

[ 1 ] 覆载:天地的覆盖与承载,比喻覆育包容。

[ 2 ] 料:计数,计量。

[ 3 ] 景:通"影",日影。尺圭:即圭尺,测日影长短的尺。

[ 4 ] "航大"句:海洋宽广可以用小船航行来测量。

[ 5 ] "广不能"句:再广大的东西也不能逃离数字的测量。

[ 6 ] "明不能"句:(日月)再明亮也不能隐藏它的本质。

[ 7 ] 夫子:孔子。

[ 8 ] 浸:使渗透。博:广大。

[ 9 ] 宪章:典章制度。

[10] 消息:消散停止。比喻荣枯盛衰。

[11] "君臣"四句:君臣各守职分,父子亲密,国家富庶,鬼神享用祭品。

[12] "道未可"句:道家的"道"不能用"无物"来诠释。老子主张"绳绳不可名,复归于无物。"

[13] "释未可"句:佛家义理不能用"无生"证实。

[14] 弥:更加。

[15] 昔否(pǐ匹)于宗周:过去在晚周春秋时期孔子不得志。否,不好。

[16] 今泰于皇唐:今天在我们唐代孔子备受推崇。泰,美好。

[17] "何被"二句:为什么穿上礼服戴上礼冠就被尊为王?被,同"披"。衮,古代君王的礼服。旒,古代帝王礼帽前后下垂的玉串。

# 襄州谷城县夫子庙碑记

欧阳修

〔解题〕本篇是北宋仁宗宝元二年（1039）欧阳修为襄州谷城县重修夫子庙所作的一篇记文。文章首先讲述了释奠、释菜的由来，进而言及孔庙，慨叹古礼久废。由此可见，释奠礼和释菜在古代一为学官四时之祭，一为入学初见老师之礼。先秦时代诸侯国各自祭其先圣先师，后来天下共宗孔子。隋唐时期，随着州学和县学的繁盛，祭孔制度化。北宋真宗、仁宗时期，重视儒学，重修礼乐，谷城县令狄栗在此背景下重修夫子庙和学舍，被作者视作修礼兴学的楷模。

释奠、释菜[1]，祭之略者也。古者士之见师，以菜为贽[2]，故始入学者必释菜以礼其先师。其学官四时之祭[3]，乃皆释奠。释奠有乐无尸[4]；而释菜无乐，则其又略也，故其礼亡焉。而今释奠幸存，然亦无乐，又不遍举于四时，独春秋行事而已。《记》曰："释奠必有合，有国故则否。"[5]谓凡有国，各自祭其先圣先师，若唐、虞之夔、伯夷[6]，周之周公，鲁之孔子。其国之无焉者，则必合于邻国而祭之。然自孔子殁，后之学者莫不宗焉，故天下皆尊以为先圣，而后世无以易。学校废久矣，学者莫知所师，又取孔子门人之高弟曰颜回者而配焉[7]，以为先师。隋、唐之际，天下州县皆立学，置学官、生员,而释奠之礼遂以著令[8]。其后州县学废,而释奠之礼,吏以其著令,故得不废。学废矣,无所从祭,则皆庙而祭之[9]。荀卿子曰:"仲尼,圣人之不得势者也。"然使其得势,则为尧、舜矣。不幸无时而殁,特以学者之故,享弟子春秋之礼。而后之人不推所谓释奠者,徒见官为立祠而州县莫不祭之,则以为夫子之尊由此为盛。甚者,乃谓生虽不得位,而殁有所享,以为夫子荣,谓有德之报,虽尧、舜莫若。何其谬论者欤!祭之礼,以迎尸、酌鬯为盛[10]。释奠、荐馈[11],直奠而已,故曰祭之略者。其事有乐舞、授器之礼[12],今又废,则于其略者又不备焉。然古之所谓吉凶、乡射、宾燕之礼[13],民得而见焉者,今皆废失,而州县幸有社稷、释奠、风雨雷师之祭[14],民犹得以识先王之礼器焉。其牲酒器币之数[15],升降俯仰之节[16],吏又多不能习,至其临事,举多不中而色不庄[17],使民无所瞻仰。见者殆焉[18],因以为古礼不足复用,可胜叹哉!

　　大宋之兴,于今八十年[19],天下无事,方修礼乐,崇儒术,以文太平之功。以谓王爵未足以尊夫子,又加至圣之号以褒崇之[20],讲正其礼,下于州县。而吏或不能喻上之意[21],凡有司簿书之所不责者,谓之不急,非师古好学者莫肯尽心焉。谷城令狄君栗[22],为其邑未逾时,修文宣王庙,易于县之左[23],大其正位,为学舍于其旁,藏九经书[24],率其邑之子弟兴于学。然后考制度,为俎豆、笾筐、尊爵、簠簋凡若干[25],以与其邑人行事。谷城县政久废,狄君居之,期月称治,又能载国典,修礼兴学,急其有司所不责者,谔谔然惟恐不及[26],可谓有志之士矣。

——《欧阳修全集》卷三九

[1] 释奠:见前王俭《释奠释菜议》注[4]。

[2] 贽:初次见人所执的礼物。

[3] 四时:春、夏、秋、冬四季。

[4] 尸:祭祀之时代替死者受祭的人。

[5] "释奠"二句:语出《礼记·文王世子》,原文为:"凡释奠者,必有合也,有国故则否"。讲述古制尊师重教的标准,参见本书《入学尊师》一文。

[6] 唐:唐尧。虞:虞舜。夔:舜的乐官。伯夷:舜的贤臣。

[7] 高弟:弟子中成绩优异者。

[8] 著令:书面写定的规章制度。

[9] 庙:为之立庙。

[10] 迎尸:上古祭祀时,由臣子或死者晚辈充任"尸"以待死者受祭,迎尸即迎接象征死者神灵而受祭的人。酌鬯(chàng 唱):祭祀时的敬酒之礼。鬯,宗庙祭祀时所用的香酒。

[11] 荐馔(zhuàn 赚):进献食物之类的祭品。

[12] "其事"句:古代释奠礼中原有乐舞,并授舞者礼器。

[13] 吉凶:喜事和丧事。乡射:见前《入学尊师》注[22]。宾燕:宴请宾客。

[14] 风雨雷师:风神、雨神和雷神。

[15] 牲酒:祭祀用的牛、羊、猪等牺牲和甜酒。器币:祭祀用的礼器和玉帛。

[16] "升降"句:指参拜进退等具体的礼节。

[17] "举多"句:举止大多不符合标准而表情不够庄重。

[18] 殆(dài 代):疑惑。

[19] "大宋"二句:由大宋建国的宋太祖建隆元年(960)至撰写本文的仁宗宝元元年(1038),为七十九年,此取整数。

[20] "又加"句:大中祥符元年,宋真宗至曲阜文宣王墓设奠,追谥孔子为"玄圣文宣王",后改为"至圣文宣王"。事见《宋史·礼志八》。

[21] 喻:知晓,明白。

[22] 谷城:地名,在今湖北襄阳市内。狄君栗:狄栗,字仲庄,长沙人,欧阳修有《大理寺丞狄君墓志铭》。

88

[23] 左:东面。

[24] 九经:北宋时"九经"为《周易》、《诗经》、《尚书》、《周礼》、《礼记》、《春秋》、《孝经》、《论语》、《孟子》。

[25] 笾篚(biān fěi 边匪):祭祀和宴会是盛放果脯的竹器。尊爵:祭祀和宴会时所用的酒器和礼器。簠簋(fǔ guǐ 府鬼):盛放黍稷、稻粱的两种礼器。

[26] 谡(xǐ 洗)谡:谨慎、担心的样子。

# 吉 州 学 记

欧阳修

[**解题**] 欧阳修(1007—1072)为北宋一代文坛盟主,积极提携奖掖后学,重视教育,为当时的文教事业做出了巨大的贡献。本文为吉州建学而作,作者既对朝廷与地方官重视教育进行了赞美,也对当地百姓捐资助学进行了褒扬,文章最后对美好的教育前景进行了展望。

庆历三年秋[1],天子开天章阁[2],召政事之臣八人[3],问治天下其要有几[4],施于今者宜何先[5],使坐而书以对。八人者皆震恐失位[6],俯伏顿首[7],言:"此非愚臣所能及,惟陛下所欲为,则天下幸甚!"于是诏书屡下,劝农桑[8],责吏课[9],举贤才。其明年三月,遂诏天下皆立学,置学官之员,然后海隅徼塞四方万里之外[10],莫不皆有学。呜呼!盛矣!

学校,王政之本也。古者致治之盛衰[11],视其学之兴废。《记》曰:"国有学,遂有序[12],党有庠[13],家有塾[14]。"此三代极盛之时大备之制也[15]。宋兴盖八十有四年[16],而天下之学始克大立[17],岂非盛美之事,须其久而后至于大备欤[18]?

是以诏下之日,臣民喜幸,而奔走就事者,以后为羞[19]。其年十月,吉州之学成。州旧有夫子庙,在城之西北。今知州事李侯宽之至也[20]，谋与州人，迁而大之[21]，以为学舍。事方上请而诏已下，学遂以成。李侯治吉，敏而有方[22]。其作学也，吉之士，率其私钱一百五十万以助。用人之力，积二万二千工，而人不以为劳。其良材坚甓之用[23]，凡二十二万三千五百，而人不以为多。学有堂筵斋讲，有藏书之阁，有宾客之位，有游息之亭，严严翼翼[24]，壮伟闳耀，而人不以为侈。既成，而来学者三百余人。予世家于吉[25]，而滥官于朝[26]，进不能赞扬天子之盛美，退不得与诸生揖让乎其中[27]。然予闻教学之法，本于人性，磨揉迁革[28]，使趋于善。其勉于人者勤，其入于人者渐[29]。善教者以不倦之意，须迟久之功[30]，至于礼让兴行而风俗纯美，然后为学之成。

今州县之吏，不得久其职而躬亲于教化也。故李侯之绩及于学之立，而不及待其成。惟后之人，毋废慢天子之诏而殆以中止[31]。幸予他日因得归荣故乡，而谒于学门[32]，将见吉之士皆道德明秀而可为公卿[33]。问于其俗，而婚丧饮食皆中礼节；入于其里[34]，而长幼相孝慈于其家；行于其郊[35]，而少者扶其羸老[36]，壮者代其负荷于道路。然后乐学之道成，而得时从先生、耆老席于众宾之后[37]，听乡乐之歌，饮献酬之酒，以诗颂天子太平之功。而周览学舍，思咏李侯之遗爱[38]，不亦美哉！故于其始成也，刻辞于石，而立诸其庑以俟[39]。

——《欧阳永叔集》上

[1] 庆历三年：公元1043年。庆历，宋仁宗赵祯的年号（1041—1048）。

[2] 天章阁客：宋真宗于1020年下令营建的皇宫内阁，其后成为皇帝读书以及向侍从大臣咨询军国大事的地方。

［3］政事之臣：处理朝廷重要内政事务的官员。

［4］要：关键。

［5］施：施行。

［6］失位：离开座位。

［7］顿首：磕头。

［8］劝：勉励。

［9］责：督促要求。吏课：对官吏政绩的考核。

［10］海隅徼（yú jiào 余叫）塞：海边和边塞，指偏远的地方。

［11］致治：使国家在政治上达到安定和平的局面。

［12］遂：古代统辖五县的行政区划。序：古代地方上办的学校。

［13］党：古代地方户籍编制单位。以五百家为一党。庠：古代地方上办的学校。

［14］塾：古代私人举办的教学单位。

［15］三代：指夏商周三代。大备：一切具备，完备。

［16］有：通"又"。

［17］克：能够。大立：大规模修建。

［18］"须其久"句：需要很长时间才能达到一切完备的状态吗？

［19］以后为羞：都以落在别人之后为羞耻。

［20］知州事：官职，一般为二品，这里指掌管吉州事务。李侯宽：即李宽，侯是对任职知州的尊称。

［21］大：扩大，扩建。

［22］方：方略。

［23］甓（pì 僻）：砖瓦。

［24］严严翼翼：形容庄重整齐的样子。

［25］世家于吉：世世代代居住在吉州。

［26］滥官于朝：在朝廷滥竽充数做官。这是一种自谦的说法。

［27］揖让：宾主相见的礼仪。

［28］磨揉：磨练。迁革：改变。

［29］入：本意为进入，这里引申为影响。渐：慢慢地。

［30］迟久：长久。

[31] 废慢:荒废,怠慢。殆:懈怠。中止:中途停止。

[32] 谒(yè 夜):探望拜访。

[33] 明秀:优异。公卿:泛指高官。

[34] 里:乡里。

[35] 郊:郊外,田野。

[36] 羸(léi 雷)老:体弱的人和老人。

[37] 耆(qí 齐)老:泛指老人。耆,六十岁以上的老人。

[38] 遗爱:指留于后世而被人追怀的德行、恩惠、贡献等。

[39] 庑(wǔ 五):房檐下的走廊。俟(sì 四):期待。

# 慈溪县学记

王安石

〔**解题**〕本文是北宋仁宗庆历八年(1048)王安石为鄞县县令时,为慈溪县学的重建所作的一篇记文。王安石(1021—1086),字介甫,号半山,临川(今属江西抚州)人,主持著名的"熙宁变法",在经学和文学上都有深远影响。本文借慈溪县学之事阐发对教育的见解。文章首先阐述了政教与学校的重要意义,其次述及近世学校衰废的现状,最后表达了教化风俗的希望。在王安石看来,学校关乎风气之化,教育关乎国家兴衰,是为政者不可忽视的大事。

天下不可一日而无政教,故学不可一日而亡于天下[1]。古者井天下之田[2],而党庠、遂序、国学之法立乎其中[3]。乡射饮酒、春秋合乐、养老劳农、尊贤使能、考艺选言之政[4],至于受成、献馘、讯囚之事[5],无不出于学,于此养天下智仁圣义忠和之士[6],以至一偏之伎、一曲之学[7],无所不养。而又取士大夫之材行完洁[8],而其施设已尝试于位而去者,以为之师。释奠释菜,以教不忘其学之所自;迁徙逼逐[9],以勉其怠而除其恶。则士朝夕所见所闻,无非所以治天下国家之道,其服习必于仁义[10],而所学必皆尽其材。一日取以备公卿大夫百执事之选[11],则其材行皆已素定[12],而士之备选者,其施设亦皆素所见闻而已,不待阅习而后能者也[13]。古之在上者,事不虑而尽,功不为而足,其要如此而已。此二帝、三王所以治天下国家而立学之本意也。

后世无井田之法,而学亦或存或废。大抵所以治天下国家者,不复皆出于学。而学之士,群居族处,为师弟子之位者,讲章句、课文字而已[14]。至其陵夷之久[15],则四方之学者,废而为庙,以祀孔子于天下,斫木抟土[16],如浮屠、道士法[17],为王者象。州县吏春秋帅其属释奠于其堂[18],而学士者或不豫焉[19]。盖庙之作,出于学废,而近世之法然也。今天子即位若干年,颇修法度,而革近世之不然者[20]。当此之时,学稍稍立于天下矣,犹曰县之士满二百人,乃得立学。于是慈溪之士[21],不得有学,而为孔子庙如故,庙又坏不治。今刘君在中言于州[22],使民出钱,将修而作之,未及为而去。时庆历某年也[23]。

后林君肇至[24],则曰:"古之所以为学者吾不得而见,而法者吾不可以毋循也。虽然,吾之人民于此,不可以无教。"即因民钱,作孔子庙,如今之所云,而治其四旁为学舍,讲堂其中,帅县之子弟,起先生杜君醇为之师[25],而兴于学。噫!林君其有道者耶!夫吏者,无变今之法,而不失古之实,此有道之所能也。林君之为,其几于此矣。

林君固贤令,而慈溪小邑无珍产淫货[26],以来四方游贩之民[27];田桑之美,有以自足,无水旱之忧也。无游贩之民,故其俗一而不杂;有以自足,故人慎刑而易治[28]。而吾所见其邑之士,亦多美茂之材,易成也。杜君者,越之隐君子,其学行宜为人师者也。夫以小邑得贤令,又得宜为人师者为之师,而以修醇一易治之俗[29],而进美茂易成之材,虽拘于法,限于势,不得尽如古之所为,吾固信其教化之将行,而风俗之成也。夫教化可以美风俗,虽然,必久而后至于善。而今之吏,其势不能以久也。吾虽喜且幸其将行,而又忧夫来者之不吾继也[30],于是本其意以告来者。

——《临川先生文集》卷八三

[1] 亡:丧失,丢失。

[2] 井:设置、划分井田。

[3] "而党庠"句:参见前面《学记》注[9]、[10]。

[4] 春秋合乐:春秋时乐舞合演,《周礼·春官·大胥》载,春季入学时,有释菜礼,"合舞",秋季则"合声"。

[5] "至于"句:出征之前的受成礼、凯旋后的献馘礼和讯问囚犯等事,与前文所述"乡射饮酒"等事一样,依古制都要在学校举行。受成,出征之前举行的礼仪。献馘(guó国),杀敌时割下敌人左耳献上,以计算战功,此指凯旋时举行的礼仪,馘即被杀者左耳。《礼记·王制》:"天子将出征……受成于学。出征,执有罪。反,释奠于学,以讯馘告。"

[6] 智仁圣义忠和:是儒家所言的六德。《周礼·地官·大司徒》:"一曰六德,知、仁、圣、义、忠、和。"

[7] 一偏之伎:儒者以礼、乐、射、御、书、数六艺为法,如不能全面掌握,则退而至其中一种技能,称一偏之伎。

[8] 完洁:道德清正纯备。

[9] 迁徙逼逐:古时为督促学子勤学,对不肖者罚以迁徙逼逐等。

[10] 服习:熟悉。

[11] 百执事:百官。

[12] 素定:预先确定。

[13] 阅习:训练演习。

[14] "讲章句"句:只是讲解文字、句读罢了,指拘泥于字句之学,不讲大义。

[15] 陵夷:由盛而衰,衰落。

[16] 斫(zhuó啄):用刀斧等砍、削。抟(tuán团):聚集。

[17] 浮屠:梵语,指佛教或僧人。

[18] 帅其属:率领下属。

[19] 豫:参与。

[20] "而革"句:指宋仁宗庆历年间,以范仲淹为首实施的"庆历变法"。

[21] 慈溪:北宋时属明州,今浙江慈溪。

[22] "今刘君"句:今有刘在中向州长官进言。刘在中,字伯正,吉州泰和(今江西泰和)人。

[23] 庆历:见前欧阳修《吉州学记》注[1]。

[24] 林君肇:林肇,字公权,闽县(治所在今福建福州)人,庆历五年(1045)为慈溪县令。

[25] 杜君醇:杜醇,字石台,慈溪人,当时著名学者,王安石庆历八年(1048)知鄞县时,聘为县学师。

[26] 淫货:奢侈工巧的物品。

[27] 来:招来,使……来。

[28] 慎刑:用刑审慎。

[29] 醇一:淳朴,纯正。

[30] 不吾继:即"不继吾",不继承林肇兴学的事业。

# 墨池记

曾 巩

〔解题〕 本篇是北宋曾巩为抚州州学所作的记文。曾巩(1019—1083),字子固,建昌军南丰(今属江西)人,世称"南丰先生",以文章著称于世,是"唐宋八大家"之一。本文借用王羲之在墨池练习书法的事例,阐明了学习不可以放松的道理,并进而指出道德修养更要从苦学中得来,有志之士应当深造道德。

临川之城东[1],有地隐然而高[2],以临于溪,曰新城。新城之上,有池窪然而方以长[3],曰王羲之之墨池者[4],荀伯子《临川记》云也[5]。羲之尝慕张芝[6],临池学书,池水尽黑,此为其故迹,岂信然邪?方羲之之不可强以仕[7],而尝极东方,出沧海[8],以娱其意于山水之间,岂其徜徉肆恣,而又尝自休于此邪?羲之之书晚乃善,则其所能,盖亦以精力自致者[9],非天成也。然后世未有能及者,岂其学不如彼邪?则学固岂可以少哉!况欲深造道德者邪[10]?

墨池之上,今为州学舍[11]。教授王君盛恐其不章也[12],书"晋王右军墨池"之六字于楹间以揭之[13],又告于巩曰:"愿有记。"推王君之心,岂爱人之善,虽一能不以废[14],而因以及乎其迹邪?其亦欲推其事以勉其学者邪?夫人之有一能,而使后人尚之如此,况仁人庄士之遗风余思[15],被于来世者如何哉[16]!

庆历八年九月十二日[17],曾巩记。

——《曾巩集》卷一七

[1] 临川:北宋江南西路抚州治所,在今江西抚州。

[2] 隐然:不显著,这里指微微隆起。

[3] 窪(wā 挖)然:凹陷的样子。

[4] 王羲之(303—361):字逸少,琅琊临沂(今属山东)人,著名书法家,被尊为"书圣"。官至右军将军,世称"王右军"。

[5] 荀伯子(378—438):南朝宋人,曾为临川内史,著《临川记》六卷。

[6] 张芝(?—192):字伯英,东汉人,擅长草书,曾临池学书,池水尽黑。事见《晋书·卫瓘传附子恒传》。王羲之曾写信给友人提到此事。

[7] "方羲之"句:王羲之为会稽内史时,扬州刺史王述检察会稽刑政,王羲之早年轻视王述并与之有旧怨,因此深以为耻,称病辞官,发誓不再出仕,与东土人士纵情山水,垂钓自娱。事见《晋书·王羲之传》。

[8] "而尝"二句:曾经游遍东方,出海游玩。极,游遍。

[9] 精力:专心竭力。

[10] 深造道德:在道德修养上有崇高的造诣。造,培养,提高修养。

[11] 州学舍:指抚州州学的校舍。

[12] 教授:北宋路学、州学中掌学政的官员。章:通"彰",彰显。

[13] 楹:柱子。揭:标明。

[14] 一能:一项特长。

[15] 庄士:端正之士,正人君子。

[16] 被:影响。

[17] 庆历八年:即公元 1048 年。

# 袁州学记

李　觏

[解题] 本篇是北宋仁宗至和二年(1055)李觏(gòu 够)为袁州重修州学学舍所作的记文。李觏(1009—1059),字泰伯,建昌军南城(今属江西)人,北宋名儒,著述宏富,创办盱江书院,教授大量生徒。本文记述袁州知州祖无择到任后,因当地州学凋敝,择地重修学舍并举行祭礼之事,并借此阐发教育对国家长治久安的重要意义。李觏以秦汉之间的历史为例,说明秦以武力统一六国,却因诗书之道废,出现了"人惟见利而不闻义"的社会风气,是其灭亡的重要原因。而汉代则有兴教重学的武帝和光武帝,教化所致,国祚绵长。教育对人心、国家的重大意义于此可见一斑。

皇帝二十有三年[1],制诏州县立学。惟时守令有哲有愚[2]。有屈力单虑[3],祗顺德意[4];有假官借师,苟具文书。或连数城,亡诵弦声[5]。倡而不和,教尼不行[6]。

三十有二年[7],范阳祖君无择知袁州[8]。始至,进诸生[9],知学官阙状[10]。大惧人材放失,儒效阔疏[11],亡以称上旨[12]。通判颍川陈君佶闻而是之[13],议以克合[14]。相旧夫子庙狭隘不足改为,乃营治之东北隅[15]。厥土燥刚[16],厥位面阳,厥材孔良[17]。瓦甓黝垩丹漆举以法[18],故殿堂室房庑门各得其法[19]。百尔器备[20],并手偕作。

工善吏勤，晨夜展力。

越明年，成舍菜且有日[21]，盱江李觏谂于众曰[22]："惟四代之学考诸经可见已[23]。秦以山西麋六国[24]，欲帝万世，刘氏一呼而关门不守[25]，武夫健将卖降恐后，何邪？诗书之道废，人惟见利而不闻义焉耳。孝武乘丰富[26]，世祖出戎行[27]，皆孳孳学术[28]。俗化之厚，延于灵献[29]。草茅危言者[30]，折首而不悔[31]；功烈震主者，闻命而释兵。群雄相视，不敢去臣位，尚数十年。教道之结人心如此。今代遭圣神，尔袁得贤君，俾尔由庠序践古人之迹。天下治，则禅礼乐以陶吾民[32]，一有不幸，尤当伏大节。为臣死忠，为子死孝。使人各有所法，且有所赖。是惟朝家教学之意[33]。若其弄笔以徼利达而已[34]，岂徒二三子之羞，抑为国者之忧。"

此年实至和甲午夏某月甲子记[35]。

——《李觏集》卷二三

[1]"皇帝"句：宋仁宗（赵祯）即位后的二十三年，即公元1045年。

[2]守令：郡守和县令。

[3]单虑：即殚虑，竭尽思虑。

[4]祗（zhī支）：恭敬。

[5]亡：通"无"。诵弦：诵读歌诗，《礼记·文王世子》有"春诵夏弦"之说，这里借指礼乐教化之事。

[6]尼：阻止，阻拦。

[7]三十有二年：宋仁宗为帝后三十二年，即公元1054年。

[8]"范阳"句：范阳人祖无择为袁州知州。祖无择（1011—1084），字择之，上蔡人，祖籍范阳。袁州，治所在今江西宜春。

[9]进诸生：召见了众儒生。

[10]学官：学校的房舍。

101

[11] 儒效:儒学的功效。阔疏:衰减,缺乏。

[12] "亡以"句:不符合皇上的意愿。亡,通"无"。称,相当,符合。

[13] 陈侁(shēn 申):字后之(1069—1121),颍川人,时为袁州通判,生平不详。是之:认为正确。

[14] 克合:甚为一致。

[15] 营:建造。治:治所。

[16] 厥:其,那里。燥刚:干燥刚劲。

[17] 孔:甚,很。

[18] 瓦甓(pì 辟):砖瓦,以砖砌。黝垩(è 饿):涂以黑色和白色的涂料。丹漆:刷上红色的漆。垩,白色土,此指白色。举以法:完全按照法度。

[19] 庑(wǔ 午):堂下周围的走廊、廊屋。

[20] 百尔:一切,所有。器备:器物,器具。

[21] 舍菜:见前面《释奠释菜议》注[1]。

[22] 盱(xū 虚)江:又称汝水,发源于今江西抚州,在今南昌汇入赣江。谂(shěn 审):规谏,劝告。

[23] 四代:指虞、夏、商、周四代。

[24] 山西:崤山以西,是当时秦国之地。鏖(áo 熬):激战,苦战。六国:战国末年燕、赵、魏、齐、楚、韩六国均为崤山以东的强国,为秦所灭。

[25] 刘氏:指汉高祖刘邦。关门:指武关,刘邦军队夺取武关后进入关中,秦朝灭亡。

[26] "孝武"句:汉武帝在国家充裕富足时当政。孝武,刘彻谥号。乘,驾御,指统御国家。

[27] "世祖"句:汉光武帝刘秀出自戎马行伍。世祖,刘秀的庙号。

[28] 孳(zī 资)孳:勤勉,努力不懈的样子。

[29] 灵献:汉灵帝和汉献帝,借指东汉末年,意谓汉祚因汉武帝和光武帝的努力而能延绵长久。

[30] 草茅:杂草,喻民间未出仕的人。

[31] 折首:斩首。

[32] 陶:陶冶,化育。

[33] 朝家:朝廷、国家。

[34] 徼(yāo邀):通"邀",招致,求取。

[35] 至和甲午:至和为宋仁宗赵祯年号(1054—1056),至和甲午即公元1055年。

# 南安军学记

苏　轼

〔**解题**〕　本文作于北宋建中靖国元年(1101)，是苏轼晚年为南安军学所作的一篇记文。在苏轼看来，学校是古之为国者的四项要务之一，意义重大。苏轼在文中深入分析了舜之学政与子产不毁乡校两件旧事，说明学校对于"取士"和"论政"的重要意义。

古之为国者四，井田也[1]，肉刑也[2]，封建也[3]，学校也。今亡矣，独学校仅存耳。古之为学者四，其大者则取士论政，而其小者则弦诵也[4]。今亡矣，直诵而已。

舜之言曰："庶顽谗说[5]，若不在时[6]。侯以明之[7]，挞以记之[8]。书用识哉[9]，欲并生哉[10]。工以纳言，时而扬之[11]。格则承之庸之，否则威之[12]。"格之言改也。《论语》曰："有耻且格[13]。"承之言荐也。《春秋传》曰："奉承齐牺[14]。"庶顽谗说，不率是教者[15]，舜皆有以待之。夫化恶莫若进善[16]，故择其可进者，以射侯之礼举之[17]。其不率教甚者，则挞之，小则书其罪以记之，非疾之也[18]，欲与之并生而同忧乐也。此士之有罪而未可终弃者，故使乐工采其讴谣讽议之言而扬之[19]，以观其心。其改过者，则荐之，且用之。其不悛者[20]，则威之、屏之、奠之、寄之之类是也[21]。此舜之学政也。射之中否，何与于善恶[22]，而曰"侯以明之",何也？曰：射所以致众而论士也[23]。众一而后论定。孔子射于矍相之圃，盖观者如堵，使弟子扬觯而叙黜者三，则仅有存者[24]。由此观之，以射致众，众集而后论士，盖所从来远矣。

《诗》曰："在泮献囚[25]。"又曰："在泮献馘[26]。"《礼》曰："受成于学[27]。"郑人游乡校，以议执政，或谓子产："毁乡校何如？"子产曰："不可。善者吾行之，不善者吾改之，是吾师也。"孔子闻之，谓子产仁[28]。古之取士论政者，必于学。有学而不取士、不论政，犹无学也。学莫盛于东汉，士数万人，嘘枯吹生[29]。自三公九卿[30]，皆折节下之[31]，三府辟召[32]，常出其口。其取士议政，可谓近古，然卒为党锢之祸[33]，何也？曰：此王政也。王者不作，而士自以私意行之于下，其祸败固宜。

朝廷自庆历、熙宁、绍圣以来[34]，三致意于学矣[35]。虽荒服郡县必有学[36]，况南安江西之南境[37]，儒术之富，与闽、蜀等。而太守朝奉郎曹侯登[38]，以治郡显闻，所至必建学，故南安之学，甲于江西。侯，仁人也，而勇于义。其建是学也，以身任其责，不择剧易[39]，期于必成。士以此感奋，不劝而力。费于官者，为钱九万三千，而助者不赀[40]。为屋百二十间，礼殿讲堂，视大邦君之居[41]。凡学之用，莫不严具。又以其余增置廪给食数百人。始于绍圣二年之冬，而成于四年之春。学成而侯去，今为潮州[42]。

轼自海南还，过南安，见闻其事为详。士既德侯不已[43]，乃具列本末，赢粮而从轼者三百余里[44]，愿纪其实。夫学，王者事也。故首以舜之学政告之。然舜远矣，不可以庶几[45]。有贤太守，犹可以为郑子产也。学者勉之，无愧于古人而已。

建中靖国元年三月四日[46]，眉山苏轼书。

——《苏轼文集》卷一一

[1] 井田：周代土地制度，以九百亩为一里，划分九区，形如"井"字，公田居中，外八田为私田，同养公田。春秋以后逐渐废井田。

[2] 肉刑：残害肉体的刑罚，如墨、劓（yì义）、剕（fèi费）、宫、大辟等。

[3] 封建：古时天子分封土地于诸侯，建立邦国，秦代以后废分封而实行郡县制。

[4] 弦诵：见前唐代宗《增修学馆制》注[17]。下文"直诵"则指没有乐器，只是简单的念读。

[5] 庶顽：众愚妄之人。谗说：毁谤之言。

[6] 若不在时：如果所行不当。时，通"是"。

[7] 侯以明之：应行射侯之礼，以明善恶。射侯，古代射礼。侯，以兽皮或布制成的箭靶。

[8] 挞（tà踏）：用棍子或鞭子打。

[9] 书用识哉：书写其罪过记录下来。识，记。

[10] 并生：共同存在。

[11] "工以"二句：乐官要采纳意见，好的就称颂宣扬。工，乐官。时，通"是"，善，认为对。扬，颂扬，宣扬。

[12] "格则"二句：改过的话就举荐他、任用他，否则就惩罚他。以上引文出自《尚书·虞书·益稷》。

[13] 有耻且格：有知耻之心，才能自我检点而归于正道。语出《论语·为政》。

[14] 奉承齐牺：语出《左传·昭公十三年》："晋礼主盟，惧有不治，奉承齐牺而布诸君，求终事也。"意谓晋国按礼仪主持结盟，唯恐不能办好，恭谨地奉上齐盟所用的牺牲，陈列在诸侯面前以求好的结果。

[15] 不率：不服从，不遵循。

[16] "夫化恶"句：改造坏人不如激励好人。

[17] 举：选拔。

[18] 疾：憎恨。

[19] 讴谣:歌咏,歌谣。讽议:讽谏议论。

[20] 悛(quān圈):改过。

[21] "则威之"句:语出《礼记·王制》:"王命三公、九卿、大夫、元士皆入学。不变,王亲视学。不变,王三日不举,屏之远方,西方曰棘,东方曰寄,终身不齿。"屏(bǐng饼),放逐。棘,当为"僰",逼迫。寄之,使之寄居。

[22] "何与"句:有什么与善恶有关联呢?古人认为从射礼中"可以观德行"。参见《礼记·射义》。

[23] "射所以"句:射侯之礼的目的是要招来大众,以选拔士。

[24] "孔子"四句:孔子与学生们在矍相的菜园举行射礼,围观的人多得像一堵墙,孔子让学生举起酒器三次黜退品行不端者进入,有资格进入的人很少。典出《礼记·射义》。矍(jué决)相,地名,在今山东曲阜。觯(zhì至),古代的一种酒器。

[25] 在泮献囚:语出《诗经·鲁颂·泮水》,叙鲁侯在泮宫举行献俘仪式。泮(pàn判),泮宫是西周时诸侯所设立的高等学校。

[26] 在泮献馘:语出《诗经·鲁颂·泮水》,叙鲁侯在泮宫举行献功仪式。馘(guó国),战争中割取敌人左耳以计数献功。

[27] 受成于学:见前王安石《慈溪县学记》注释[5]。

[28] "郑人"十一句:子产不毁乡校,认为学校是为政者听取民间议政之声的渠道,他也愿意将民间的议论作为施政的参考,孔子十分赞同子产。典出《左传·襄公三十一年》。

[29] 嘘枯吹生:枯者嘘之使生,生者吹之使枯。语出《后汉书·郑太传》:"孔公绪清谈高论,嘘枯吹生。"这里比喻能说会道,口才好。

[30] 三公九卿:这里泛指高官。

[31] 折节下之:屈己下人。

[32] 三府:汉代太尉、司徒、司空设署,合称三府。辟召:征召。

[33] 党锢之祸:东汉桓帝时宦官专权,李膺、陈藩等联合太学生抨击宦官,被定以朋党之罪,先后有二百余人遭禁锢。灵帝时李膺等与大将军窦武谋诛宦官,事败后百余人被杀,遭流徙、囚禁者六七百人。事见《后汉书·党锢传》。

[34] 庆历:宋仁宗年号,在此代指仁宗。熙宁:宋神宗年号(1068—

107

1077),在此代指神宗。绍圣:宋哲宗年号(1094—1098),在此代指哲宗。

[35] 致意:关注。

[36] 荒服郡县:十分偏僻的郡县。荒服,"五服"之一,称离京师二千五百里的地方,此泛指边远地区。

[37] 南安:北宋置南安军,治大庾县(今江西大余)。江西,江南西路。

[38] 曹侯登:曹登,侯是尊称。

[39] 剧易:艰难。

[40] 助者不赀(zī资):资助者不计其数。

[41] 邦君:指地方长官,如刺史、知州之类。

[42] 为潮州:知潮州(今广东潮州)。

[43] 德:感恩,感激。

[44] 赢粮:担粮食。

[45] 庶几:接近。

[46] 建中靖国:宋徽宗赵佶年号(1101)。

# 白鹿洞书院记

吕祖谦

〔解题〕 本文是吕祖谦为白鹿洞书院的兴复所写的一篇记文。吕祖谦(1137—1191),字伯恭,婺州金华(今属浙江)人,南宋理学的重要代表人物之一。世称"东莱先生"。白鹿洞书院是我国古代"四大书院"之一,位于江西庐山,始建于南唐,北宋初由于宋太宗的重视而得以发展,后在宋室南渡的战乱年代衰败荒废。理学宗师朱熹为南康军郡守时重建书院,亲自制定《白鹿洞书院教规》并延请教师,同时致信吕祖谦,请他撰写记文。吕祖谦在记文中回顾了书院的历史,由此生发开来,进一步回顾了自北宋建国以来学者治学、讲学的历史。对于吕祖谦来说,朱熹劝学与白鹿洞书院的兴复,如朱熹所言"上以宣布本朝崇建人文之大指,下以续先贤之风声于方来",给学术和教育带来了新的气象和新的希望。

淳熙六年[1],南康军秋雨不时[2],高印之田告病[3]。郡守新安朱侯熹行眠陂塘[4],并庐山而东,得白鹿洞书院废址[5],慨然顾其僚曰:"是盖唐李渤之隐居[6],而太宗皇帝驿送《九经》[7],俾生徒肄业之地也[8]。书院创于南唐[9],其事至鲜浅。太宗于泛扫区宇、日不暇给之际[10],奖劝封殖[11],如恐弗及,规摹远矣[12]。中兴五十年[13],

释老之宫圮于寇戎者[14],斧斤之声相闻[15],各复其初,独此地委于榛莽[16],过者太息[17]。庸非吾徒之耻哉[18]!郡虽贫薄[19],顾不能筑屋数楹[20],上以宣布本朝崇建人文之大指,下以续先贤之风声于方来乎[21]?"乃属军学教授杨君大法、星子县令王君仲杰董其事[22]。又以书命某记其成[23]。

某窃尝闻之诸公长者,国初,斯民新脱五季锋镝之阸[24],学者尚寡,海内向平,文风日起,儒先往往依山林、即闲旷以讲授[25],大师多至数十百人。嵩阳、岳麓、睢阳及是洞为尤著[26]。天下所谓四书院者也。祖宗尊右儒术[27],分之官书[28],命之禄秩[29],锡之扁榜[30],所以宠绥之者甚备[31]。当是时,士皆上质实[32],下新奇,敦行义而不偷[33],守训故而不凿[34],虽学问之渊源统纪[35],或未深究,然甘受和,白受采[36],既有进德之地矣[37]。庆历、嘉祐之间[38],豪杰并出,讲治益精[39]。至于河南程氏、横渠张氏[40],相与倡明正学,然后三代、孔、孟之教始终条理[41],于是乎可考。熙宁初[42],明道先生在朝,建白学制,教养考察宾兴之法,纲条甚悉[43]。不幸王氏之学方兴[44],其议遂格[45]。有志之士未尝不叹息于斯焉。建炎再造[46],典刑文宪,浸还旧观[47],关洛绪言[48],稍出于毁弃剪灭之余。晚近小生骤闻其语,不知亲师取友以讲求用力之实,躐等陵节[49],忽近慕远,未能窥程张之门庭[50],而先有王氏高自贤圣之病。如是洞之所传习,道之者或鲜矣。然则书院之复,岂苟云哉!此邦之士,盍相与揖先儒淳固悫实之余风[51],服大学离经辨志之始教[52],由博而约,自下而高,以答扬熙陵开迪乐育之大德[53],则于贤侯之劝学[54],斯无负矣。至于考方志,纪人物,亦有土者所当谨[55]。若李渤之遗迹,固不得而略也。侯于是役,重民之劳,赋功已狭[56],率损其旧十七八,力不足而意则有余矣。兴废始末,具于当涂郭祥正所记者[57],皆不书。

——《吕祖谦全集》卷六

[1] 淳熙:南宋孝宗赵昚(shèn 慎)的年号(1171—1189)。

[2] 南康军:隶属江南东道,军治在星子县(今江西星子),下辖星子、都昌、建昌(今永修、安义二县)。不时:不合时,不是时候。

[3] 高卬(áng 昂):地势高,与"低洼"相对。

[4] "郡守"句:南康军郡守朱熹出行察看池塘。朱熹(1130—1200),字元晦,号晦庵,祖籍徽州婺源(今江西婺源),生于南剑州尤溪(今属福建尤溪),宋代儒学集大成者,著述宏富,理学思想影响深远,后世尊称"朱子",因徽州府旧为新安郡,所以他自称新安朱熹。"侯"是对人的敬称。眂(shì 世),视,看。陂(bēi 杯)塘,池塘。

[5] 白鹿洞:在庐山东北玉屏山南。

[6] 李渤(773—831):字濬之,曾在与其兄在庐山白鹿洞隐居,养有白鹿,号白鹿先生。

[7] "而太宗"句:宋太宗赵光义曾御赐白鹿洞书院国子监所印儒家九经。

[8] 生徒:见前隋炀帝《劝学诏》注[33]。肄业:修习学业。

[9] "书院"句:南唐在庐山创办"庐山国学",又称"白鹿国学"。

[10] 区宇:天下。

[11] 封殖:亦作"封植",壅积厚土培育,喻扶植、培养人才。

[12] 规摹远矣:为后世树立了榜样。规摹,即"规模",典范,榜样。

[13] 中兴五十年:靖康之变后,金人占领汴京,北宋覆灭,公元1127年5月,宋高宗赵构在南京即位,改元建炎,以"中兴"为目标,至淳熙六年(1179),共约50年。

[14] "释老"句:佛寺与道观毁于战争的。圮(pǐ 匹):毁坏。寇戎:敌军来犯,这里指战争。

[15] 斧斤之声:斧头的声音,这里指重修"释老之宫"的工程。斧斤,

111

泛指各种斧头。

〔16〕榛莽:杂乱丛生的草木。

〔17〕太息:大声唱叹,深深地叹息。

〔18〕庸:岂,难道。

〔19〕贫薄:贫穷。

〔20〕顾:岂,难道。

〔21〕风声:声誉,声望。方来:将来。

〔22〕"乃属"句:于是嘱咐南康军军学教授杨大法和星子县令王仲杰督办此事。属,同"嘱",嘱咐。教授,学官名。宋代各路州、县学均设教授,负责传习学业并掌管学校课试等事。董,监督。

〔23〕某:自称之词。

〔24〕"斯民"句:百姓刚刚从五代的战火困境中逃脱出来。五季,指梁、唐、晋、汉、周五代。锋镝,刀刃和箭簇,借指战争。阽,困阽,困窘。

〔25〕儒先:儒生。即:寻求,靠近。闲旷:空旷无人使用的地方。

〔26〕嵩阳:嵩阳书院,在今河南登封北、太室山峻极峰下,因在嵩山之阳而得名,北宋程颢、程颐曾在此讲学。岳麓:岳麓书院,在今湖南长沙岳麓山下,朱熹曾在此讲学。睢阳:睢阳书院,在今河南商丘,商丘故称睢阳,北宋时为应天府治,因此又称"应天府书院",范仲淹曾在此讲学。

〔27〕尊右:尊崇,古以右为上。

〔28〕分:定名分。官书:官府的文书。

〔29〕禄秩:禄位,俸禄。

〔30〕锡:同"赐"。扁榜:扁额,匾额。

〔31〕宠绥:抚绥、安抚。

〔32〕上质实:崇尚质朴诚实。上,通"尚"。

〔33〕偷:浇薄,不厚道。

〔34〕凿:穿凿附会。

〔35〕统纪:头绪,条理。

〔36〕"甘受和"二句:《礼记·礼器》:"甘受和,白受采,忠信之人,可以学礼。"意谓甘味的东西容易调和出百味,白色的东西容易染好颜色,比喻基础好,有发展的空间。

［37］进德:增进道德。

［38］庆历:宋仁宗赵祯年号(1041—1048)。嘉祐:宋仁宗赵祯年号(1056—1063)。

［39］讲治:讲习、治学。

［40］河南程氏:指程颢、程颐兄弟。横渠张氏:张载(1020—1077),字子厚,凤翔郿县(今陕西眉县)横渠镇人,理学的创始人之一。

［41］三代:指夏、商、周三代。始终条理:本末原委和发展脉络。

［42］熙宁:宋神宗赵顼年号(1068—1077)。

［43］"明道"四句:程颢曾在熙宁元年(1068)上《请修学校尊师儒取士札子》,文中提出一系列兴学选士的建议。详见本书前章。建白,对国事有建议和陈述。宾兴,见前程颢《请修学校尊师儒取士札子》注［40］。

［44］王氏之学:指王安石新学,即"荆公新学",是北宋后期的官学,也是王安石变法的指导思想。"二程"反对王氏新学和王安石变法。

［45］格:搁置,受阻。

［46］建炎再造:指宋室南渡,进入南宋时期。建炎,宋高宗赵构年号(1127—1130),也是南宋第一个年号。再造,重新创建。

［47］浸:逐渐。

［48］关洛:关学和洛学,其创立者分别为张载和"二程"。绪言,已发而未尽之言。

［49］躐(liè猎)等陵节:超越等级,超越规定。躐,逾越,超越。陵,越过,超越。节,法度,法则。

［50］窥(kuī亏):窥看,了解。

［51］盍:何不。相与:一起,一道。揖,同"挹",推崇。悫(què确)实:恭谨,朴实。

［52］服:学习。离经辨志:见前《学记》注［13］。

［53］答扬:承继并发扬。熙陵:永熙陵,为宋太宗赵光义陵,这里指代宋太宗。开迪:开导,引导。

［54］贤侯:对地方长官的敬称,此指朱熹。

［55］有土者:指地方行政长官。

［56］赋功已狭:可以征用的劳动力又相当有限。赋,分配劳作之事。

功,一个劳力一日的工作。狭,不宽裕。

[57] 郭祥正(1035—1011):字功父,当涂(今属安徽)人,曾作《白鹿洞书堂记》。

# 师论学论(一)

# 《蒙》卦辞(节选)

〔解题〕《蒙卦》居六十四卦之第四位,仅次于乾、坤和屯卦,可见其位置之重要。"蒙",既指童蒙,亦可以指蒙昧的状态,古人认为它还有"萌"的意思。我们从这个卦辞可知,人出生之后需要发蒙,即启迪智慧,使其摆脱愚昧无知的状态,使其归于正途。这就需要有老师的指点和教育。至于如何发蒙启迪,首先要让童蒙有求知的欲望,主动找老师来问,而不是老师逼迫童蒙被动地学习。

蒙:亨[1]。匪我求童蒙[2],童蒙求我。初筮告[3],再三渎[4],渎则不告[5]。利贞[6]。

《彖》曰[7]:蒙,山下有险,险而止[8],蒙。"蒙,亨",以亨行时中也[9]。"匪我求童蒙,童蒙求我",志应也。"初筮告",以刚中也[10]。"再三渎,渎则不告",渎蒙也。蒙以养正,圣功也[11]。

——《周易》

[1] 亨:顺利。

[2] 匪:同"非",不是。童蒙:幼稚无知的儿童。

[3] 初筮告:在问者第一次来的时候,告诉他卜筮的结果。

[4] 再三渎:一而再地针对一件事问占卜的结果,就是一种亵渎。郑玄注此卦说,为师者应当让学生举一反三,如果不这样,会"师勤而功寡",不仅收效甚微,而且是"学者之灾"。

［5］渎则不告:这样亵渎,就不能再告诉他。

［6］利贞:有利于正。贞,正。

［7］彖(tuàn 团去声):《周易》中总论卦义之辞。

［8］"山下"二句:蒙卦是艮上坎下,用卦象来说是山下有水,水遇山而止,不知所从,从卦象上看是遇到险阻的意思,结合卦意来看,则是童蒙有疑惑,不知道该怎么办,所以会处于蒙昧、懵懂的状态。险,险阻。

［9］时中(zhòng 众):时机比较恰当。中,恰当。

［10］以刚中也:因为九二为阳爻,有刚健之义,且处在坎卦的正中,所以可以决断。

［11］"蒙以"二句:启发童蒙,以养其纯正的智识,可以成就圣人的功德。

# 尊师教民

〔解题〕民间常说"天地君亲师",但从儒家经典《礼记》来看,"天、地、亲、师"位于"君"之前,能把老师与天地、父亲、国君相提并论,可见其重要性。作为国君,必须正确对待老师,才不至于出现过错,才能使天下太平大治。郑玄与孔颖达的解释能够帮助后人更好地理解这个道理。

故圣人参于天地,并于鬼神,以治政也[1]。处其所存,礼之序也[2]。玩其所乐,民之治也[3]。故天生时而地生财[4],人其父生而师教之,四者君以正用之[5],故君者立于无过之地也[6]。

郑氏曰:"并,并也,谓比方之也。存,察也,治所以乐其事居也。君顺时以养财,尊师以教民,而以治政,则无过差矣。《易》曰:'何以守位[7]?曰仁。何以聚人?曰财。'"

孔氏曰:"此一节结上文,参于天地者,政是圣人藏身之固,所以参拟于天地,则法于天地是也。比方于鬼神,则比方祖庙山川五祀而为事也。此皆所以修治政教也,天有运移寒暑,地有五土生殖,庙有祖祢仁义[8],皆是人所观察,言圣王能处其人,所观察之事以为政,则礼得次序也。兴作器物宫室制度,皆是人之所乐,圣人能爱玩民之所乐以教民,则民所治理,各乐其事业居处也。人君顺天时以养财,尊师傅以教民,因自然之性,其功易成,故得立于无过之地也。"

——《礼记集说》卷五六

[1]"故圣人"三句:所以圣人是上参于天,下验于地,又考察了鬼神,以此来制订政令。

　　[2]"处其"二句:圣王能处理好天地鬼神的存在次第,礼的次序也就有了。处,处理。序,次序。

　　[3]"玩其"二句:能玩味天地鬼神的爱好所在,民众的治理也就好办了。

　　[4]"天生"句:天生四时,地生财货。

　　[5]正用:正确利用。

　　[6]无过:没有过错。

　　[7]守位:保持地位或职位。

　　[8]祖祢:先祖和先父。亦泛指祖先。

# 劝　　学[1]（节选）

荀　子

〔解题〕劝学即鼓励、劝勉学习之意。荀子认为后天的教育可以改变人性中的劣根性。在我们节选的这部分文字里，作者阐述了学习的途径、内容、功效和方法。在论证教与学的双边关系上，作者认为作为一位优秀的教育工作者，虽然鼓励学生提出问题，但不是所有的问题都要回答，在教育实践中一定要懂得不浮躁、不隐瞒、不啰嗦、不盲目。不论干什么工作，节奏与火候都是非常重要的。

学恶乎始[2]？恶乎终？曰：其数则始乎诵经[3]，终乎读礼[4]；其义则始乎为士[5]，终乎为圣人。真积力久则入，学至乎没而后止也[6]。故学数有终，若其义则不可须臾舍也[7]。为之，人也；舍之，禽兽也。故《书》者，政事之纪也[8]；《诗》者，中声之所止也[9]；《礼》者，法之大分[10]，类之纲纪也[11]。故学至乎礼而止矣。夫是之谓道德之极[12]。《礼》之敬文也[13]，《乐》之中和也，《诗》、《书》之博也[14]，《春秋》之微也[15]，在天地之间者毕矣[16]。

君子之学也，入乎耳，箸乎心[17]，布乎四体[18]，形乎动静。端而言，蝡而动，一可以为法则[19]。小人之学也，入乎耳，出乎口[20]；口耳之间，则四寸耳，曷足以美七尺之躯哉[21]！古之学者为己，今之学者为人。君子之学也，以美其身；小人之学也，以为禽犊[22]。故不问而告谓之傲[23]，问一而告二谓之囋[24]。傲，非也；囋，非也；君子如向矣[25]。

学莫便乎近其人[26]。《礼》、《乐》法而不说[27]，《诗》、《书》故而不切[28]，《春秋》约而不速[29]。方其人之习君子之说[30]，则尊以遍矣，周于世矣[31]。故曰：学莫便乎近其人。学之经莫速乎好其人[32]，隆礼次之[33]。上不能好其人，下不能隆礼，安特将学杂识志，顺《诗》、《书》而已耳[34]。则末世穷年[35]，不免为陋儒而已[36]。将原先王，本仁义，则礼正其经纬蹊径也[37]。若挈裘领，诎五指而顿之，顺者不可胜数也[38]。不道礼宪[39]，以《诗》、《书》为之，譬之犹以指测河也，以戈春黍也[40]，以锥餐壶也[41]，不可以得之矣。故隆礼，虽未明，法士也[42]；不隆礼，虽察辩，散儒也[43]。

问楛者[44]，勿告也；告楛者，勿问也；说楛者，勿听也。有争气者，勿与辩也。故必由其道至，然后接之；非其道则避之。故礼恭而后可与言道之方；辞顺而后可与言道之理；色从而后可与言道之致[45]。故未可与言而言谓之傲；可与言而不言谓之隐[46]；不观气色而言谓之瞽[47]。故君子不傲、不隐、不瞽，谨顺其身。《诗》曰："匪交匪舒，天子所予。"[48]此之谓也。

——《荀子·劝学》

[1] 本文作者为荀子。荀子（约前313—前238），名况，又称荀卿或孙卿。战国时期赵国人。我国历史上著名的思想家。他是战国后期儒家学派最大的代表人物。曾到齐国稷下学宫讲学，三次任稷下祭酒。后到楚国，春申君用为兰陵令。春申君死后，荀子废居兰陵，闭门著书而卒。

[2] 恶（wū 乌）乎：从哪里。恶，何，表示疑问。

［3］数:方法、途径,学习的具体程序。经:指《诗》、《书》、《礼》、《乐》、《易》、《春秋》六经。

［4］礼:指典章礼制之类,这些也包括在六经之内。

［5］义:学习的目的和意义。士:荀子把修身养性的人分为三等,即士、君子和圣人。

［6］"真积"二句:真诚而能累积,力行而能持久,必然能够深入,这样学习一直坚持到生命结束。真,真诚。力,力行。入,指深入而有所得。没,同"殁",死亡。

［7］须臾:片刻。舍:离开,废弃。

［8］"故《书》"二句:所以《尚书》是政事的记录。书,指《尚书》。纪,同"记",记载。

［9］"《诗》者"二句:《诗经》不表现过分的、淫邪的思想和情感。中声,中和之声,指雅正的音乐。

［10］大分(fēn奋):大纲。

［11］类:礼法所没有明文规定而触类引申的条例、附则等。

［12］"夫是"句:这样就可称作道德的最高境界。夫,用在句首表示要发表感慨。是,这样。

［13］敬文:指各种表达恭敬的礼节、表示等级的仪文。杨倞注:"礼有周旋揖让之敬,车服等级之文也。"

［14］"《诗》、《书》"句:《诗经》、《尚书》里记载了许多风土人情、山川草木、鸟兽虫鱼以及国家大事。

［15］微:微妙。孔子作《春秋》,寄托了褒贬劝惩,其中隐含着微言大义。

［16］毕:尽。这句说,天地间的一切事情都包括在《诗》、《书》、《礼》《乐》、《春秋》等儒家经典之中了。

［17］箸:同"著",明。

［18］布:表现。四体:四肢。这句说,举止合乎礼仪。

［19］"端而言"三句:君子的言行即使非常细微,也可称为法则。端,同"喘"。小声说话的样子。蝡,行动缓慢的样子。一,皆。

［20］"小人"三句:小人对于所学的东西,不求心有所得和用于实践,只是道听途说,夸夸其谈。

123

[21] 曷(hé 河):怎么。

[22] 禽犊:小的禽兽。古人相见须拿羔雁等作为馈赠的礼物。这里比喻小人学习古典文化并不是为了修身而只是用来作为取悦于人的见面礼。

[23] 傲:浮躁。这句话说,学习者没有提问而教育者主动去告诉他,这是浮躁的表现。

[24] 嚾(zá 杂):言语琐碎,啰嗦。这句话说,学习者提了一个问题而教育者却告诉他两个问题的答案,这是啰嗦的表现。

[25] 向:同"响",回声。这句话说,君子对于别人的请教,问一答一,就像声音的回响一样,不多不少。

[26] "学莫"句:学习最直接的途径就是去接近良师。其人,指良师。

[27] 法而不说:有一定的成法而没有详细的解说。

[28] 故而不切:多记前代故事而不切近当前实际。

[29] 约:隐约。速:直截迅速。这句说,《春秋》含义隐约,不能使人迅速理解。以上三句讲的是儒家的经典都有不易理解之处,只有通过良师的讲解才能豁然开朗。

[30] 方:同"仿",仿效。前一个"之"字作"而"解。这句说,仿效君子的为人而学习君子的学说。

[31] "则尊"二句:这两句说,可以养成尊贵的人格,获得普遍的认识,全面通晓世务了。以,而。遍,普遍。周,全面。

[32] 经:同"径",途径。好:喜欢,发自内心的崇拜。

[33] 隆礼次之:其次是以崇高的礼节来对待良师。隆,尊崇。

[34] "安特"二句:那只是学到一些驳杂的记载,给《诗》、《书》作些注解而已。安,则。特,仅,直。杂识志,驳杂的记载。"识"是传抄过程中衍生的文字。顺,同"训",训诂。

[35] 末世穷年:直到老死。

[36] 陋儒:只会钻死角的儒士。

[37] "将原"三句:应该探究尧、舜、禹等先王的要道,以仁义为根本,这样的话,人类的礼仪就会找到正确的途径。原,探究。经纬,织布的直线和横线,犹组织。蹊径,道路。

[38] "若挈"三句:正好比提起裘皮衣的领子,弯曲着五个指头去梳理

衣上的毛,所有的毛就全顺了。挈,提举。诎,同"屈"。顿,拉直。

[39] 道:由,通过。礼宪:即礼法。

[40] 以戈舂黍:用戈的尖端代替杵去舂米。舂,用杵捣米。

[41] 以锥餐壶:用锥子代替筷子去吃饭。壶,古代盛食物的器皿。以上三个比喻都是说明方法不当劳而无功。

[42] 法士:守法之士。

[43] 散儒:不守礼法的儒生。

[44] 楛(kǔ苦):同"苦",粗劣,指不合礼法。

[45] 致:极致。

[46] 隐:隐瞒,藏私。

[47] 瞽(gǔ古):指盲目行事。

[48] "《诗》曰"三句:《诗经·小雅·采菽》里说:"不急切又不松懈的人,是天子所赞许的。"匪,同"非"。交,同"绞",急切。舒,纾缓,松懈。予,赞许。

# 有师法者人之大宝

荀 子

〔解题〕在荀子看来,师法的有无与人的善恶有直接关系,无论一个人天生的资质如何,是智者还是勇者,是有才、善察还是长于辩论,离开老师和法度的规范,会走上邪路,反之则善,所以说"有师法者,人之大宝"。人有先天之"性",也有后天之"积",师法既能化性,亦可成积,可见其对于人的重要意义。

故人无师无法而知[1],则必为盗;勇,则必为贼;云能[2],则必为乱;察[3],则必为怪;辩[4],则必为诞。人有师有法而知,则速通;勇,则速威[5];云能,则速成[6];察,则速尽[7];辩,则速论[8]。故有师法者,人之大宝也;无师法者,人之大殃也。人无师法则隆性矣[9],有师法则隆积矣[10]。而师法者,所得乎情,非所受乎性,不足以独立而治。性也者,吾所不能为也,然而可化也[11]。积也者,非吾所有也,然而可为也。注错习俗[12],所以化性也;并一而不二[13],所以成积也。习俗移志[14],安久移质[15]。并一而不二则通于神明、参于天地矣[16]。

——《荀子·儒效》

[1] 知(zhì 至):同"智",聪明,智慧。

[ 2 ] 云能:有能力。云,顺承助词。或解释为"谓",或注为"有"。

[ 3 ] 察:明察,明辨。

[ 4 ] 辩:善于辩论事理。

[ 5 ] 威:威严,威武。

[ 6 ] 成:成功,有成就。

[ 7 ] 尽:通晓事理,穷尽物理。

[ 8 ] 论:决断是非。

[ 9 ] 隆性:放纵本性和欲求。隆,厚,盛。

[10] 隆积:重视后天的学习积累。积,积累,积习。

[11] 化:教化,改变。

[12] 注错:即注措,措置,安排处置。

[13] 并:合并。

[14] 习俗移志:风俗习惯可以改变人的志向。

[15] 安久移质:习惯时间长久了,就会改变人的本性。

[16] 参:并列,并立。

# 国将兴必贵师而重傅

荀 子

〔**解题**〕本文述及荀子对老师和教育的看法。他将是否尊师重傅看作是国家兴衰的一个标志,因为不尊重师傅会使人放肆而失去法度。同时,他认为古时平民五十岁方可为官,而天子诸侯之子成年时即已具备参政能力,完全是因为能接受良好的教育。教育有如此重要的作用,所以对于老师而言,必须择善而教之。

国将兴,必贵师而重傅,贵师而重傅则法度存。国将衰,必贱师而轻傅,贱师而轻傅则人有快[1],人有快则法度坏。

古者匹夫五十而士[2]。天子诸侯子十九而冠[3],冠而听治[4],其教至也[5]。

君子也者而好之,其人;其人也而不教,不祥。非君子而好之,非其人也;非其人而教之,赍盗粮[6],借贼兵也。

——《荀子·大略》

[1] 快:放肆,纵情。
[2] 匹夫:指平民。士:通"仕",出仕,做官。
[3] 冠:加冠礼,男子成年礼。
[4] 听治:断狱听讼,参与政事。
[5] 其教至也:是他们所受的教育令其达到这样的境界。
[6] 赍(jī 机)盗粮:送给盗贼粮食。赍,送。

# 文公问教学于胥臣

[**解题**] 这段文字记载的是晋文公与胥臣的对话，主要讨论了教育孩子的问题。晋文公准备让阳处父教育儿子谨，但又不知道阳处父能否把儿子教好，于是询问胥臣。胥臣认为，孩子能否学好，首先要看孩子是否符合接受教育的身体、智力等条件，其次需要孩子勤谨努力。除此之外，胥臣还强调了教学中因材施教的重要性，他认为教学就是要根据孩子的身体状况、兴趣爱好、发展潜质等诸多方面的情况因势利导，因人施教，发挥孩子的长处，补救不足之处。这样，教育才能够成功。

文公问于胥臣曰[1]："吾欲使阳处父傅谨也而教诲之[2]，其能善之乎？"对曰："是在谨也。蘧蒢不可使俯[3]，戚施不可使仰[4]，僬侥不可使举[5]，侏儒不可使援，蒙瞍不可使视[6]，嚚瘖不可使言[7]，聋聩不可使听[8]，僮昏不可使谋[9]。质将善而贤良赞之[10]，则济可竢[11]。若有违质，教将不入，其何善之为？臣闻昔者大任娠文王不变[12]，少溲于豕牢[13]，而得文王不加疾焉[14]。文王在母不忧[15]，在傅弗勤[16]，处师弗烦[17]，事王不怒[18]，孝友二虢[19]，而惠慈二蔡[20]，刑于大姒[21]，比于诸弟[22]。《诗》云：'刑于寡妻，至于兄弟，以御于家邦。'于是乎用四方之贤良。及其即位也，询于八虞[23]，而谘于二虢[24]，度于闳夭而谋于南宫[25]，诹于蔡、原而访于辛、尹[26]，重之以周、邵、毕、荣[27],忆宁百神[28],而柔和万民。故《诗》云:'惠于宗公,神罔时恫。'[29]若是,则文王非专教诲之力也[30]。"公曰:"然则教无益乎?"对曰:"胡为文,益其质[31]。故人生而学,非学不入[32]。"公曰:"奈夫八疾何[33]?"对曰:"官师之所材也[34],戚施直镈[35],蘧蒢蒙璆[36],侏儒扶卢[37],蒙瞍修声[38],聋聩司火[39]。僮昏、嚚瘖、僬侥,官师之所不材也,以实裔土[40]。夫教者,因体能质而利之者也[41]。若川然有原,以印浦而后大[42]。"

——《国语》卷一〇

[1] 文公:即晋文公(前671或前697—前628),名重耳,是春秋五霸中的第二位霸主,与齐桓公并称"齐桓晋文"。胥臣:字季子,又被称作司空季子、臼季,是晋文公十分倚重的大臣。

[2] "吾欲"句:我想让阳处父当谨的老师来教育他。阳处父,晋大夫。傅,当老师。谨(huān 欢),晋文公的儿子。

[3] 蘧蒢(qú chú 渠除):直胸的残疾人。

[4] 戚施:驼背的人。

[5] 僬侥(jiāo yáo 交摇):古代传说中个子很矮的人。

[6] 蒙瞍(sǒu 叟):盲人。

[7] 嚚瘖(yín yīn 银因):哑巴。

[8] 聋聩(kuì 愧):聋子。

[9] 僮昏:愚昧无知的人。

[10] "质将"句:素质很好并且有贤良的老师辅导教育。

[11] 俟(sì 四):等待。

[12] "臣闻"句:我听说以前周文王的母亲太任在怀孕时保持端庄的德行而不改变。大任,即太任,周文王的母亲。娠(shēn 深),怀孕。

[13] "少溲"句:这句话的意思是太任在生文王时像在厕所小便一样容易。少溲(sōu 搜),小便。豕牢,厕所。

[14] 不加疾:没有增添痛苦。

[15]"文王"句:文王在母亲腹中时没让母亲担忧。

[16]在傅弗勤:没有让师傅操劳辛苦。

[17]处师弗烦:与老师相处而不使其烦扰。

[18]事王不怒:侍奉父王而不让他恼怒生气。

[19]孝友二虢(guó国):爱护弟弟虢仲、虢叔。二虢,指文王的弟弟虢仲和虢叔。

[20]"而惠"句:并且慈爱地照顾儿子管叔、蔡叔。

[21]刑于大姒:为妻子太姒做出典范。刑,通"型",树立典范。大姒,即太姒,文王的妻子。

[22]比于诸弟:亲近同宗的兄弟。比,亲近。

[23]八虞:八个有才能的官吏。

[24]谘(zī资):同"咨",咨询。

[25]"度于"句:与闳夭揣度问题,与南宫适商议事情。闳夭,文王的谋臣。南宫,即南宫适(kuò括),西周初期著名的贤臣。

[26]"诹于"句:与蔡公、原公商议,访问辛甲、尹佚。诹(zōu邹),商量,询问。蔡,蔡公,周太史。原,原公,周太史。辛,辛甲,周太史。尹,尹佚,周太史。

[27]"重之"句:倚重周公、邵公、毕公、荣公。周,周公。邵,邵公。是辅佐武王灭商的功臣。毕,毕公。文王之子,"周初四圣"之一。荣,荣公。文王之大臣,后辅佐武王治天下。

[28]忆宁百神:记得让百神安宁。

[29]"惠于"二句:语出《诗经·大雅·思齐》。文王孝顺祖宗,鬼神没有降下灾祸。罔,没有。恫(dòng洞),恐吓。

[30]"若是"二句:像文王这样,就不完全是老师教导的结果。

[31]"胡为"二句:有了良好的素质,还要让他发展得更好。胡,语气助词。

[32]"故人生"二句:所以人生下来就要学习,如果不学习就不能进入正道。

[33]"奈夫"句:对于八种有残疾的人怎么办?八疾,上面胥臣所列举的八种残疾。

131

［34］"官师"句:官府和老师对于他们中具有一定材质的(加以教育)。

［35］直镈(bó博):担任击钟的任务。直,同"值",担任。镈,类似钟的乐器。

［36］蒙璆(qiú求):负责玉磬。璆,玉磬,古代的乐器。

［37］扶卢:古代的一种杂技。

［38］修声:辨识乐音。

［39］司火:负责烧火。

［40］"官师"二句:官府和老师对于那些长处无法利用的残疾人,就送去充实边疆。裔土,荒凉边远的地方。

［41］"夫教"二句:教育,就是根据受教育者的自身情况与潜质进行因势利导,因材施教。

［42］"若川"二句:就像探寻河水的源头,然后因势利导让它们汇成大江。卬(yǎng养),同"仰",承接。浦,小河流入大江的入口处。

# 论 尊 师

[解题]《吕氏春秋·孟夏纪》共有五个部分组成，分别为《孟夏纪》、《劝学》、《尊师》、《诬徒》、《善学》，本文是其中的第三部分，故以"三曰"开篇。如题目所示，这几段文字强调了教育、学习以及尊师的重要性。开篇以神农等十位圣人、齐桓公等六位贤人尊师为例，引出对当世不尊师的忧虑与批评。第二段强调学习的重要性，认为学习可以实现或达到本来的天性，可以教化盗贼成为圣贤。第三、四段讲尊师的具体做法，老师活着的时候应该恭谨侍奉，去世后要恭敬地祭祀，这是礼的要求，也是对学生的基本要求。最后一段强调教和学的重要性，以及古代天子让老师与自己同列而不是视之为臣子，可见古人尊师之道。

三曰：神农师悉诸[1]，黄帝师大挠[2]，帝颛顼师伯夷父[3]，帝喾师伯招[4]，帝尧师子州支父[5]，帝舜师许由[6]，禹师大成贽[7]，汤师小臣[8]，文王、武王师吕望、周公旦[9]，齐桓公师管夷吾[10]，晋文公师咎犯、随会[11]，秦穆公师百里奚、公孙枝[12]，楚庄王师孙叔敖、沈尹巫[13]，吴王阖闾师伍子胥、文之仪[14]，越王勾践师范蠡、大夫种[15]。此十圣人、六贤者未有不尊师者也。今尊不至于帝，智不至于圣，而欲无尊师，奚由至哉[16]？此五帝之所以绝，三代之所以灭。

且天生人也，而使其耳可以闻，不学，其闻不若聋；使其目可以见，不学，其见不若盲；使其口可以言，不学，其言不若爽[17];使其心可以知,不学,其知不若狂[18]。故凡学,非能益也,达天性也[19]。能全天之所生而勿败之,是谓善学。子张,鲁之鄙家也[20];颜涿聚,梁父之大盗也[21],学于孔子。段干木,晋国之大驵也[22],学于子夏[23]。高何、县子石[24],齐国之暴者也[25],指于乡曲[26],学于子墨子。索卢参[27],东方之巨狡也[28],学于禽滑黎[29]。此六人者,刑戮死辱之人也,今非徒免于刑戮死辱也,由此为天下名士显人,以终其寿,王公大人从而礼之,此得之于学也。

凡学,必务进业,心则无营[30]。疾讽诵[31],谨司闻[32],观欢愉,问书意[33],顺耳目,不逆志[34],退思虑[35],求所谓[36],时辨说[37],以论道,不苟辨,必中法,得之无矜,失之无惭,必反其本[38]。

生则谨养[39],谨养之道,养心为贵;死则敬祭[40],敬祭之术,时节为务:此所以尊师也。治唐圃[41],疾灌浸[42],务种树,织葩屦[43],结罝网[44],捆蒲苇,之田野[45],力耕耘,事五谷,如山林[46],入川泽,取鱼鳖,求鸟兽[47]:此所以尊师也。视舆马[48],慎驾御;适衣服,务轻暖;临饮食[49],必蠲絜[50];善调和,务甘肥;必恭敬;和颜色,审辞令;疾趋翔[51],必严肃:此所以尊师也。

君子之学也,说义必称师以论道,听从必尽力以光明[52]。听从不尽力,命之曰背;说义不称师,命之曰叛。背叛之人,贤主弗内之于朝[53],君子不与交友。故教也者,义之大者也;学也者,知之盛者也。义之大者,莫大于利人,利人莫大于教。知之盛者,莫大于成身[54],成身莫大于学。身成,则为人子弗使而孝矣[55],为人臣弗令而忠矣,为人君弗强而平矣,有大势可以为天下正矣[56]。故子贡问孔子曰:"后世将何以称夫子[57]?"孔子曰:"吾何足以称哉!勿已

134

者[58],则好学而不厌,好教而不倦,其惟此邪。"天子入太学祭先圣,则齿尝为师者弗臣[59],所以见敬学与尊师也。

——《吕氏春秋·尊师》

[1] 悉诸:传说是神农的老师,又被称作"悉老"。

[2] 大挠:传说是黄帝的老师。

[3] 颛顼(zhuān xū 专须):上古"五帝"之一,号高阳氏,相传为黄帝之孙。伯夷父:传说为颛顼的老师。

[4] 帝喾(kù 库):上古五帝之一。伯招:传说为帝喾的老师。

[5] 子州支父:传说为尧的老师,《庄子·让王篇》说尧曾想把天下让给子州支父。

[6] 许由:传说是尧的老师。又,传说尧准备把天下让给许由,许由听到之后觉得这话玷污了耳朵,于是到颍水边去洗耳朵。

[7] 大成贽:传说是禹的老师。

[8] 小臣:即伊尹,原为奴隶,后被商汤征聘为相。《孟子·公孙丑下》云:"汤之于伊尹,学焉而后臣之。"意思是说商汤拜伊尹为师,先行尊师的礼仪,然后再让伊尹对自己行臣子之礼。

[9] 吕望:即姜子牙。

[10] 管夷吾:即管仲,名夷吾,字仲,后世称其为管子。

[11] 咎犯:即狐偃,为晋文公的舅舅,晋文公少年时受教于狐偃。随会:即范武子,晋国大夫,名会,因封于随,所以人称随会。

[12] 百里奚:春秋时期秦国贤臣,被秦穆公用五张黑羊皮从楚国赎出来并任命为上大夫。公孙枝:春秋时秦国大夫,能举贤荐能,百里奚即为其所举荐。

[13] 孙叔敖:楚庄王时贤臣,曾任令尹(相当于宰相)。沈尹巫:楚国贤臣。

[14] 文之仪:春秋时吴国的贤臣。

[15] 大夫种:即越国大夫文种,与范蠡一起辅佐越王勾践消灭了吴国。

[16] "今尊"四句:意思是说现在的人不如帝王尊贵,也不如圣人聪慧,却不尊师,怎么能达到他们的境界呢?

[17] 喑：这里的意思是不会说话，相当于哑巴。

[18] 狂：精神失常的人。

[19] "故凡学"三句：意思是说学习并不能另外给人增添什么，而是能让人激发并实现天生所具有的那些能力。

[20] "子张"二句：意思是说子张出身于鲁国地位低微的人家。子张，孔子得意门生，谨守忠信之道，为"孔门十二哲"之一。

[21] "颜涿聚"二句：颜涿聚曾经是梁父山下的一个大盗。颜涿聚，曾为大盗，后向孔子学习，为齐国大夫，是孔子弟子的七十二贤人之一。

[22] "段干木"二句：段干木是晋国的大经纪人。驵，经纪人。

[23] 子夏：孔子的学生，"孔门十哲"之一。

[24] 高何、县子石：这两个人都是墨家学派的弟子。

[25] 暴：强盗、暴徒。

[26] 指于乡曲：被乡里人指点斥骂。指，指点斥骂。乡曲，乡里。

[27] 索卢参：墨家学派禽滑黎的学生。

[28] 巨狡：大骗子。

[29] 禽滑黎：又做禽滑釐。传说是墨子的首席弟子。

[30] 营：迷惑。

[31] 疾：努力。讽颂：背诵。

[32] 谨司闻：小心谨慎地注意听讲。

[33] "观欢愉"二句：看到老师高兴的时候就请教书本中的含义。

[34] 不逆志：不违背（老师）的意愿。

[35] 退思虑：退下来思考（老师讲的内容）。

[36] 求所谓：探求（老师）所讲的内容。

[37] 时辨说：经常辩论。

[38] 必反其本：一定要返归本性。反，通"返"，返归。

[39] 生则谨养：在（老师）活着的时候要恭谨侍奉。

[40] 死则敬祭：在（老师）去世之后要恭敬地祭祀。

[41] 治唐圃：管理好种有果树、蔬菜的园子。唐圃，即场圃，种果树、蔬菜的园子。

[42] 疾灌浸：认真努力地做好灌溉。

[43]织葩屦(pā jù趴具):织麻鞋。葩屦,麻鞋。葩,清代学者毕沅认为应该写作"萉"(fèi费),意为"麻"。

[44]罝(jū居)网:捕野兽的网。

[45]之田野:到田野里去。之,到。

[46]"事五谷"二句:种好五谷,到山林里去(采摘果蔬)。事,种植。如,到。

[47]"取鱼鳖"二句:捉鱼鳖和鸟兽。取,捉。求,捉。

[48]视舆马:看管好车、马。舆,车子。

[49]临饮食:准备饮食。临,准备,备办。

[50]必蠲絜(juān jié捐结):一定要清洁。蠲,古通"涓",清洁。絜,古通"洁",干净。

[51]疾趋翔:快步走。

[52]"听从"句:听老师的话,按照老师说的去做,尽力发扬光大老师讲的道理。

[53]"贤主"句:贤明的君主不接纳他在朝廷做臣子。内,通"纳",接纳。

[54]成身:修身。

[55]"则为"句:那么,做儿子的不用别人指使,他也会孝顺。

[56]"有大势"句:有极大的权势,就可以成为天下的君王。正,君王。

[57]称:称道。

[58]勿已者:如果不能停止(非要称道的话)。勿,不。已,停止。

[59]"则齿"句:就让以前教过自己的老师与自己同列,而不把老师当作臣子来对待。齿,并列。弗臣,不把他当作臣子来对待。

137

# 论 施 教（节选）

〔**解题**〕本文是《吕氏春秋·孟夏纪》的第四篇的节选,讲述了教师施教的时候应该注意的一些问题。从人情的角度来说,人容易亲近与自己类同者,厌恶与自己相异者,而不能亲近自己怨恨的人,称扬自己厌恶的人。师生最高的境界应该是师徒一心,只有这样才能使学业得以彰明,使道术大行于世。对于那些不具备学习能力和素质的人,会出现诸多问题,这对于老师和学生,都应该注意及时纠正。

四曰:达师之教也[1],使弟子安焉、乐焉、休焉、游焉、肃焉、严焉[2]。此六者得于学,则邪辟之道塞矣,理义之术胜矣。此六者不得于学,则君不能令于臣,父不能令于子,师不能令于徒。人之情,不能乐其所不安,不能得其所不乐。为之而乐矣,奚待贤者[3]?虽不肖者犹若劝之[4]。为之而苦矣,奚待不肖者?虽贤者犹不能久。反诸人情[5],则得所以劝学矣。子华子曰:"王者乐其所以王,亡者亦乐其所以亡,故烹兽不足以尽兽,嗜其脯则几矣[6]。"然则王者有嗜乎理义也,亡者亦有嗜乎暴慢也[7]。所嗜不同,故其祸福亦不同。

不能教者,志气不和,取舍数变[8],固无恒心,若晏阴喜怒无处[9];言谈日易,以恣自行[10],失之在己,不肯自非[11],愎过自用[12],不可证移[13],见权亲势及有富厚者,不论其材,不察其行,驱而教之[14],阿而谄之[15],若恐弗及。弟子居处修洁,身状出伦[16],闻识疏达[17],就学敏疾[18],本业几终者,则从而抑之,难而悬之,妒而恶之[19]。弟子去则冀终[20],居则不安[21],归则愧于父母兄弟,出则惭于知友邑里:此学者之所悲也,此师徒相与异心也。人之情,恶异于己者,此师徒相与造怨尤也。人之情,不能亲其所怨,不能誉其所恶,学业之败也,道术之废也,从此生矣。善教者则不然,视徒如己,反己以教[22],则得教之情矣。所加于人,必可行于己,若此则师徒同体。人之情,爱同于己者,誉同于己者,助同于己者,学业之章明也,道术之大行也,从此生矣。

——《吕氏春秋·诬徒》

[1] 达师:通达的老师。
[2] "使弟子"句:能让学生安心、快乐、美善、洒脱而又恭敬、谨严。
[3] 奚:为何。
[4] "虽不"句:即使不肖的学生也会努力去做。
[5] 反诸人情:用上面这种理论去推断人情。反,同"返"。
[6] "嗜其"句:只吃喜欢的肉就可以了。嗜,喜欢。脯,干肉。几,差不多。
[7] "亡者"句:败亡者喜欢做让他败亡的残暴轻慢的事情。暴慢,残暴、轻慢。
[8] 取舍数变:取和舍多次变化,指犹豫不决。
[9] "若晏阴"句:像天气阴晴不定那样,情绪喜怒无常。晏阴,晴天和阴天。喜怒无处,喜怒无常。
[10] 以恣自行:放纵自己的行为。恣,放纵。
[11] 自非:自我批评。
[12] 愎过自用:坚持自己的错误,自以为是。愎过,坚持错误。愎,执拗。过,过错。
[13] 不可证移:不因为别人劝谏而改正过错。证,劝谏。移,改变。

[14] 驱:追随。

[15] 阿而谄之:阿谀奉承,说好话。

[16] 身状出伦:相貌出众。

[17] 闻识疏达:学识见闻通达。

[18] 就学敏疾:学得很快,意思是领悟能力很强。

[19] "本业"四句:对学业快要完成的人,老师反而对他们进行压制、刁难,使他们悬而不决,甚至嫉妒厌恶他们。

[20] "弟子"句:学生想要离开,老师则又希望他留下来完成学业。

[21] 居则不安:学生留下来却无法安心学习。

[22] 反己:即"返诸自身",考虑自己以前学习时的情况。反,通"返",返回。

# 师者人之模范

扬 雄

[解题]《法言》是扬雄拟《论语》而作,意在传承儒道正统。扬雄认为,学习之于人,有"学则正,否则邪"的重要意义,而教师在学习的过程中非常关键。"师者,人之模范也",只有堪为模范和表率的老师才是称职的,才能保证正确的学习方向。

学者,所以修性也。视、听、言、貌、思,性所有也。学则正,否则邪。

师哉!师哉!桐子之命也[1]。务学不如务求师。师者,人之模范也[2]。模不模,范不范,为不少矣。一闬之市[3],不胜异意焉;一卷之书,不胜异说焉。一闬之市,必立之平[4];一卷之书,必立之师。习乎习!以习非之胜是也[5],况习是之胜非乎?於戏[6]!学者审其是而已矣!或曰:"焉知是而习之?"曰:"视日月而知众星之蔑也[7],仰圣人而知众说之小也。"

——《法言·学行》

[1] 桐子:即僮子,童蒙不大之人。
[2] 模范:制造器物的模型,喻规范,标准。
[3] 闬(xiàng 向):同"巷"。

〔4〕平:汉代物价标准由官方制定,称为平。

〔5〕"以习"句:以错误的习惯战胜正确。

〔6〕於戏(wū hū 呜呼):感叹词,同"呜呼"。

〔7〕蔑:细小,轻微。

# 教化立而奸邪止

董仲舒

[解题] 董仲舒(前179—前104)是西汉今文经学大师。汉武帝曾三次问计于董仲舒,董仲舒的回答即是著名的《举贤良对策》,其中有些观点如"天人感应"等对后世影响非常巨大。本篇选自他的第一次答策,主要论述教化的意义。董仲舒认为教化不立而万民不正,教化立而奸邪皆止。董仲舒还指出,贤明的王者应以教化为大务,以太学和庠序教化人民,净化社会风气。

孔子曰:"凤鸟不至,河不出图,吾已矣夫!"[1]自悲可致此物[2],而身卑贱不得致也。今陛下贵为天子,富有四海,居得致之位,操可致之势,又有能致之资,行高而恩厚,知明而意美,爱民而好士,可谓谊主矣[3]。然而天地未应而美祥莫至者,何也?凡以教化不立而万民不正也。夫万民之从利也[4],如水之走下[5],不以教化堤防之,不能止也。是故教化立而奸邪皆止者,其堤防完也[6];教化废而奸邪并出,刑罚不能胜者,其堤防坏也。古之王者明于此,是故南面而治天下,莫不以教化为大务。立太学以教于国,设庠序以化于邑,渐民以仁[7],摩民以谊[8],节民以礼,故其刑罚甚轻而禁不犯者[9],教化行而习俗美也。

——《汉书·董仲舒传》

[1]"凤鸟"三句:语出《论语·子罕篇》,此为孔子感伤自己有王者之德而无王者之位,因此王道的理想难以实现。凤鸟,古代传说的一种神鸟。图,传说上古伏羲时代,黄河中有龙马背负"八卦图"出现。凤鸟至,"河"出图,皆王者的祥瑞,《易经·系辞上》有"河出图,洛出书,圣人则之"之语。

[2]致:招致。

[3]谊主:有道义的君主。谊,同"义",符合正义和道德规范。

[4]从利:追逐利益。

[5]水之走下:水流之势向下。走,水流之势。

[6]完:完好。

[7]渐民以仁:用"仁"来教育人民。渐,浸润,一曰诱导。

[8]摩民以谊:用道义来感化人民。摩,砥砺,激励。谊,义。

[9]禁不犯者:没有人违反规定。

# 兴 学 养 士

董仲舒

〔解题〕本文节选自董仲舒对汉武帝策问的第二次答策,是针对武帝提出的求贤愿望所给的解决之道。他认为人才要靠培养得来,而培养人才的办法就是兴学,所以应该兴太学、置明师。郡守、县令,应该是可以成为民众表率之人,如此就能达到教化人民的目的,反之则不然。董仲舒所谓的兴建太学,指的是要培养高级人才,而这些人才是未来的循吏,也是民众教化的实施者,所以太学的作用显得尤为重要。

陛下亲耕籍田以为农先[1],夙寤晨兴[2],忧劳万民,思维往古[3],而务以求贤,此亦尧、舜之用心也。然而未云获者,士素不厉也[4]。夫不素养士而欲求贤,譬犹不琢玉而求文采也。故养士之大者,莫大乎太学[5];太学者,贤士之所关也,教化之本原也。今以一郡一国之众,对亡应书者[6],是王道往往而绝也。臣愿陛下兴太学,置明师,以养天下之士,数考问以尽其材[7],则英俊宜可得矣。今之郡守、县令,民之师帅[8],所使承流而宣化也[9];故师帅不贤,则主德不宣,恩泽不流。今吏既亡教训于下,或不承用主上之法,暴虐百姓,与奸为市,贫穷孤弱,冤苦失职,甚不称陛下之意。是以阴阳错缪,氛气充塞[10],群生寡遂[11],黎民未济,皆长吏不明,使至于此也。

——《汉书·董仲舒传》

［1］"陛下"句:皇帝亲自耕种籍田。语出汉武帝对董仲舒的策问。籍田,天子、诸侯征用民力耕种的田地。古制天子、诸侯于每年春耕前执耒耜亲自三推或一拨,以此仪式表示对农业的重视。

［2］夙寤晨兴:很早醒来,这也是汉武帝在策问中的自述,形容自己心忧国事。

［3］思维往古:希望能(再现)古代盛世。

［4］士素不厉:士人平时没有受到鼓励和劝勉。厉,勉励。

［5］太学:汉武帝元朔五年(前124)立五经博士,置太学。

［6］对亡应书:有些郡国没有应皇帝策问的人。书此指汉武帝之前颁布的令举贤良文学的诏书,武帝即位后曾"举贤良文学之士前后百数"。

［7］考:考核,考察。问:询问,征询。

［8］师帅:表率。

［9］承流:接受和继承良好的风尚、传统。宣化:传布皇帝之令,教化百姓。

［10］氛气:凶邪之气,此指怨气。

［11］遂:顺遂,如愿。

# 问难之道

王　充

〔解题〕这段文字节选自王充的《论衡》,文字犀利,对于世人盲目信从老师和古人提出了批判。作者指出,治学的关键不在于才能,而在于对老师所教的内容要有自己独立的思考,在于不迷信老师的权威。这种思想对于盲目从师的现象不啻一声棒喝。

世儒学者,好信师而是古[1],以为贤圣所言皆无非[2],专精讲习,不知难问[3]。夫贤圣下笔造文,用意详审,尚未可谓尽得实[4]。况仓卒吐言[5],安能皆是[6]?不能皆是,时人不知难,或是而意沉难见[7],时人不知问。案贤圣之言[8],上下多相违,其文前后多相伐者[9],世之学者不能知也。论者皆云:"孔门之徒,七十子之才[10],胜今之儒。"此言妄也。彼见孔子为师,圣人传道必授异才,故谓之殊。夫古人之才,今人之才也。今谓之英杰,古以为圣神,故谓七十子历世希有[11]。使当今有孔子之师,则斯世学者皆颜、闵之徒也[12]。使无孔子,则七十子之徒,今之儒生也。何以验之?以学于孔子不能极问也[13]。圣人之言不能尽解,说道陈义,不能辄形[14]。不能辄形,宜问以发之[15];不能尽解,宜难以极之。皋陶陈道帝舜之前,浅略未极,禹问难之,浅言复深,略指复分[16]。盖起问难,此说激而深切,触而著明也[17]。

孔子笑子游之弦歌[18]，子游引前言以距孔子[19]。自今案《论语》之文，孔子之言多若笑弦歌之辞，弟子寡若子游之难，故孔子之言遂结不解[20]。以七十子不能难，世之儒生不能实道是非也[21]。

凡学问之法，不为无才[22]，难于距师，核道实义，证定是非也。问难之道，非必对圣人。及生时也，世之解说说人者[23]，非必须圣人教告乃敢言也。苟有不晓解之文，追难孔子，何伤于义？诚有传圣业之知[24]，伐孔子之说，何逆于理？谓问孔子之言难，其不解之文，世间才大知生，能答问解难之人，必将贤吾世间难问之言是非[25]。

孟懿子问孝[26]，子曰："毋违。"樊迟御[27]，子告之曰："孟孙问孝于我，我对曰，毋违。"樊迟曰："何谓也？"子曰："生，事之以礼；死，葬之以礼。"[28]问曰：孔子之言毋违，毋违者，礼也。孝子亦当先意承志[29]，不当违亲之欲。孔子言毋违，不言违礼，懿子听孔子之言，独不为嫌于无违志乎[30]！樊迟问"何谓"，孔子乃言生事之以礼、死葬之以礼、祭之以礼。使樊迟不问"毋违"之说，遂不可知也。

——《论衡·问孔》

[1]"世儒"二句：社会上的儒生学者，喜欢迷信老师，崇拜古人。是，肯定。这里是推崇的意思。

[2]非：错误。

[3]难问：诘难和质问。

[4]实：真实，正确。

[5]仓卒吐言：这里指《论语》。因为《论语》主要记录了孔子平常跟学生的谈话，所以王充说是"仓卒吐言"。卒，同"猝"。

[6]安：怎么。

[7]沉：深沉，隐晦。见：同"现"。

[8] 案:同"按",考察。

[9] 伐:攻击。这里是抵触、矛盾的意思。

[10] 七十子:据说孔子有学生三千,其中"身通六艺"有才学的贤者共七十二人。

[11] 希:同"稀"。

[12] 颜:指颜回。闵:指闵子骞(前536—前487),名损。春秋时鲁国人。在孔门中以德行和颜渊并称。

[13] 极问:追根问底。极,穷尽。

[14] 不能辄形:不能立即领会透彻。辄(zhé哲),就,立即。形,疑作"敕(chì赤)",告诫之意。

[15] 发:揭露。这里是弄明白、搞清楚的意思。

[16] 略指复分:粗略的意思又更清楚了。指,通"旨",意思,含意。分,辨别,分明。

[17] 触而著明:被触动而讲得更明白了。

[18] "孔子"句:《论语·阳货》:"子之武城,闻弦歌之声。夫子莞尔而笑,曰:'割鸡焉用牛刀?'子游对曰:'昔者偃也闻诸夫子:君子学道则爱人,小人学道则易使也。'子曰:'二三子,偃之言是也。前言戏之耳。'"子游,姓言,名偃,春秋时吴国人,孔子学生,擅长文学。

[19] 距:通"拒",抗拒。这里是不接受、反驳的意思。

[20] "故孔子"句:所以孔子的话,始终有些像死结一样无法解开。

[21] "以七十子"二句:由于七十弟子不敢辩驳,现在的儒生,就不能切实讲清孔子言论的是非了。

[22] 不为无才:不在于有无才能。

[23] 说(shuì睡)人:说服人,教导人。

[24] 知:通"智"。下文"弘才大知"亦同。

[25] 贤:文中是肯定的意思。世间:应为衍文。

[26] 孟懿子(?—前481):姓孟孙,名何忌,字子嗣,也叫仲孙何忌。"懿"是谥号。春秋时鲁国大夫。孟懿子问孝事,见《论语·为政》。

[27] 樊迟:名须,字子迟。春秋时鲁国人。孔子的学生。御:赶车。

[28] "生,事之"四句:父母活着的时候,要按照周礼的规定侍奉他们;

死了,要按周礼的规定埋葬他们,要按周礼的规定祭祀他们。

[29] 先意承志:指孝子不能父母开口就能顺父母的心意去做。《礼记·祭义》:"君子之所为孝者,先意承志,谕父母于道。"

[30] "独不"句:难道不会误解为不要违背父母的愿望吗?嫌:疑惑。这里是误解的意思。

# 学 宫 颂

曹 植

[**解题**] 建安时期,曹操在郡县设立教学之官,其子曹植因作此文,今仅存残篇。曹植(192—232),字子建,是汉末建安文学的代表人物之一,与父曹操、兄曹丕合称"三曹"。本文略述孔子因材施教的事迹,认为孔子虽无帝王之位,而德才堪称素王,言行堪为世范,对这位万世之师给予了极大的颂扬。

自五帝典绝,三皇礼废,应期命世[1],齐贤等圣者,莫高于孔子也。故有若曰:"出乎其类,拔乎其萃。"[2]诚所谓性与天道不可得而闻矣![3]

由也务学[4],名在前志[5]。宰予昼寝,粪土作诫[6]。过庭子弟,诗礼明记[7]。歌以咏言,文以骋志[8],予今不述,后贤曷识[9]。於铄尼父[10],生民之杰,性与天成,该圣备艺[11]。德伦三五[12],配皇作烈。玄镜独鉴[13],神明昭晰[14]。仁塞宇宙,志凌云霓。学者三千[15],莫不俊乂[16]。惟仁是凭,惟道足恃。钻仰弥高[17],请益不已[18]。

——《艺文类聚》卷三八

[1] 应期命世:顺应期运、著名于当世的人。

〔2〕"故有若"三句:《孟子·公孙丑上》:"圣人之于民,亦类也。出于其类,拔乎其萃,自生民以来,未有盛于孔子也。"有若,即有子,孔子弟子。

〔3〕"诚所谓"句:《论语·公冶长》:"夫子之言性与天道,不可得而闻也。"意思是,夫子关于天性与天道的言论,我们听不到。

〔4〕由:子路,字子由,孔子弟子,此处疑为"回"字之误,回即颜回,孔子弟子,以好学著称。

〔5〕前志:前人的记述。

〔6〕"宰予"二句:典出《论语·公冶长》:"宰予昼寝,子曰:'朽木不可雕也,粪土之墙不可污也。'"宰予,孔子的弟子,字子我。诫,警告,告诫。

〔7〕"过庭"二句:典出《论语·季氏》:"(孔)鲤趋而过庭。曰:'学诗乎?'对曰:'未也。''不学诗,无以言。'鲤退而学诗。他日,又独立,鲤趋而过庭。曰:'学礼乎?'对曰:'未也。''不学礼,无以立。'鲤退而学礼。"孔鲤字伯鱼,孔子的儿子。

〔8〕骋志:展露心志。

〔9〕曷识:何以知道。曷,何。

〔10〕於铄(wū shuò 乌朔):叹词,表示赞美。尼父,即孔子,孔子字仲尼,父是对男子的美称。

〔11〕该:具备,充足。艺:才能,技能。

〔12〕伦:相类,比。三五:三皇五帝。

〔13〕玄镜:明镜,喻特殊的观察能力。

〔14〕昭晰:清楚,明白。

〔15〕学者三千:《史记·孔子世家》:"孔子以诗书礼乐教弟子,盖三千焉。"

〔16〕俊乂:才德出众的人。

〔17〕钻仰弥高:孔子弟子颜渊赞美孔子之语。典出《论语·子罕》:"颜渊喟然而叹曰:'仰之弥高,钻之弥坚,瞻之在前,忽焉在后。夫子循循然善诱人,博我以文,约我以礼,欲罢不能,既竭吾才,如有所立卓尔。虽欲从之,末由也已。'"

〔18〕请益:请求老师再讲一遍,此指请教。

# 征　圣

刘　勰

〔**解题**〕征圣就是拿圣人的文章作为标准来检验自己的文章。为什么呢？因为圣人是揭示社会、自然和人性真谛的人。圣人对于政治教化、事迹功业和个人修养三个方面的问题是非常重视的，在记载和阐述这些问题时，圣人总结了写作的金科玉律——"志足而言文，情信而辞巧"，即心志要充分表达，语言要有文采，感情要真实，措辞要讲究技巧。圣人在写作时还能根据不同的情况采取不同的方法，或繁或略，或隐或显，或华或实。所以，向圣人学习是非常必要的。

夫作者曰圣，述者曰明[1]。陶铸性情[2]，功在上哲[3]。夫子文章，可得而闻[4]，则圣人之情，见乎文辞矣。先王圣化，布在方册[5]；夫子风采，溢于格言[6]。是以远称唐世[7]，则焕乎为盛[8]；近褒周代，则郁哉可从[9]：此政化贵文之征也[10]。郑伯入陈，以文辞为功[11]；宋置折俎，以多文举礼[12]：此事迹贵文之征也。褒美子产[13]，则云"言以足志，文以足言"[14]；泛论君子，则云"情欲信，辞欲巧"[15]：此修身贵文之征也。然则志足而言文，情信而辞巧，乃含章之玉牒，秉文之金科矣[16]。

夫鉴周日月，妙极机神[17]；文成规矩，思合符契[18]。

或简言以达旨[19],或博文以该情[20],或明理以立体[21],或隐义以藏用[22]。故《春秋》一字以褒贬[23],丧服举轻以包重[24],此简言以达旨也。邠诗联章以积句[25],儒行缛说以繁辞[26],此博文以该情也。书契断决以象夬[27],文章昭晰以象离[28],此明理以立体也。四象精义以曲隐[29],五例微辞以婉晦[30],此隐义以藏用也。故知繁略殊形,隐显异术[31],抑引随时[32],变通适会[33],征之周孔,则文有师矣。

是以论文必征于圣[34],窥圣必宗于经[35]。《易》称"辨物正言,断辞则备"[36],《书》云"辞尚体要,弗惟好异"[37]。故知正言所以立辩,体要所以成辞,辞成无好异之尤[38],辩立有断辞之义[39]。虽精义曲隐,无伤其正言;微辞婉晦,不害其体要。体要与微辞偕通,正言共精义并用;圣人之文章,亦可见也。颜阖以为:"仲尼饰羽而画,徒事华辞。"[40]虽欲訾圣[41],弗可得已[42]。然则圣文之雅丽,固衔华而佩实者也。天道难闻,犹或钻仰[43];文章可见,胡宁勿思[44]?若征圣立言,则文其庶矣[45]。

赞曰[46]:妙极生知[47],睿哲惟宰[48]。精理为文,秀气成采。鉴悬日月,辞富山海[49]。百龄影徂[50],千载心在[51]。

——《文心雕龙·征圣》

[1]"夫作者"二句:这两句话说,创作经典的是圣人,阐述经典的是贤人。《礼记·乐记》:"作者之谓'圣',述者之谓'明'。"作者,创造者。述者,阐述者。

[2]陶铸:制造瓦器和金器的两种器具。这里用作动词,比喻教育改造。

[3]上哲:圣人。指周公、孔子等人。

[4]"夫子"二句:语出《论语·公冶长》:"子贡曰:'夫子之文章,可得而闻也。'"夫子,指孔子。

[5]方册:代指书籍。方,木板。册,编在一起的竹简。

[6]格言:可作为法则遵循的话语。

[7]唐世:指唐尧时代。

[8]焕乎:大有光明的样子。《论语·泰伯》:"焕乎其有文章!"

[9]"近褒"二句:褒,赞美。《论语·八佾》:"郁郁乎文哉!吾从周。"郁郁,大有文采的样子。孔子的意思是,周代文化灿烂,我遵从它。

[10]政化:政治教化。贵文:看重文章。

[11]"郑伯"二句:《左传·襄公二十五年》记载孔子称赞子产时说:"晋为伯,郑入陈,非文辞不为功。"事情是这样的,郑简公发兵攻入陈国,同时向当时的盟主晋国报告。晋国质问为何侵略小国。郑国的大臣子产义正词严地回答,陈国带领楚国攻打郑国,填井伐树,有罪于郑国。郑国向晋国报告而晋国不管,这才攻打陈国。

[12]"宋置"二句:《左传·襄公二十七年》:"宋人享赵文子,叔向为介。司马置折俎,礼也。仲尼使举是礼也,以为多文辞。"当时宋平公接待晋国的赵文子非常合乎礼仪,宾主在宴会上的谈吐也都很有文采,这件事得到了孔子的称赞。置,备办。折俎,把牺牲的骨节砍断放在矮桌上。俎,放置牺牲的矮桌。在当时这是一种隆重的礼节。举礼,记录下这次合乎礼仪的事情。

[13]子产(?—前522):春秋时期政治家、思想家。姬姓,字子产。郑简公、定公时为相。与孔子同时。

[14]"言以"二句:他的言语足以表达他的心意,他的文采足以修饰他的言语。语出《左传·襄公二十五年》:"仲尼曰:'志有之:"言以足志,文以足言。"'"

[15]"情欲"二句:《礼记·表记》:"子曰:'情欲信,辞欲巧。'"信,真实。

[16]"乃含"二句:含章,蕴含文采。秉文,掌握文章。二者都指写作。玉牒,贵重的文件。牒,文书,证件。金科,重要的法令。科,法令。金科玉牒即后世人们常说的金科玉律,比喻非常重要的规则,必须遵守。

[17]"夫鉴"二句:这两句话说,就像日月会照耀到每个地方,圣人的观察没有任何遗漏。其绝妙之处在于事物还在萌芽状态就被圣人发现了。

鉴,观察。机,同"几",事物刚刚露出端倪。

[18]"文成"二句:这两句话说,圣人的文章一写出来就成为后人学习的样板,他们的思想同自然之道是非常吻合的。符契,古代的一种信物,用竹板或金属制作而成,剖为两半,凡有调动军队等重要命令时,必须两半能够合在一起方有效力。

[19]或:有的。达旨:表达意旨。

[20]博文:丰富的言辞。该情:淋漓尽致地抒发感情。该,兼备。

[21]明理:阐明理路。立体:确立体式。

[22]隐义:蕴含意义。藏用:包含巨大的作用。

[23]《春秋》:即《春秋经》,中国古代儒家典籍"五经"之一。它是鲁国的编年史,由孔子修订而成。《春秋》纪事简约,但几乎每个字句都暗含褒贬之意。这被后世称为"春秋笔法"、"微言大义"。比如,隐公元年,"郑伯克段于鄢",这里用了一个"克"字。战胜敌人才叫"克",作为兄长的郑庄公打败了弟弟共叔段,兄友弟恭的伦理原则丧失殆尽,作者用一个"克"字既批评了郑伯,也批评了共叔段。

[24]"丧服"句:古代服丧期间不能参加祭祀活动。《礼记·曾子问》里说"缌不祭"。缌是用熟麻布制作的丧服,较轻,穿这种轻丧服的人都不能参加祭祀,那么穿重丧服的人就不用赘言了。

[25]"邠(bīn宾)诗"句:邠,也作"豳(bīn宾)"。《诗经·豳风·七月》是一首关于农业生产的叙事诗,共八章,每章十一句,在《国风》中篇幅最长。

[26]"儒行"句:《礼记》里有《儒行》篇,其中将儒者的行为规范分为十六种。缛,繁盛。

[27]"书契"句:文字写得准确,就像《周易》用夬(guài怪)卦来表示决断。《易经·系辞下》:"上古结绳而治,后世圣人易之以书契,百官以治,万民以察,盖取诸夬。"意思是上古时代人们结绳记事,后来的文化圣人发明了文字,天下因此治理得井井有条,这种情况应该是受夬卦的启发。夬,六十四卦之一,表决断。

[28]"文章"句:文章写得明白晓畅,就像《易经》用离卦来表示洞若观火。昭晰,明白。离,六十四卦之一,表示太阳和火,乃文明之象。

[29]"四象"句:《易经》里用卦来表示事物的四种现象,其精微的含义曲折隐晦。《易经·系辞上》:"易有四象,所以示也。"《易经》中每个卦都有实象、假象、义象和用象。比如,以乾为天,这是实象;以乾为父,这是假象;以乾为健,这是义象;乾有元、亨、利、贞四德,这是用象。曲隐,曲折隐晦。

[30]"五例"句:《春秋》纪事共有五种条例,其文辞含蓄而婉转。晋代杜预在《春秋左氏传序》中认为《春秋》的写作有五种条例,一曰微而显,二曰志而晦,三曰婉而成章,四曰尽而不污,五曰惩恶而劝善。

[31]术:方法。

[32]抑引随时:对文字进行压缩或引申要适应当时的需要。

[33]变通适会:变通要适应各种情况。

[34]是以:"以是"的倒装,因此。

[35]窥圣:探索圣人的境界。宗:主。

[36]"《易》称"二句:《易经·系辞下》里说:辨明各种事物,给以正确的论说,语言决断还要表达充分。

[37]"《书》云"二句:《书经·伪毕命》里说:文辞应注重切实而简要,不只是一味地追求奇异。

[38]尤:过错。

[39]义,同"宜",好处。

[40]"颜阖"三句:颜阖认为:孔子就像在有文采的鸟羽上画画,他所用的辞藻再漂亮也没用。《庄子·列御寇》:"鲁哀公问乎颜阖曰:'吾以仲尼为贞干,国其有瘳乎?'曰:'殆哉圾乎!仲尼方且饰羽而画,从事华辞,以支为旨……夫何足以上民!'"

[41]訾:诋毁。

[42]已:语气词。

[43]钻:钻研。仰:向往。

[44]胡宁:为什么。

[45]庶:接近成功。

[46]赞曰:古代写文章收尾的时候或评论,或总结,都可用"赞曰"。

[47]妙极生知:洞晓奥妙之道的是天生的圣人。《论语·季氏》:"孔子曰:'生而知之者,上也。'"

[48] 睿哲惟宰：圣人主宰最高智慧。睿哲，智慧。宰，主宰。

[49] 辞富山海：文辞繁复像山、海一样。

[50] 百龄影徂（cú 殂）：圣人的身躯百年之后消逝了。徂，消逝。

[51] 千载心在：千年之后圣人的思想和精神还存在。

# 论教育婴孩

颜之推

[**解题**]《颜氏家训》是南北朝人颜之推为子孙传授立身、治家、为学之法的著作。颜之推(529—595),字介,琅琊临沂(今山东临沂)人,出身于南朝士族,博学多才,历仕梁、齐、周、隋,阅历丰富,对当时的政治得失、社会风俗和治学之道等都有深入的理解和思考,其所著《颜氏家训》被誉为"古今家训之祖"。颜之推认为,教育孩子要从小开始,即从胎教开始,良好的开端至关重要。文章从正反两个方面阐述了童稚时期教育和引导的重要意义。

上智不教而成,下愚虽教无益,中庸之人,不教不知也。古者,圣王有"胎教"之法,怀子三月,出居别宫,目不邪视,耳不妄听,音声滋味,以礼节之[1]。书之玉版,藏诸金匮[2]。生子咳㖒[3],师保固明孝仁礼义[4],导习之矣[5]。凡庶纵不能尔[6],当及婴稚[7],识人颜色[8],知人喜怒,便加教诲,使为则为,使止则止。比及数岁[9],可省笞罚[10]。父母威严而有慈,则子女畏慎而生孝矣[11]。

吾见世间无教而有爱,每不能然[12];饮食运为[13],恣其所欲,宜诫翻奖[14],应诃反笑[15],至有识知[16],谓法当尔。骄慢已习,方复制之[17],捶挞至死而无威[18],忿怒日隆而增怨,逮于成长,终为败德。孔子云"少成若天性,习惯如自然"是也。俗谚曰:"教妇初来,教儿婴孩。"诚哉斯语!

凡人不能教子女者,亦非欲陷其罪恶;但重于诃怒。伤其颜色,不忍楚挞惨其肌肤耳[19]。当以疾病为谕,安得不用汤药针艾救之哉[20]?又宜思勤督训者,可愿苟虐于骨肉乎?诚不得已也。

——《颜氏家训·教子》

[ 1 ] 节:节制,管束。

[ 2 ] "书之"二句:把(规则)刻写在玉版上,藏入铜柜中,极言珍贵。玉版,用以刻字的玉片。金匮(guì 贵),铜制的柜子,用以收藏文献或文物。

[ 3 ] 咳㖗(hāi tí 孩提):即孩提,幼儿。

[ 4 ] "师保"句:老师定当使他们明白孝、仁、礼、义。师保,辅弼帝王和教导王室子弟的官,有师,有保,这里泛指教师。固,一定。

[ 5 ] 导习:指导教习。

[ 6 ] 凡庶:平常人,普通百姓。

[ 7 ] 婴稚:幼年。

[ 8 ] 颜色:脸色,表情。

[ 9 ] 比及:及至,等到。

[10] 省:减少。笞(chī 吃)罚:鞭打惩罚。

[11] 畏慎:戒惕谨慎。

[12] 然:认为正确。

[13] 运为:作为,行为。

[14] 宜诫翻奖:应当惩戒时反而夸奖。

[15] 诃(hē 喝):责骂,呵斥。

[16] 至有识知:到(孩子)懂事的时候。

[17] 制:控制,制止。

[18] 捶挞(tà 踏):鞭打,杖击。
[19] 楚挞:杖打,拷打。憯:使疼痛。
[20] 针艾:以针刺和以艾灼穴位,都是中医的治疗方法。

# 论早教与晚学

颜之推

〔解题〕 颜之推非常重视早期教育,认为二十岁以前学习效率最高,是最佳的时间。同时,颜氏又鼓励那些在中年时期错过读书机会的人不要自我放弃,只要具备了学习的觉悟,即使起步较晚,也要胜过那些至死也没能开悟的人。

人生小幼,精神专利[1],长成已后,思虑散逸,固须早教,勿失机也。吾七岁时,诵《灵光殿赋》[2],至于今日,十年一理,犹不遗忘;二十之外,所诵经书,一月废置,便至荒芜矣。然人有坎壈[3],失于盛年,犹当晚学,不可自弃。孔子云:"五十以学《易》,可以无大过矣。"魏武、袁遗[4],老而弥笃,此皆少学而至老不倦也。曾子七十乃学[5],名闻天下;荀卿五十[6],始来游学,犹为硕儒;公孙弘四十余[7],方读《春秋》,以此遂登丞相;朱云亦四十[8],始学《易》、《论语》;皇甫谧二十[9],始受《孝经》、《论语》;皆终成大儒,此并早迷而晚寤也[10]。世人婚冠未学,便称迟暮,因循面墙[11],亦为愚耳。幼而学者,如日出之光;老而学者,如秉烛夜行,犹贤乎瞑目而无见者也[12]。

——《颜氏家训·勉学》

[１] 专利:专注敏锐。

[２] 《灵光殿赋》:指东汉王延寿所作《鲁灵光殿赋》,描写汉景帝子鲁恭王所见的灵光殿。

[３] 坎壈(lǎn 览):困顿,不得志。

[４] 魏武:魏武帝曹操。袁遗:字伯业,汝南汝阳人,曾为长安令、山阳太守,曹操评价说"长大而能勤学者,惟吾与袁伯业耳",见曹丕《典论》。

[５] 曾子:曾参(前505—前435),字子舆,孔子的得意弟子。

[６] 荀卿:见前荀子《劝学》注[１]。

[７] 公孙弘(前200—前121):字季,齐地菑川人,西汉名臣。

[８] 朱云:字游,西汉人,曾为槐里令,以通经善辩和直言敢谏著称。

[９] 皇甫谧(215—282):字士安,三国西晋时人,一生以著述为业。

[10] 寤(wù 误):清醒。

[11] 面墙:比喻不学无术而见识浅薄。

[12] 瞑(míng 名):闭眼。

# 勤学举隅

颜之推

〔解题〕本文列举了一系列勤奋学习的典范。这些人物的共同之处在于他们出身贫寒,但最后都克服了重重困难,学有所成。在这些人物当中,田鹏鸾作为一个少数民族的童子,经过刻苦学习儒家文化,竟成为名垂青史的忠臣。

古人勤学,有握锥投斧[1],照雪聚萤[2],锄则带经[3],牧则编简[4],亦为勤笃[5]。梁世彭城刘绮,交州刺史勃之孙,早孤家贫,灯烛难办,常买荻尺寸折之[6],然明夜读[7]。孝元初出会稽[8],精选寮案[9],绮以才华,为国常侍兼记室,殊蒙礼遇,终于金紫光禄[10]。义阳朱詹,世居江陵,后出扬都[11],好学,家贫无资,累日不爨[12],乃时吞纸以实腹。寒无毡被,抱犬而卧。犬亦饥虚,起行盗食,呼之不至,哀声动邻,犹不废业,卒成学士,官至镇南录事参军[13],为孝元所礼。此乃不可为之事,亦是勤学之一人。东莞臧逢世,年二十余,欲读班固《汉书》,苦假借不久,乃就姊夫刘缓乞丐客刺书翰纸末[14],手写一本,军府服其志尚,卒以《汉书》闻。

齐有宦者内参田鹏鸾[15],本蛮人也。年十四五,初为阉寺[16],便知好学,怀袖握书,晓夕讽诵。所居卑末[17],使彼苦辛,时伺闲隙,周章询请[18]。每至文林馆[19],气喘汗流,问书之外,不暇他语。及睹古人节义之事,未尝不感激沉吟久之。吾甚怜爱,倍加开奖。后被赏遇,赐名敬宣,位至侍中开府。后主之奔青州[20],遣其西出,参伺动静[21],为周军所获。问齐主何在,绐云[22]:"已去,计当出境。"疑其不信,欧捶服之[23],每折一支[24],辞色愈厉,竟断四体而卒。蛮夷童卯[25],犹能以学成忠,齐之将相,比敬宣之奴不若也。

——《颜氏家训·勉学》

[1] 握锥:战国时苏秦勤学,以锥刺大腿的方式防止瞌睡。详见本书后面《苏秦读书锥刺股》。投斧:西汉人文党上山砍柴时对同伴说,我有意远游求学,先试着向大树上投掷斧头,斧头应能挂在树上。后果如其言,文党便赴长安求学,后成循吏,世称"文翁"。

[2] 照雪:晋人孙康,家贫无钱购买灯油,冬天以映雪反光的方式读书。详见本书后面《映雪读书》。聚萤:晋人车胤幼时家贫,以绢袋收集萤火虫,用来读书。详见本书后面《集萤》。

[3] 锄则带经:此指倪宽锄地时也带着经书品读的故事。详见本书后面《带经耕读》。

[4] 牧则编简:路温舒放羊时摘蒲草做成小简,用来写字。事见《汉书·路温舒传》。

[5] 勤笃:勤奋专一。

[6] 荻:荻草。尺寸折之:把荻草折成一尺来长。

[7] 然:同"燃"。

[8] "孝元"句:梁元帝萧绎(508—555),字世诚,曾为会稽太守。

[9] 寮寀(liáo cǎi 辽采):此指僚属。

[10] 金紫光禄:金紫光禄大夫,官职名。

[11] 扬都:当时对都城建康的习称,即今江苏南京。

[12] 爨(cuàn 窜):烧火煮饭。

[13] "官至"句:梁元帝曾为镇南将军江州刺史,朱詹为其录事参军。录事参军,官职名。

［14］"乃就"句：于是向姐夫刘缓要来名片、信札的边角纸头。乞丐，乞求。客刺，名片。书翰，书信。

［15］宦者内参：宦官，太监。

［16］阉寺：指宦官。

［17］卑末：地位低下。

［18］周章询请：四处请教。

［19］文林馆：北齐文化机构，颜之推入北齐后，曾任职于此。

［20］后主：指北齐后主高纬(556—577)。

［21］参伺：侦查，窥视。

［22］绐(dài 代)：欺骗。

［23］欧捶服之：殴打他，想使他屈服。欧，通"殴"。

［24］支：同"肢"，四肢。

［25］童丱(guàn 贯)：童子。丱，儿童束发成两角的样子。

# 师论学论(二)

# 师　说

韩　愈

〔**解题**〕"说"是古代用来记叙、议论或说明事理的一种文体。韩愈的这篇《师说》作于贞元十八年(802)四门博士任上,他有感于当时士大夫群体耻于从师的不良风气,作此文论述了从师学习的重要性。文中许多凝练的语句在后世流传甚广,诸如"传道、受业、解惑"、"圣人无常师"以及"弟子不必不如师,师不必贤于弟子"等,这是我国古代专门论述师道的第一篇文章,对后世影响深远。柳宗元在《答韦中立论师道书》中曾提到韩愈不顾流俗,勇为人师,结果招致众人嘲讽,说他是"狂人"。由此可见韩愈当时意欲扭转颓风的勇气和决心。

　　古之学者必有师[1]。师者,所以传道、受业、解惑也[2]。人非生而知之者[3],孰能无惑?惑而不从师,其为惑也[4],终不解矣。生乎吾前,其闻道也[5],固先乎吾,吾从而师之[6];生乎吾后,其闻道也亦先乎吾,吾从而师之。吾师道也,夫庸知其年之先后生于吾乎[7]?是故无贵无贱,无长无少[8],道之所存,师之所存也。

　　嗟乎!师道之不传也久矣[9]!欲人之无惑也难矣!古之圣人,其出人也远矣[10],犹且从师而问焉;今之众人[11],其下圣人也亦远矣,而耻学于师[12]。是故圣益圣[13],愚益愚。圣人之所以为圣,愚人之所以为愚,其皆出于此乎?

爱其子,择师而教之。于其身也[14],则耻师焉,惑矣[15]!彼童子之师,授之书而习其句读者[16],非吾所谓传其道、解其惑者也。句读之不知,惑之不解,或师焉[17],或不焉[18],小学而大遗[19],吾未见其明也[20]。

巫医、乐师、百工之人[21],不耻相师[22]。士大夫之族,曰师、曰弟子云者,则群聚而笑之。问之,则曰:"彼与彼年相若也[23],道相似也。位卑则足羞[24],官盛则近谀[25]。"呜呼!师道之不复可知矣[26]!巫医、乐师、百工之人,君子不齿[27],今其智乃反不能及,其可怪也欤[28]!

圣人无常师[29]。孔子师郯子、苌弘、师襄、老聃[30],郯子之徒,其贤不及孔子。孔子曰:"三人行,则必有我师。"[31]是故弟子不必不如师,师不必贤于弟子。闻道有先后,术业有专攻[32],如是而已。

李氏子蟠[33],年十七,好古文,六艺经传[34],皆通习之,不拘于时[35],学于余。余嘉其能行古道[36],作《师说》以贻之[37]。

——魏仲举《五百家注昌黎文集》卷一二

[1] 学者:求学的人。

[2] 道:指儒家之道。受:同"授",传授。

[3] "人非"句:语出《论语·述而》:"子曰:'我非生而知之者,好古,敏以求之者也。'"《论语·季氏》:"孔子曰:'生而知之者,上也;学而知之者,次也。'"在上述言论中,孔子表明自己不是一出生就什么都懂的人。

[4] 其为惑也:那成为疑惑的问题。

[5] 闻道:懂得大道理。语出《论语·里仁》:"子曰:'朝闻道,夕死可矣。'"闻,听说,这里指懂得。

[6] 从:跟随。师之:以之为师,把他当老师。

［7］"夫庸"句:哪管他年龄比我大还是比我小呢？庸,哪里。

［8］无贵无贱,无长无少:四个"无"都是无论的意思。

［9］师道:求师之道。

［10］出人:超过常人。

［11］众人:常人。

［12］耻学于师:以向老师学习为耻。

［13］益:更加。

［14］身:自己。

［15］惑:糊涂。

［16］句读(dòu 豆):即断句,也叫句逗。一般来说,文辞意思说完的地方为句,语意未完而要停顿的地方为逗(读),古书中用圈标示句,用点标示逗。古书上没有标点,老师教学生读书时要先断句。

［17］或:有的。

［18］不(fǒu 否):同"否",在这里的意思是不请教老师。

［19］小学而大遗:小的方面要学习,而大的方面却遗漏了。

［20］明:聪明。

［21］巫医:古代以祈神招魂、占卜算命为职业的人,这些人往往也兼用药物给人治病,所以连称为巫医。乐师:以奏乐唱歌为职业的人。百工:各行业的工人,泛指手工业者。在古代,巫医、乐师、百工都是低下的职业。

［22］不耻相师:不以向别人学习为耻。

［23］相若:相差不多。

［24］位卑则足羞:以地位低的人为师就觉得羞愧。

［25］谀(yú 于):阿谀奉承。

［26］复:恢复。

［27］君子:这里指地位高的士大夫之族。不齿:不屑于同列。齿,幼马每年生一颗牙齿,所以用齿来计马的岁数,后来指人的年龄及年龄大小的次序。

［28］其可怪也欤:这难道很奇怪吗?

［29］圣人:指孔子。常师:固定的老师,语出《论语·子张》:"子贡曰:'夫子焉不学,而亦何常师之有？'"

［30］郯(tán 谈)子:春秋时郯国(今山东郯城一带)的国君,孔子曾向他请教过职官名称。苌(cháng 常)弘:周敬王的大夫,孔子曾向他请教过古乐。师襄:春秋时鲁国的乐官,孔子曾向他学习弹琴。老聃:即老子,道家学派创始人,孔子曾向他请教礼仪。

［31］"三人行"二句:出自《论语·述而》。

［32］攻:研究。

［33］李氏子蟠(pán 盘):李蟠,唐德宗贞元十九年(803)进士。

［34］六艺:指六经,即《诗》《书》《礼》《乐》《易》《春秋》六部儒家经典。经:六经的正文,即原著。传:注解经的著作。

［35］不拘于时:不受时俗观念的束缚。时,时俗,指当时耻于从师的不良风气。

［36］嘉:赞赏。

［37］贻(yí 仪):赠。

# 答韦中立书

柳宗元

〔解题〕 韦中立,正史无传。《新唐书·宰相世系表》记载他是刺史韦彪之孙。韦中立笃学,曾向柳宗元虚心请教。柳宗元把自己平生学习写作的经历与真诀告诉了他,在为人师这方面显示了与韩愈不同的做人原则。文中反问句与排比句的运用,增强了感情的气势。

二十一日,宗元白:

辱书云欲相师[1],仆道不笃[2],业甚浅近,环顾其中,未见可师者。虽尝好言论,为文章,甚不自是也[3]。不意吾子自京师来蛮夷间[4],乃幸见取[5]。仆自卜固无取[6],假令有取,亦不敢为人师。为众人师且不敢,况敢为吾子师乎?

孟子称"人之患在好为人师"[7]。由魏晋氏以下,人益不事师。今之世,不闻有师,有辄哗笑之,以为狂人[8]。独韩愈奋不顾流俗,犯笑侮,收召后学,作《师说》[9],因抗颜而为师[10]。世果群怪聚骂,指目牵引,而增与为言辞。愈以是得狂名,居长安,炊不暇熟,又挈挈而东[11],如是者数矣。

屈子赋曰:"邑犬群吠,吠所怪也。"[12]仆往闻庸蜀之南[13],恒雨少日,日出则犬吠,予以为过言。前六七年,仆来南,二年冬[14],幸大雪逾岭[15],被南越中数州[16],数州之犬，皆苍黄吠噬[17]，狂走者累日。至无雪乃已，然后始信前所闻者。今韩愈既自以为蜀之日，而吾子又欲使吾为越之雪，不以病乎[18]？非独见病，亦以病吾子。然雪与日岂有过哉？顾吠者犬耳。度今天下不吠者几人，而谁敢衒怪于群目，以召闹取怒乎？

仆自谪过以来，益少志虑[19]。居南中九年，增脚气病[20]，渐不喜闹。岂可使呶呶者[21]，早暮咈吾耳[22]，骚吾心，则固僵仆烦愦[23]，愈不可过矣。平居望外，遭齿舌不少，独欠为人师耳。

抑又闻之，古者重冠礼[24]，将以责成人之道，是圣人所尤用心者也。数百年来，人不复行。近有孙昌胤者[25]，独发愤行之。既成礼，明日造朝，至外廷，荐笏[26]，言于卿士曰："某子冠毕。"应之者咸怃然[27]。京兆尹郑叔则怫然[28]，曳笏却立，曰："何预我耶？"廷中皆大笑。天下不以非郑尹而快孙子，何哉？独为所不为也。今之命师者大类此。

吾子行厚而辞深，凡所作，皆恢恢然有古人形貌；虽仆敢为师，亦何所增加也？假而以仆年先吾子，闻道著书之日不后，诚欲往来言所闻，则仆固愿悉陈中所得者。吾子苟自择之，取某事，去某事，则可矣；若定是非以教吾子，仆才不足，而又畏前所陈者，其为不敢也决矣。吾子前所欲见吾文，既悉以陈之，非以耀明于子，聊欲以观子气色，诚好恶如何也。今书来，言者皆大过。吾子诚非佞誉诬谀之徒，直见爱甚故然耳！

始吾幼且少，为文章，以辞为工[29]。及长，乃知文者以明道，是固不苟为炳炳烺烺[30]，务采色，夸声音而以为能也。凡吾所陈，皆自谓近道，而不知道之果近乎？远乎？吾子好道而可吾文，或者其于道不远矣。故吾每为文章，未尝敢以轻心掉之[31]，惧其剽而不留也[32]；未尝敢以怠心易之[33]，惧其弛而不严也;未尝敢以昏气出之[34],惧其昧没而杂也;未尝敢以矜气作之[35],惧其偃蹇而骄也[36]。抑之欲其奥,扬之欲其明,疏之欲其通,廉之欲其节;激而发之欲其清,固而存之欲其重,此吾所以羽翼夫道也。本之《书》以求其质[37],本之《诗》以求其恒[38],本之《礼》以求其宜[39],本之《春秋》以求其断,本之《易》以求其动,此吾所以取道之原也。参之谷梁氏以厉其气[40],参之《孟》、《荀》以畅其支,参之《庄》、《老》以肆其端[41],参之《国语》以博其趣,参之《离骚》以致其幽,参之太史公以著其洁,此吾所以旁推交通,而以为之文也。

凡若此者,果是耶? 非耶? 有取乎? 抑其无取乎? 吾子幸观焉,择焉,有余以告焉。苟亟来以广是道,子不有得焉,则我得矣,又何以师云尔哉? 取其实而去其名,无招越、蜀吠怪,而为外廷所笑,则幸矣!

宗元白。

——《柳河东集》卷三四

[1] 相师:拜我为师。相,表示一方对另一方的关系。师,名词用作动词。

[2] 笃:深厚。

[3] 自是:自我肯定。

[4] 吾子:对对方的尊称,相当于今天的"您"。蛮夷:古代泛指华夏中原民族以外的少数民族。

[5] 见取:被您选中。见,表示被动。

[6] 卜:估量。

[7] 人之患在好为人师:人的毛病在于喜欢做别人的老师。语出《孟子·离娄上》。

[8] 以为狂人:"以之为狂人"的省略。

[9]《师说》:韩愈作有《师说》。

[10]因:连词,于是,就。抗颜:仰面,表示很不客气的样子。

[11]挈(qiè切)挈而东:指韩愈离开帝都长安东去洛阳任职。挈挈,孤独的样子。东,方位名词用作动词,向东走。

[12]"邑犬"二句:邑巷里的狗一起吠叫,是吠叫它们感到怪异的事物。语出屈原《楚辞·九章·怀沙》:"邑犬之群吠兮,吠所怪也。"

[13]庸蜀:泛指四川。庸,古国名,是巴、秦、楚三国间较大的国家。

[14]二年冬:元和二年(807)的冬天。

[15]岭:指五岭,即大庾岭、骑田岭、都庞岭、萌渚岭和越城岭,又总称南岭,横亘在江西、湖南、两广之间。

[16]被:覆盖。南越:泛指今广东、广西一带。

[17]苍黄:同"仓皇",叠韵联绵词,惊慌失措的样子。吠噬:狂叫。

[18]以:通"亦",也。病:有毛病。

[19]志虑:精神,思想。

[20]脚气病:以腿脚麻木、酸痛、软弱,或挛急、肿胀,或枯萎等为主要表现的疾病。

[21]呶(náo挠)呶者:吵闹不休的人。

[22]咈(fú福):违背,抵赖。

[23]僵仆烦愦:身体困卧,心烦意乱。

[24]重冠礼:重视举行加冠礼。先秦儒家讲究男子二十要行加冠礼,见《礼记·曲礼上》。

[25]孙昌胤:登天宝进士第。有四首诗歌传世。

[26]荐笏:把笏板插到衣带上。荐,插。笏,笏板,古代臣子朝见天子时所持记事的手版。

[27]怃(wǔ五)然:莫名其妙的样子。

[28]京兆尹:指古代京都地区的行政长官。怫(fú福)然:不高兴的样子。

[29]以辞为工:把文辞的精美视为最高境界。柳宗元早年喜欢骈体文,讲究辞藻声律,以为语言华美就是好文章了,不懂得好文章注重思想性与艺术性的统一。

[30] 炳炳烺（lǎng 朗）烺：这里指语言文字很漂亮，具有形式美。

[31] 轻心：轻率之心。掉：摇摆，引申为随随便便。中国语言中的成语"掉以轻心"本此。

[32] 剽而不留：文章轻浮而不扎实厚重。剽，轻，轻率之心。留，扎实厚重。

[33] 以怠心易之：以怠惰之心轻率对待它。易，轻率对待。

[34] 以昏气出之：指头脑不清醒的时候写作。出，使动用法，使……出。

[35] 矜气：骄气。

[36] 偃蹇：叠韵联绵词，本指高耸，引申为傲慢之意。

[37] 本：意动用法，以……为本。以下四句同。书：即《尚书》。

[38] 《诗》：指《诗经》。恒：指持久的艺术感染力。

[39] 《礼》：儒家经典有所谓"三礼"，即《周礼》、《仪礼》和《礼记》。

[40] 谷梁氏：指《春秋谷梁传》，与《左传》、《公羊传》为解释《春秋》的三部重要儒家经典。

[41] 肆：放纵。

# 师 友 箴

柳宗元

〔**解题**〕没有老师、没有朋友就无法增长知识、无法有所成就。柳宗元对于当时人们不愿意拜师学习、以利益为目的交朋友的现象极为不满,于是作此文以警醒自己,也想要告诫别人:要选择符合大道的人为师,选择重义轻利的人做朋友,这样就会有所成就。

今之世,为人师者众笑之。举世不师[1],故道益离[2];为人友者,不以道而利[3],举世无友,故道益弃。呜呼!生于是病矣[4],歌以为箴[5]。既以儆己[6],又以诫人。

不师如之何?吾何以成[7]?不友如之何?吾何以增[8]?吾欲从师,可从者谁?借有可从[9],举世笑之;吾欲取友,谁可取者?借有可取,中道或舍[10]。仲尼不生,牙也久死[11]。二人可作[12],惧吾不似[13]。中焉可师[14],耻焉可友[15]。谨是二物,用惕尔后[16]。道苟在焉,佣丐为偶;道之反是,公侯以走[17]。内考诸古[18],外考诸物[19]。师乎友乎,敬尔无忽[20]!

——《柳河东集》卷一九

[1] 不师:不向老师学习。

[2] 道:指柳宗元理想中的政治标准,思想原则和道德规范。

[3] 不以道而利:不以道相交,而以利相交。

[4] 生于是病矣:我对于这种状况感到很痛心。生:后生,即学生。作者自谦之词。

[5] 歌以为箴:写下这首歌作为箴文。箴,一种规劝、告诫的文体。

[6] 儆己:警诫自己。儆,使人警醒,不犯过错。

[7] "不师"二句:不求师怎么行呢?我靠什么成就自己。

[8] 增:提高自己。

[9] 借:假使。

[10] 中道或舍:在对待"道"上有可能因观点不同而分手。

[11] 牙:指鲍叔牙,春秋齐国大夫。鲍叔牙与管仲是好朋友,鲍叔牙辅助的公子小白(后来的齐桓公)取得了齐国的统治地位。杀了管仲辅佐的公子纠,并囚禁了管仲,鲍叔牙在齐桓公面前推荐管仲为相。古人把管鲍之交,作为朋友的典范。

[12] 可作:再生,复生。

[13] 惧吾不似:恐怕我的"道"和他们的也不一样。

[14] 中焉可师:言行合乎中道的可以作为老师。

[15] 耻焉可友:知道以利为耻的可以结为朋友。

[16] "谨是"二句:谨以这两个标准,用来提醒你以后求师交友。

[17] "道苟"四句:如果能坚持中道。即使是佣人、乞丐也可以作为老师和朋友。假如背弃了中道,就是公侯卿相,也要离开他们。佣,佣人。丐,乞丐。偶,指师友。

[18] 内考诸古:内要考察历史。古,历史。

[19] 外考诸物:外要考察于社会现实。物,事物。指社会现实。

[20] "师乎"二句:对于从师交友,要警戒不要疏忽。

# 师　说

王　令

〔**解题**〕 在韩愈创作《师说》之后,继起之作不一而足,北宋王令创作的这篇《师说》有感于天下治乱之本与当时所谓的师道,发而为文,概述了教师的来源、作用以及在历代治国中的兴衰去取。作者认为,教育兴衰关系到天下治乱。在文章最后,他还批评了当时为了科举考试而只钻研章句之学的现象,认为这离师道太远,仅仅传授这些内容是不能被称之为老师的。

上古之书既已汨没[1],其它治具不可稽见[2]。而五帝之学[3],求诸传记,间或见之。夏、商之书,虽号残缺,然学亦有名法。周则大备[4],故其施设炳然彰白[5]。若然[6],帝王之于治具,他虽世有取舍,于学则未闻或废也。岂非君师云者?两立不可一蹶耶[7]?

夫惟至治之世,其措民各有本而次第之[8],以及其化。故地各井而民自食其业[9],虽有士农工商之异,未尝不力而食。因其资给,然后绳其游惰[10],澄其淫邪[11],锄其强梗[12],其治略以定矣。然犹乡遂有庠序之教[13],家国有塾学之设。自世子以及卿大夫士之子皆入学[14],为之师,以谕其道;为之保[15],以诏其业[16];示之知、仁、圣、义、忠、和[17],使相充扩;孝、友、睦、姻、任、恤[18],使相修饬[19];

礼、乐、射、御、书、数[20],使相闻晓,故其左右之闻,前后之观,不仁义则礼乐。迨其淬磨渍渐之成[21],则入孝而出悌[22],尊尊而长长[23],然后取而置之民上。则君尽其所以为君,臣尽其所以为臣,卒无有一背戾者,其出于学而存于师也。

道之衰微,迄于余周[24],如担石之于将坠[25],其引缀未绝者,犹一线发[26]。继之暴秦,不扶而抑[27],遂至堕坏。汉兴,宜大更制[28],而财补缝之[29],故其俗无所防范,听民所为[30],卒放坏不至治[31]。然能郡县创孔子祠,立五经博士,置弟子徒员,策贤良[32],求经术[33],以对当时得失。于古虽未为善,而其风治遂号为平[34]。岂前世遗风余化渍染而未斩耶?抑民苦秦而功易见也[35]。当此之时,士犹能相尊师,故终汉世,传《诗》、《书》、《礼》、《易》、《春秋》而名家者,以百数十计。晋魏而下,浸以沉溺。更数十世[36],惟唐为近古,大抵财追齐汉治,而未能远过。呜呼!何为而止此也!

夫天下之所以不治,患在不用儒。而汉唐已来,例常任儒矣[37]。卒不至甚治者,何也?有儒名、有儒位,而不用儒术而然尔。其弊在于学师不立而育贤无方[38],圣人之道,不讲不明,士无根源而竞枝流,故不识所以治乱之本,而不知所以为儒之任,而又上之取之[39],不以实而以言故也。夫人所以能自诚而明者,非生而知,则出于教导之明而修习之至也。如无为师,则天下之士虽有强力向进之心,且何自而明又诚也。夫天下之才力,训导而懋勉之[40],犹且患其粃窳[41]。故七十子身逢圣人而亲薰炙之[42],其闻与见,不为不至,犹且柴愚、参鲁、师僻、由喭[43],赐不受命而货殖[44],冉求为宰而赋粟倍[45]。又况后圣人数千载,其书残缺讹蠹[46],又资材下于数子[47],而欲听其自为,而不立学与师,犹其愿获而顾不耕也[48]。如必待其自贤而取之,多见其稀阔不可俟也[49]。自周至唐,绵数千岁,其卓然取贤自名可以治国者[50],由孟轲抵韩愈,才三四人。是其力能扶持其教,而竟不之用者,所以历年已远,人出甚少也。如其多,则或用之矣。苟患其少,无如广学而树师[51],续其所不长,擢其所未高,使知所以为治,而识所以救乱,然后名闻而实取之,则庶矣[52]。天下之师绝久矣,今之名门,徒教组刺章句[53],希望科第而已。昔者子路使子羔为费宰,子曰:"贼夫人之子。"[54]今贼人者皆是,皆取戾于孔子者耳[55]。恶得为人师[56]!恶得为人师!

——《广陵集》

[1] 汩(gǔ古)没:埋没。

[2] 治具:治理国家的措施。稽:考核。

[3] 五帝:传说上古时期的五位部落首领。一说指黄帝、颛顼(zhuān xū 专需)、帝喾(kù库)、尧、舜。一说指伏羲、炎帝、黄帝、少昊、颛顼。一说指少昊、颛顼、帝喾、尧、舜。

[4] 周:周朝。

[5] 炳然:明显的样子。

[6] 若然:如此。

[7] 两立不可一蹶:君王和老师两者并立,其中一个跌倒,另外一个也会站立不稳,出现问题。蹶(jué绝),倒下,跌倒。

[8] 次第:排比编次(以进行管理)。

[9] 井:有秩序。

[10] 绳:约束。

[11] 澄其淫邪:使人的放纵淫逸得到清明。澄,使清静。淫,放纵。

[12] 强梗:骄横跋扈。

[13] 乡遂:周代王畿郊内置六乡,郊外置六遂。诸侯各国也有乡和遂,

其数量根据国的大小而有所不同。后泛指都城之外的地区。

〔14〕世子:天子、诸侯的嫡长子,或将来可以继承帝王之位的儿子。

〔15〕保:学官名。

〔16〕诏:告诉,告诫。

〔17〕"示之"句:告诉他们智慧、仁爱、英明、正义、忠诚、平和六种美好的品德。知,同"智"。《周礼·地官·大司徒》:"以乡三物教万民而宾兴之,一曰六德:知、仁、圣、义、忠、和。"

〔18〕孝、友、睦、姻、任、恤:指孝顺父母、友爱他人、和睦九族、亲近外亲、承担责任、同情别人等六种美好的品行。《周礼·地官·大司徒》:"二曰六行:孝、友、睦、姻、任、恤。"

〔19〕修饬(chì 赤):指约束言行,使合乎礼义。

〔20〕礼、乐、射、御、书、数:指礼仪、音乐、射箭、驾车、六书、占卜六种技能。《周礼·地官·大司徒》:"三曰六艺:礼、乐、射、御、书、数。"

〔21〕"迨其"句:等待它受到磨砺而逐渐有所成就。迨,等到。淬磨,磨砺。渍渐,逐渐。

〔22〕入孝而出悌:语出《论语·学而》:"弟子入则孝,出则弟。"这里"弟"同"悌"。

〔23〕尊尊:尊重地位或辈分高长的人。第一个尊为动词;第二个尊为名词。长长:以辈分高或年纪大为尊长。第一个长为动词,第二个长为名词。

〔24〕迄(qì 气):到。余周:即晚周,战国时期。

〔25〕担石(dàn 但):一担一石之粮。比喻微小。

〔26〕线发:细线和毛发。

〔27〕不扶而抑:不进行扶持而使师道受到压制。

〔28〕宜大更制:应当扩大或更换制度。

〔29〕财:通"才"。补缝:比喻修补。

〔30〕听:任凭。

〔31〕放坏:放任败坏。

〔32〕策:策问。贤良:古代选拔人才的科目之一,被选拔的人才也称贤良。

[33] 经术:儒家经典的旨意。

[34] 风治:社会治理。平:太平。

[35] 抑:还是。苦秦:受秦朝的苦。

[36] 更:变更。

[37] 例:规定。

[38] 学师:教师,也用来称呼府、州、县学的学官。

[39] 上:通"尚",崇尚。

[40] 懋(mào帽)勉:勉励。

[41] 秕稂(bǐ yǔ比雨):本义为子实不饱满,引申为粗劣。

[42] 薰炙:(接受)熏陶。

[43] 柴愚、参鲁、师僻、由喭(yàn燕):语出《论语·先进》:"柴也愚,参也鲁,师也僻,由也喭。"孔子认为他的学生之中,高柴愚直,曾参迟钝,颛孙师偏激,子路鲁莽。高柴,字子羔。颛孙师,复姓颛孙,名孙,字子张。由,即子路。喭,鲁莽。

[44] "赐不"句:语出《论语·先进》:"赐不受命,而货殖焉,亿则屡中。"赐即子贡。这话说,子贡不听教诲,去做生意。

[45] "冉求"句:语出《孟子·离娄上》:"求也为季氏宰,无能改于其德,而赋粟倍他日。"求即冉有。这句说,冉有做地方官,施行田赋制度,增加了老百姓的负担。

[46] 讹蠹(dù杜):蠹蚀错讹。

[47] 资材:资质禀赋。数子:指上面提到的高柴、曾参、子张、子路、子贡、冉求等人。

[48] 顾:却。

[49] 稀阔:稀疏。

[50] 自名:自称;自命。

[51] 广学而树师:增加学校建设,设置老师职位。

[52] 庶:差不多。

[53] 章句:剖章析句,这是古人解释经典的一种方法。

[54] "昔者"三句:语出《论语·先进》:"子路使子羔为费宰。子曰:'贼夫人之子。'"意思是,从前子路让学未有成的子羔去做费县县宰,孔子

说,这是害了那个年轻人。

[55] 取戾(lì 立):获罪。

[56] 恶(wù 物):怎么。

# 论为学尊贤

陈　鹄

[**解题**] 孔子曾经提出"见贤思齐"的观点,就是说人应该向比自己优秀的贤才学习。此文即是对孔子这一思想的发挥。为学之道,必须首先见贤,然后能尊贤,以贤者为师,才能使自己不断有所提升。本文还批判了当世之人对有权势者屈服、对贤者不能尊崇的不良现象,具有强烈的现实意义。

　　大凡为学,须以见贤为主。孟子言:"友一乡之善士,至友天下之善士。"[1]孔子言:"事其大夫之贤者,友其士之仁者。"[2]所谓贤者,必须取舍分明,不可二三易[3],所谓定其交而后求者是也。既能见贤,须尊贤,若但见而不能尊[4],则与兽畜之无异。今人于有势者则能屈,而于贤者则不能尊,是未之熟思。韩退之作《师说》,曲中今世人之病[5],大抵古人以为荣,今人以为耻,于不能尊贤之类是也。

——《耆旧续闻》卷二

[1]"孟子言"三句:意思是,和乡村中优秀的人做朋友,直至和天下最优秀的人做好朋友。《孟子·万章下》:"一乡之善士斯友一乡之善士,一国之善士斯友一国之善士,天下之善士斯友天下之善士。"

[2]"孔子言"三句:语出《论语·卫灵公》。意思是,要侍奉大夫中的贤人,与士人中的仁人交朋友。

［3］易:改变。

［4］但:只。

［5］曲中:完全说中。

# 子弟不可废学

袁 采

〔解题〕本文节选自南宋袁采所作《袁氏世范》。袁采(？—1195)，字君载，衢州(今浙江常山)人，其家训《袁氏世范》广为流传，内容涉及读书修身、治家理财、人伦之道、处世之道等。当时一般人将"学而优则仕"作为读书的重要目的之一。袁采也极重视读书，但却不以科第为唯一目的，认为读书即使不能求得功名，仍有许多好处。

大抵富贵之家教子弟读书，固欲其取科第及深究圣贤言行之精微[1]。然命有穷达，性有昏明[2]，不可责其必到，尤不可因其不到而使之废学。

盖子弟知书，自有所谓无用之用者存焉。史传载故事，文集妙词章，与夫阴阳、卜筮、方技、小说[3]，亦有可喜之谈，篇卷浩博，非岁月可竟[4]。子弟朝夕于其间，自有资益[5]，不暇他务。又必有朋旧业儒者[6]，相与往还谈论，何至饱食终日，无所用心[7]，而与小人为非也。

——《袁氏世范·睦亲》

[1] 取科第：在科举考试中取得功名。精微：精深微妙。
[2] 昏明：愚昧和明智。

〔3〕卜筮(shì适):预测吉凶的方法,用龟甲称卜,用蓍(shī失)草称筮。方技:泛指医药、养生、天文、占卜、堪舆、神仙等术。

〔4〕岁月可竟:在很短的时间内完成。岁月,指短时间。竟,完成。

〔5〕资益:增益。

〔6〕业儒:以儒学为业。

〔7〕"何至"二句:语出《论语·阳货》:"饱食终日,无所用心,难矣哉!"意思是,整天吃饱了饭,什么事也不做,不能这样啊。

# 论立师道

虞 集

〔解题〕虞集(1272—1348),祖籍成都仁寿(今四川眉山)人。元代著名学者,南宋名相虞允文的五世孙。元代立国很长时间才开科取士,文教相对滞后。针对当时仅按资历选择各地学官的弊端,虞集提出应该选拔品学兼优的儒士担纲教育事业,这在当时具有进步的历史意义。

师道立则善人多[1]。学校者,士之所受教以至于成德达材者也[2]。今天下学官[3],猥以资格授[4],强加之诸生之上,而名之曰师尔,有司弗信之[5],生徒弗信之[6],于学校无益也。如此而望师道之立,可乎?下州小邑之士无所见闻[7],父兄所以导其子弟,初无必为学问之实意[8],师友之游从亦莫辨其邪正,然则所谓贤材者,非自天降地出,安有可望之理哉!为今之计,莫若使守令求经明行修成德者[9],身师尊之[10],至诚恳恻以求之[11],其德化之及,庶乎有所观感也[12]。其次则求夫操履近正而不为诡异骇俗者[13],确守先儒经义师说而不敢妄为奇论者,众所敬服而非乡愿之徒者[14],延致之日[15],讽诵其书,使学者习之,入耳著心[16],以正其本,则他日亦当有所发也[17]。其次则取乡贡至京师罢归者,其议论文艺犹足以耸动其人,非若泛泛莫知根柢者矣[18]。

——《元史·虞集传》

[1]"师道"句：据宋卫湜《礼记集说》卷九十，周敦颐语："师道立则善人多，善人多则朝廷正。"

[2]成德：成年人应有的品德。

[3]学官：古代称主管学务的官员和官学教师。

[4]狎：苟且，随便。

[5]有司：指官吏。古代设官分职，各有专司，故称。

[6]生徒：学生，门徒。

[7]下州小邑：小县城。

[8]"初无"句：最初并没有探究学问的真心实意。

[9]守令：太守，县令。经明行修：通晓经学，品行端正。成德：此指盛德。《易经·乾》："君子以成德为行。"

[10]身：亲自。

[11]恳恻：诚恳痛切。

[12]庶乎：差不多。观感：观察后的感受。

[13]操履：操守。

[14]乡愿：指乡中貌似谨厚，而实与流俗合污的伪善者。《论语·阳货》："乡愿，德之贼也。"

[15]延致：招来，邀请。

[16]入耳著心：语出《荀子·劝学》："君子之学也，入乎耳，著乎心。"

[17]发：启发。

[18]根柢：草木之根，比喻事物的根基。

# 论 求 知

王守仁[1]

〔解题〕 王阳明是心学的集大成者。他的门人徐爱、陆澄、薛侃、钱德洪等人把他的学术讲话以及论学信札编为《传习录》,这是研究王学绕不开的一部非常重要的资料。他的学术思想不仅在中国,而且在日本、朝鲜等东南亚一些国家都有广泛的传播。可见,王学已踏出国门,走向世界。本文节选的内容是王阳明答弟子问,他谆谆告诫自己的学生,知识不长进,就是功夫不到家。读书有疑问,就要用纯真的良心去发现。

问[2]:"知识不长进,如何?"

先生曰:"为学须有本原,须从本原用力,渐渐'盈科而进'[3]。仙家说婴儿,亦善譬[4]。婴儿在母腹时,只是纯气,有何知识?出胎后,方始能啼,既而后能笑,又既而能识认其父母兄弟,又既而后能立、能行、能持、能负[5],卒乃天下之事无不可能。皆是精气日足,则筋力日强,聪明日开。不是出胎日便讲求推寻得来。故须有个本原。圣人到'位天地、育万物',也只从'喜怒哀乐未发之中'上养来[6]。后儒不明格物之说[7],见圣人无不知、无不能,便欲于初下手时讲求得尽,岂有此理!"又曰:"立志用功,如种树然。方其根芽,犹未有干;及其有干,尚未有枝。枝而后叶,叶而后花、实。初种根时,只管栽培灌溉,勿作枝想,勿作叶想,勿作花想,勿作实想——悬想何益?但不忘栽培之功,怕没有枝叶花实?"

问:"看书不能明,如何?"

先生曰:"此只是在文义上穿求,故不明。如此,又不如为旧时学问。他到看得多,解得去[8]。只是他为学虽极解得明晓,亦终身无得。须于心体上用功[9]。凡明不得,行不去[10],须反在自心上体当,即可通。盖四书五经不过说这心体[11],这心体即所谓'道心',体明即是道明,更无二[12]。此是为学头脑处[13]。"

——《传习录》卷上

[1] 王守仁(1472—1529):字伯安,别号阳明。今浙江余姚人。世称"阳明先生",亦称"王阳明"。明代思想家、哲学家、军事家、文学家、教育家。官至督察院左都御史。

[2] 问:陆澄问。陆澄,字原静,又字清伯。浙江吴兴人。官至刑部主事。

[3] 盈科而进:水遇到坑坑洼洼之后,不填满是不能前进的。比喻学习或工作应该扎扎实实地向前推进,不能作假。《孟子·离娄下》:"源泉混混,不舍昼夜,盈科而后进,放乎四海。"盈,充满。

[4] 善譬:很好的比喻。

[5] 负:担负。

[6] "圣人"二句:《中庸》:"喜怒哀乐之未发,谓之中,发而皆中节,谓之和。中也者,天下之大本也;和也者,天下之达道也。致中和,天地位焉,万物育焉。"位,安置。

[7] 格物:探究事物间的道理。这是儒家提出来的一个重要概念。《礼记·大学》:"致知在格物,物格而后知至。"格,探究。王阳明《王文成公全书》卷二六:"意所在之事谓之物。格者,正也。"

[8] 解得去:解释得通透。

[9] 心体:本心,良心。

[10] 行不去:行不通。

[11] 四书五经:四书指《论语》、《孟子》、《大学》、《中庸》,五经指《诗》、《书》、《礼》、《易》、《春秋》。

[12] 更无二:此外没有别的。

[13] "此是"句:这是研究学问的关键所在。头脑,这里是关键的意思。

# 讲　学

唐　甄

〔解题〕唐甄(1630—1704)是明末清初非常激进的一位思想家。在本文中,他认为人的学习需要优秀的老师与良好的朋友,需要因材施教,需要相互帮助。而老师的教学不应仅仅停留在讲解文字甚至照本宣科上面,应当亲近学生,针对不同的学生进行个性化的教学。

学贵得师,亦贵得友。师也者,犹行路之有导也[1];友也者,犹陟险之有助也。得师得友,可以为学矣。所贵乎师友者,贵其善讲也,虽有岐路,导之使不迷也;虽有险道,助之使勿失也。师友善讲,则学有成矣。夫讲者,非辨文析义之谓也,所以淑其身明其心也[2],若日取五经之文而敷之[3],日取诸儒之言而讨之[4],日取孔孟之书而述之[5],使听之者如钟鼓之荡于胸,如琴瑟之悦于耳,群焉推之以为当世之大宗师,君子则鄙之。其鄙之何也？以为无益于人之身,无益于人之心也。无益于人之身无益于人之心,则亦讲五经之文焉云尔,则亦讲诸儒之言焉云尔,则亦讲孔孟之书焉云尔,是何异于谢庄之塾师乎？谢庄之塾师,教章句,解文字而已。夫教章句解文字,童蒙犹有赖焉,兹之讲者,无益于学者,殆不如彼之有益于童蒙也[6]。

是故孔子教人，因其各得而言[7]，不闻复取五代圣人之言讲之也[8]。孟子教人，以其自得而言，不闻复取孔子之言讲之也。善讲者如掘井得水，因其自有而取之，非异水也。如击石得火，因其自有而发之，非异火也。向也不知道之所在[9]，以为远不可求；即知道之所在[10]，以为求之而不易致[11]。今则求之于己，乃我之自有焉，则善讲者之功也。升五尺之座，坐虎豹之皮，环而听之者百千人，在堂下者望而不见，负壁者[12]、及阶者见而不闻[13]，在寻丈之间者闻而不知[14]，在左右前后者知而不得，是之谓观讲，众观而已，何益之有？是故教者贵亲，亲则易知；承教者亦贵亲，亲则易化。煦妪覆育[15]，如雉之伏卵，而后教可施焉。一室之中不过数人，朝而见，夕而见，侍坐于先生，侍食于先生，非若大众之不相接也，可以教矣。而又患教之同也，又患教之易也，一日言智，共此求智之方；一日言勇，共此求勇之方；一日言仁，共此求仁之方，是同也。不以刚治柔，即以柔治柔；不以柔治刚，即以刚治刚，是易也[16]。虽有扁鹊，不能以一药已众疾[17]，是不可同也；不能以彼药已此疾，是不可易也。寒者以桂，热者以檗[18]，而后可以为师，而后可以施教焉。

求师于斯世，如凤如麟，不可得而见矣。师不可得而见，友亦不可得而见矣。虽然，不善得师者在师，善得师者在己；不善得友者在友，善得友者在己。苟善取焉，不必贤于我者，皆可为师友；若有志于学者，或一二人焉，或二三人焉，会于一所，赢粮以从[19]，两相纠[20]，三相参也[21]。吾求尽事亲之道，而未尽事亲之道也；吾求尽兄弟之道，而未尽兄弟之道也；吾求尽夫妇之道，而未尽夫妇之道也；吾求尽朋友之道，而未尽朋友之道也；吾求尽与斯人待仆婢之道，而未能尽其道也；抑或未能尽五者之道[22]，而以为皆已尽焉。五有所长，五有所短,五有所明,五有所蔽,吾察于所好,而或非所当好也;吾察于所恶,而或非所当恶也;吾察于所喜,而或非所当喜也;吾察于所愠,而或非所当愠也;抑或四者之乎偏,而以为皆已正焉。四有所长,四有所短,四有所明,四有所蔽。此长短明蔽,人各有其一二,而皆可以相资[23],盖己不自知,暗如灭烛;人之视己,明如观火。不自知短,人见我短,即短可益[24],不必其人之长也[25];不自知蔽,人见我蔽,即蔽可撤[26],不必其人之明也。两相纠焉,三相参焉,二三人中,互相为谪[27],循环不匮[28],何患学之无成!

——《潜书》

[1] 导:向导。

[2] 淑:改善。

[3] 若:假如。敷:铺开,详细叙述。

[4] 讨:讨论,研究。

[5] 述:复述,或阐述圣人的学说。

[6] 殆:大概,几乎。

[7] 因:根据。

[8] 五代:黄帝、尧、舜、禹、汤。

[9] 向:以前。

[10] 即:即使。

[11] 致:获得。

[12] 负壁者:背靠着墙站着的人。

[13] 及阶者:到达台阶的人。

[14] 寻丈:泛指八尺到一丈之间的距离。

[15] 煦妪(xù yù 续玉)覆育:培养。煦妪,亦作"煦妁",抚育。覆育,养育。

[16] 易:改变。

[17] 已:治愈。

[18] 檗(bò 簸去声):木名。即黄檗。落叶乔木,树皮可入药。

[19] 赢粮:携带粮食。

[20] 纠:纠正。

[21] 参:探讨。

[22] 抑或:或者。

[23] 资:供给,帮助。

[24] 益:变好。

[25] 不必:未必。

[26] 撤:除去。

[27] 谪:责备,这里作批评指正。

[28] 匮:穷尽。

# 续 师 说

黄宗羲

〔解题〕 黄宗羲(1610—1695),世称"梨洲先生",与顾炎武、王夫之并称"明末清初三大思想家"。此文是黄宗羲反韩愈《师说》之意而作,主要针对当时随意称师弟子以及狂妄无知、自命不凡、好为人师的风气进行批评,认为为师者必须品德高尚、学识渊博而不可随意称师。这篇文章对于老师提出了较高的标准,对于我们今天的教育仍有借鉴意义。

嗟乎!师道之不传也,岂特弟子之过哉!亦为师者有以致之耳。师者,所以传道受业解惑者也[1]。道之未闻,业之未精,有惑而不能解,则非师矣。本无可师,强聚道路交臂之人,曰师曰弟子云者,曾不如童子之师,习其句读,巫医、乐师、百工之人,授以艺术者之有其实也[2],传道、受业、解惑,既无所藉于师[3],则生不为之怜,死不为之丧,亦非过也。遂以为古之师弟子者皆然,而使师之为道,出于童子、巫医、乐师、百工之下,则是为师者之罪也[4]。今世以无忌惮相高[5],代笔门客[6],张口辄骂欧、曾[7];兔园蒙师[8],摇笔即毁朱、陆[9];古人姓氏,道听未审[10],议论其学术文章,已累幅见于坊书矣[11]。乳儿粉子[12],轻儇浅躁[13],动欲越过前人,抗然自命[14]。世无孔子,不当在弟子之列,盖不特耻为弟子,相率而耻不为师[15]。吁,其可怪也!若是则师之为道,人心之蟊贼也[16],吾惟恐其传也矣。昔者孙明复之为师也[17],以石守道为之弟子[18],执杖屦[19],侍左右,明复坐则立,升降拜则扶之,师弟子之礼,若是其重也。故何北山之于来学[20],未尝受其北面[21],北山之意,以为苟无其德,宁虚其位,以待后之学者,不可使师道自我而坏也。北山可以为师,避师名而不为,其慎重如此。

羲老而失学[22],欲求为弟子者也。诸君子徒以其久侍刘夫子[23],而过情推奖[24],羲其敢冒今世之无耻哉,反昌黎之意[25],作《续师说》以谢之。

——《黄梨洲文集》杂文类

[ 1 ]"师者"二句:韩愈《师说》:"师者,所以传道、授业、解惑也。"
[ 2 ] 艺术:泛指六艺以及术数方技等各种技术技能。实:事实。
[ 3 ] 藉:通"借",假借。
[ 4 ] 罪:过错。
[ 5 ] 忌惮:顾虑畏惧。相高:相互推崇。
[ 6 ] 代笔:替他人写东西的人。
[ 7 ] 欧、曾:指欧阳修、曾巩。
[ 8 ] 兔园:《兔园册》的简称,指古代农村启蒙教育的简单读本。
[ 9 ] 朱、陆:指朱熹、陆九渊。
[10] 审:仔细推究。
[11] 累幅:形容文字众多。坊书:旧时民间书坊刻印的书籍。
[12] 乳儿粉子:比喻年轻识浅的人。
[13] 轻儇(xuān 宣):轻佻。儇,聪明而狡猾。浅燥:轻浮急躁。
[14] 抗然:志气高亢的样子。自命:自许。
[15] 相率:相继。
[16] 蟊(máo 毛)贼:本指吃禾苗的两种害虫,比喻危害人民或国家的人。

［17］孙明复(992—1057)：孙复，字明复，号富春，今山西临汾人，北宋理学家、教育家。

［18］石守道(1005—1045)：石介，宋代散文家，字守道，山东泰安人，曾居徂徕山下，世称"徂徕先生"。

［19］杖屦(jù具)：手杖与鞋子。

［20］何北山(1188—1268)：何基，字子恭，号北山，世称"北山先生"，浙江金华人。

［21］北面：参见前《学记》注［66］。

［22］羲：黄宗羲自称。失学：失去上学机会。

［23］子徒：弟子和门徒。刘夫子(1574—1645)：即刘宗周，晚明儒学大师。

［24］过情推奖：超过常情的推荐嘉奖。

［25］昌黎：韩愈自称"郡望昌黎"，世称"韩昌黎"。

# 广 师 说

黄宗羲

〔解题〕黄宗羲在本文中针对韩愈的《师说》反弹琵琶，认为学人在为师之道方面应该慎重，不要轻易去做别人的老师。而作为学生，应该像钱绪山和王龙溪师事王阳明、罗近溪师事颜钧那样，恭敬谨慎，继承老师的道德学术。只有老师和学生都严格要求自己，才能传续古之师道。

自科举之学兴[1]，而师道亡矣。今老师、门生之名[2]，遍于天下，岂无师哉[3]！由于为师之易，而弟子之所以事其师者[4]，非复古人之万一矣[5]，犹可谓之师哉。

古人不敢轻自为师。以柳子厚之文章[6]，而避师之名。何北山为朱子之再传[7]，而未尝受人北面[8]，亦不敢轻师于人。昌黎言"李翱从仆学文"[9]，而李翱则称"吾友韩愈"，或称退之，未尝以为师也。象山为东莱所取士[10]，鹅湖之会[11]，东莱视象山如前辈，不敢与之论辨，象山对东莱则称执事[12]，对他人则称伯恭[13]，亦未尝以为师也。即如近世张阳和[14]，其座师为罗万化[15]，尺牍往来[16]，止称兄弟，不拘世俗之礼也。

嗟乎！师之为道，慎重如此。则所以事其师者，宁聊尔乎[17]？故平居则巾卷危立于雪中[18]，危难则斧锧冒死于阙下[19]。扫门撰杖[20],都养斩版[21],一切烦辱之事[22],同于子姓[23]。贺医闾之事白沙[24],悬其像于书室,出告反面[25]。绪山、龙溪于阳明之丧[26],皆筑室于场[27],以终心制[28]。颜山农在狱[29],近溪侍养狱中六年[30],不赴廷试[31]。及山农老而过之,一茶一果,近溪必手捧以进。其子弟欲代之,近溪曰:"吾师非汝等可以服事者[32]。"杨复所之事近溪[33],亦以其像供养,有事则告而后行。此其事师,曷尝同于流俗乎[34]!流俗有句读之师,有举业之师[35],有主考之师[36],有分房之师[37],有荐举之师[38],有投拜之师[39]。师道多端,向背攸分[40]。乘时则朽木青黄,失势则田何粪土[41],固其宜也。

近世有淮海刘文起师岳西来荐,生则事若严君[42],死则心丧逾制[43]。为之嗣以世之[44],为之庙以享之,为之田宅以永之[45]。犹恐其不声施于后世也[46],求能文之士以章之[47]。古人事师之义,复见于今矣。将使刘峻杜口[48],昌黎不伤孤另也[49]。

——《黄梨洲文集》杂文类

[1] 科举:隋唐以来分科目考试选拔文武官吏后备人员的制度。
[2] 门生:汉人称亲受业者为弟子,相传受业者为门生。后世门生与弟子无别,甚至依附名势者,也自称门生。
[3] 岂无师哉:怎么会没有老师啊。
[4] 所以:用来。事:侍奉,服侍。
[5] 非复:不再是。万一:万分之一,表示极小的部分。
[6] 文章:泛指著作。
[7] 何北山:即何基。见前黄宗羲《续师说》注[20]。
[8] 北面:见前《学记》注[66]。
[9] 昌黎:指韩愈。李翱(772—841):字习之,唐朝文学家、哲学家。

他曾从韩愈学古文,协助韩愈推进古文运动,两人关系在师友之间。仆:自谦之词。学文:学习作文之法。

[10] 象山:陆九渊(1139—1193),字子静,号象山。南宋著名理学家、思想家和教育家。东莱:即吕祖谦,见前吕祖谦《白鹿洞书院记》解题。取士:指选取读书人出来做官。

[11] 鹅湖之会:南宋淳熙二年(1175),当时吕祖谦意图调和朱熹与陆九渊的两派争执,在信州鹅湖寺(今江西铅山县鹅湖镇)举行的一次学术辩论会。

[12] 执事:对对方的尊称。古人为了表示礼貌,不直接称对方,而称对方的仆人。

[13] 伯恭:吕祖谦的字。

[14] 张阳和(1538—1588):张元忭,字子盖,别号阳和,其先蜀人,徙家山阴(今浙江绍兴)人。状元出身。

[15] 座师:明、清两代举人、进士对主考官的尊称。罗万化(1536—1594):字一甫,号康洲,浙江会籍人。状元出身。

[16] 尺牍:书信。

[17] 宁聊尔乎:难道姑且这样吗？宁,岂,难道。聊尔,姑且。

[18] 平居:平时闲居在家。巾卷:头巾和书卷,古代太学生所用之物。《宋书·礼志五》:"巾以葛为之……今国子太学生冠之,服单衣以为朝服,执一卷经以代手板。"立于雪中:指程门立雪事。

[19] 斧锧(zhì 质):斧子与铁锧,古代刑具。阙下:宫阙之下。

[20] 扫门:洒扫门庭。撰杖:拿住手杖。

[21] 都(dōu 兜)养:为众人做饭烧菜。斩版:劈柴。

[22] 烦辱:繁杂卑贱。

[23] 子姓:泛指子孙、后辈。

[24] 贺医闾(1437—1510):贺钦,字克恭,自号医闾山人。祖籍浙江定海。进士出身。白沙:陈献章(1428—1500),字公甫,号石斋。明代思想家、教育家。因曾在白沙村居住,人称"白沙先生",世称为"陈白沙"。

[25] 出告反面:此指出门办事时向老师汇报,回来的时候告知老师。语出《礼记·曲礼上》:"为人子者,出必告,反必面。"又,《南史·张稷传》:

"出告反面,如事生焉。"告,报告。面,当面汇报。

[26] 绪山:钱德洪(1496—1574),字德洪,号绪山,学者称"绪山先生"。浙江余姚人。龙溪:王畿(1498—1583),字汝中,号龙溪,学者称"龙溪先生"。明代思想家。钱绪山和王龙溪同为王阳明门下高弟。

[27] 室:房屋。场:祭坛旁的平地。

[28] 心制:犹心丧。古代老师去世,弟子守丧,身无丧服而心存哀悼。

[29] 颜山农(1504—1596):颜钧,字子和,号山农。明代思想家、学者。江西吉安府永新县人。曾被诬入狱。

[30] 近溪:罗汝芳(1515—1588),字惟德,号近溪,学者称"近溪先生"。明代中后期著名思想家。

[31] 廷试:由皇帝亲自策问,在朝廷上举行的考试。

[32] 服事:犹服侍。

[33] 杨复所(1547—1599):杨起元,字贞复,号复所。广东归善人。进士出身。

[34] 曷:同"何"。流俗:指世间平庸的人。

[35] 举业:科举时代指专为应试的诗文、学业、课业、文字。此指八股文。

[36] 主考:主持考试。

[37] 分房:当时的同考官分住东西厢房,负有分房阅卷之责,故称。

[38] 荐举:推荐。

[39] 投拜:投身下拜。指归附。

[40] 向背:趋向和背弃,支持和反对。攸:相当于"所"。

[41] "失势"句:如果不得志,即使是田何那样的经学大师也会变得一钱不值。田何,字子庄,西汉时期经学大师。

[42] 严君:父母之称,或指父亲。

[43] 心丧:即心制。逾制:超过规定。

[44] 嗣:继承人。世:世代传承。

[45] 永:使久远。

[46] 施(yì):流传。

[47] 章:同"彰",彰明。

［48］刘峻杜口：这句话说，即使像刘孝标那样渊博的学者对于这个问题也不用再发表高见了，因为我已经把意思说得非常透彻了。刘峻，即刘孝标（463—521），南朝目录学家、文学家，曾注《世说新语》。杜口，闭口。

［49］"昌黎"句：韩愈不用感伤他在写作《师说》之后，没有人回应他。孤另，孤单。

# 师道或问

汪　琬

[解题] 本文为汪琬论师道之作。汪琬(1624—1691),字苕文,号钝庵,长洲(今江苏苏州)人,是明末清初著名学者和散文家。本文采用问答形式,辨析了关于师道的几个问题。他首先探讨了古代的学官之制、事师之礼等问题,进而论及当代,重点阐明了经师、人师之别。在汪琬看来,只懂记问之学,就只是童子之师,不是他心目中真正的老师。可见,他对老师的素质有着较高的要求。

　　自师道不立,而吾吴人之言师者[1],遂谓经不必其尽明,道不必其尽修矣,得非邪说之惑人与[2]！信如是也,是便于小人而据师席者也。予既有《论师道》一书,乃复作《或问》以广其意。

　　或问于汪子[3]:"吾子之辨师道也详矣,先王之世,舍庠序学校之官,子弟其遂无师与?"予应之曰:"古者,家不异教,国不殊俗,未有各延一师者也[4]。""然则章句训故[5],亦学官授之与?"曰:"然。'春诵夏弦,太师诏之'[6]。'秋学礼,执礼者诏之;冬读书,典书者诏之。'[7]此非官之职与?古之为学也,简而易知,近而易行,自幼习之。及其成人,而有君子之行,举皆官之所教育也。"

或问曰:"事之宜何如[8]?"曰:"《记》有之,侍坐于大司成者,远近间三席以问,终则负墙[9],此可类而推也。至于就养心丧[10],吾未之前闻也。""然则《檀弓》所说非与?"[11]曰:"是固曾子、子贡之徒所以事孔子者也[12]。圣人百世之师[13],说者以为道之所在,故严其礼如此。世之挟书而坐者,苟无其道,其不能当此礼也决矣。"

或又问曰:"今之世,非古之世也。所谓经师、人师者[14],不其难与?"予应之曰:"'君子博闻强识而让,敦善行而不怠。'[15]夫博闻强识,其亦近乎经师矣;不怠善行,其亦近乎人师矣。世无孔子,吾择其次者而师焉可也。不然,'记问之学,不足以为师'[16],而况经之不明,行之不修者乎?故曰:'择师不可以不慎也。'[17]若夫童子之师,非吾所谓师也。"

"昔韩氏《师说》盖亦尝云尔[18],然则将遂与之抗与?"曰:"何为其然也?先王之世,以少事长,以卑事尊,未有不隅坐随行者也[19]。故曰:'年长以倍,则父事之;十年以长,则兄事之。'[20]彼既我童子师矣,斯其长于我也不十年、二十年不止也。循循然,坐必隅,行必随,是固古者以少事长之礼也,奚其师[21]?师之为言,汉孔氏曰'法也'[22],宋曾氏曰'正己而使观之者化也'[23]。无所可法,无所可观,'呼先王以欺愚者而求衣食,得委积足以掩其口则扬扬如者'[24],是荀卿氏所谓俗儒者也,奚其师?"

——《钝翁前后类稿》卷三八

[1] 吾吴人:汪琬为长洲(今江苏苏州)人,故言。

[2] 与:同"欤",表示反问的语气词。

［３］ 汪子：此是汪琬自称。

［４］ 延：延请。

［５］ 训故：即训诂，对字句作解释。

［６］ "春诵"二句：语出《礼记·文王世子》。意即春季诵诗，夏季以乐器演奏诗歌。诏，教导，告诫。

［７］ "秋学礼"四句：语出《礼记·文王世子》。

［８］ 事：侍奉。

［９］ "侍坐于"三句：《礼记·文王世子》："凡侍坐于大司成者，远近间三席，可以问。终则负墙。"意谓在大司成身旁陪坐时，要与大司成之间有三席的距离。可以向他发问，问完要退后，负墙而坐。大司成，周官名，是教导世子之师。

［１０］ 心丧：见前黄宗羲《广师说》注［４３］。

［１１］ "然则"句：《礼记·檀弓上》中有"事师无犯无隐，左右就养无方，服勤至死，心丧三年"的说法。

［１２］ 曾子：见前颜之推《论早教与晚学》注［５］。子贡（前５２０—前４５６）：复姓端木，名赐，字子贡。他能言善辩，又善于经商之道，家累千金。

［１３］ "圣人"句：《孟子·尽心下》："圣人，百世之师也。"

［１４］ 经师：指只解释词句、经意之师。人师：指德行学问各方面可为表率之师。

［１５］ "君子"二句：语出《礼记·曲礼上》。让，谦让，推辞。敦，崇尚，注重。怠，懈怠，懒惰。

［１６］ "记问"二句：语出《礼记·学记》。

［１７］ "择师"句：语出《礼记·学记》。

［１８］ 云尔：如此而已。

［１９］ 隅坐：见前管仲《弟子职》注［５６］。

［２０］ "年长"四句：语出《礼记·曲礼上》。

［２１］ 奚其师：为什么要尊他为师。奚其，为什么。

［２２］ "汉孔氏"句：《尚书·周官》有"立太师、太傅、太保，兹惟三公"句，汉代孔安国解释为"师，天子所师法"，参见《尚书正义》孔传。

［２３］ "宋曾氏"句：宋代曾巩《讲官议》有"况于师者，何为也哉？正己

而使观之者化尔"句,意谓为师者应该首先行事正直才能感化学生。

［24］"呼先王"二句:《荀子·儒效》:"呼先王以欺愚者而求衣食焉,得委积足以掩其口则扬扬如者。"意思是,打着先王的旗号欺骗愚人以求取衣物和饮食,得到一点可以糊口的财物就洋洋得意。委积,储备的粮草,也泛指财物。扬扬如者,得意洋洋的样子。

# 师　说

章学诚

〔**解题**〕章学诚(1738—1801),字实斋,号少岩,会稽(今浙江绍兴)人,清代著名史学家和思想家。这篇文章是在《文史通义·原学》的基础上,有感于韩愈《师说》所未涉及的内容而作。章学诚认为,有传授大道的老师,有讲授章句训诂的老师;有可以替代的老师,有不可替代的老师。讲授章句训诂的老师,可以换成甲、乙,是可以替代的老师;传授大道和独门技艺的老师,是不可替代的老师。除此之外,开宗立派的宗师、启发智慧的古人,虽不能受其教诲,但隐相授受,也是我们的老师。为师,应该做不可替代的老师;求学,应该找传授大道、不可替代的老师。

韩退之曰:"师者,所以传道授业解惑者也。"又曰:"师不必贤于弟子,弟子不必不如师。""道之所存,师之所存也。"又曰:"巫医百工之人,不耻相师。"而因怪当时之人,以相师为耻,而曾巫医百工之不如。韩氏盖为当时之敝俗而言之也,未及师之究竟也[1]。《记》曰[2]:"民生有三,事之如一,君、亲、师也。"[3]此为传道言之也。授业解惑,则有差等矣[4]。业有精粗,惑亦有大小,授且解者之为师,固然矣;然与传道有间矣[5]。巫医百工之相师,亦不可以概视也[6]。盖有可易之师[7],与不可易之师,其相去也[8],不可同日语矣。知师之说者，其知天乎？盖人皆听命于天者也，天无声臭[9]，而俾君治之[10]。人皆天所生也，天不物物而生[11]，而亲则生之[12]。人皆学于天者也，天不谆谆而诲[13]，而师则教之。然则君子而思事天也[14]，亦在谨事三者而已矣[15]。

人失其道，则失所以为人，犹无其身，则无所以为生也。故父母生而师教，其理本无殊异。此七十子之服孔子[16]，所以可与之死，可与之生，东西南北，不敢自有其身，非情亲也，理势不得不然也[17]。若夫授业解惑，则有差等矣。经师授受[18]，章句训诂，史学渊源，笔削义例[19]，皆为道体所该[20]。古人"书不尽言，言不尽意"[21]。竹帛之外，别有心传[22]，口耳转受，必明所自[23]，不啻宗支谱系不可乱也[24]。此则必从其人而后受，苟非其人，即已无所受也，是不可易之师也。学问专家，文章经世，其中疾徐甘苦[25]，可以意喻，不可言传。此亦至道所寓，必从其人而后受，不从其人，即已无所受也，是不可易之师也。苟如是者，生则服勤[26]，左右无方[27]，没则尸祝俎豆[28]，如七十子之于孔子可也。至于讲习经传，旨无取于别裁[29]；斧正文辞[30]，义未见其独立；人所共知共能，彼偶得而教我；从甲不终，不妨去而就乙；甲不我告，乙亦可询；此则不究于道，即可易之师也。虽学问文章，亦末艺耳[31]。其所取法，无异梓人之甚琢雕[32]，红女之传绨绣[33]，以为一日之长，拜而礼之，随行隅坐，爱敬有加可也。必欲严昭事之三[34]，而等生身之义[35]，则责者罔[36]，而施者亦不由衷矣[37]。

巫医百工之师，固不得比于君子之道，然亦有说焉。技术之精，古人专业名家，亦有隐微独喻[38]，得其人而传，非其人而不传者，是亦不可易之师，亦当生则服勤，而没则尸祝者也。古人饮食，必祭始为饮食之人，不忘本也。况成我道德术艺[39],而我固无从他受者乎?至于弟子不必不如师,师不必贤于弟子,则观所得为何如耳。所争在道,则技曲艺业之长,又何沾沾而较如不如哉[40]?

嗟夫!师道失传久矣。有志之士,求之天下,不见不可易之师;而观于古今,中有怦怦动者,不觉辴然而笑[41],索焉不知涕之何从,是亦我之师也。不见其人,而于我乎隐相授受,譬则孤子见亡父于影像,虽无人告之,梦寐必将有警焉。而或者乃谓古人行事,不尽可法,不必以是为尸祝也。夫禹必祭鲧[42],尊所出也。兵祭蚩尤[43],宗创制也。若必选人而宗之,周、孔乃无遗憾矣。人子事其亲,固有论功德,而祧祢以奉大父者耶[44]?

——《文史通义》

[1] 未及:没有涉及。究竟:原委。

[2]《记》:《礼记》,此处当指《礼记集说》等书,因为"曰"后所引文字出自《国语·晋语一》,而非出自《礼记》。

[3] "民生"三句:出自《国语·晋语一》:"民生于三,事之如一。父生之,师教之,君食之。非父不生,非食不长,非教不知。"

[4] 差(chā 插)等:区别和等次。

[5] 有间:有区别,有差距。

[6] 概视:一律看待。

[7] 可易之师:可被替代的老师。易,更换,替代。

[8] 相去:相距,相差。

[9] 声臭(xiù 秀):声音与气味。臭,气味。语出《诗经·大雅·文王》:"上天之载,无声无臭。"

[10] 俾(bǐ 比):使。

[11] 物物:对事物的役使。第一个"物"为动词,意思是役使;第二个"物"为名词,意思是事物。语出《庄子·在宥》:"有大物者,不可以物物。"

[12] 亲:父母亲。

［13］谆谆而诲:耐心教导。谆谆,耐心教导的样子。诲,教导。语出《诗经·大雅·抑》:"诲尔谆谆。"

［14］然则:古代常用的连词,意思是"既然这样,那么……"。事:侍奉,供奉。

［15］谨事三者:恭谨地侍奉上天、父母和老师。

［16］七十子:孔子学生中贤能的七十二个弟子,这里的"七十子"是概数。服:敬服。语出《孟子·公孙丑上》:"以德服人者,中心悦而诚服也,如七十子之服孔子也。"

［17］"理势"句:按照情理,不能不这样。

［18］经师:讲授经书的老师。

［19］笔削义例:写定或删改著书的主旨和体例。笔削,写定或删改作品,语出《史记·孔子世家》:"孔子为《春秋》,笔则笔,削则削。"义例,著书的主旨和体例,语出杜预《春秋序》:"其经无义例,因行事而言,则传直言其归趣而已。"

［20］道体所该:为道所包含。道体,道的本体,道的主旨。该,完备,通"赅"。

［21］"书不"二句:语出《易经·系辞上》。

［22］心传:以心传心,不用语言文字传授,启发弟子领悟。

［23］所自:来源,从哪里来。

［24］不啻(chì 赤):如同,好像。宗支:宗族的分支。谱系:家谱上的系统。

［25］疾徐甘苦:快慢甜苦。语出《庄子·天道》:"斫轮,徐则甘而不固,疾则苦而不入。不徐不疾,得之于手而应于心,口不能言,有数存焉。"

［26］服勤:侍奉很勤劳。语出《礼记·檀弓上》:"事亲有隐而无犯,左右就养无方,服勤至死,致丧三年。"

［27］左右无方:赡养陪侍在身边而没有定规,此即本文注释［26］所引《礼记》的"左右就养无方"。

［28］没(mò 莫):同"殁",死。尸祝:本指主持祭祀的人,这里指祭祀。俎(zǔ 组)豆:俎和豆,是古代祭祀时盛祭品的两种礼器,这里指祭祀。

［29］别裁:区别裁剪。

［30］斧正：修改。

［31］末艺：不足道的技艺。

［32］梓(zǐ紫)人：木匠。惎(jì记)：教导。

［33］红女：织女。绨(chī吃)绣：刺绣。

［34］"必欲"句：如果一定要郑重地像侍奉天、父母亲和不可替代的老师那样。

［35］等：等同。生身：指上文所讲的"民生于三"，即"父生之，师教之，君食之。"

［36］罔：蒙蔽。

［37］"而施者"句：意思是（如果让学生这样侍奉可替代的老师）他们也不是发自内心地去做。

［38］隐微独喻：精微独到的见解。

［39］术艺：技术，技能。

［40］沾沾：执着的样子。

［41］觍(chǎn产)然：笑的样子。

［42］鲧(gǔn滚)：大禹的父亲。

［43］蚩尤：传说上古时九黎氏族部落的首领，是兵器的发明者。

［44］祧(tiāo挑)：古代称远祖的庙。祢(mí迷)：古代对已在宗庙中立牌位的亡父的称谓。大父：祖父。

# 送唐先生南归序

曾国藩

〔解题〕曾国藩(1811—1872),曾子的七十世孙,晚清政治家、战略家、理学家。他有感于师道渐颓,借送唐先生辞官回乡之文,表达了自己对世风的不满以及希望恢复师道的心情。此文对于古代师道传承、源流、盛衰进行了全面的梳理,对历史上师道兴盛的局面加以称颂,对今世"无复所谓师者"的情况深感痛心。最后,作者对乡人提出了尊师的要求。

古者道一化行[1],自卿大夫之弟子[2],与凡民之秀[3],皆上之人置师以教之[4]。于乡有州长、党正之俦[5],于国有师氏、保氏[6]。天子既兼君师之任,其所择,大抵皆道艺两优[7],教尊而礼严。弟子抠衣趋隅[8],进退必慎。内以有所惮而生其敬,外辑业以兴其材[9]。故曰:"师道立,而善人多。"[10]此之谓也。

周衰,教泽不下流[11]。仲尼干诸侯不见用[12],退而讲学于洙泗之间[13],从之游者如市。师门之盛,振古无俦[14]。然自是人伦之中,别有所谓先生、徒众者[15],非长民者所得与闻矣[16]。仲尼既没,徒人分布四方,转相流衍[17]。吾家宗圣公传之子思、孟子[18],号为正宗[19]。其他或离道而专趋于艺,商瞿授《易》于駻臂子弓[20],五传而为汉之田何[21]。子夏之《诗》，五传而至孙卿[22]，其后为鲁申培[23]。左氏受《春秋》，八传而至张苍[24]。是以两汉经生，各有渊源。源远流歧[25]，所得渐纤，道亦少裂焉[26]。有宋程子、朱子出[27]，绍孔氏之绝学[28]，门徒之繁，拟于邹鲁[29]。反之，躬行实践[30]，以究群经要旨，博求万物之理，以尊闻而行知[31]，数百千人，粲乎彬彬[32]。故言艺则汉师为勤，言道则宋师为大。其说允已。元明及我朝之初，流风未坠，每一先生出，则有徒党影附。虽不必束修自上[33]，亦循循隅坐[34]，应唯敬对[35]。若金、许、薛、胡、陆稼书、张念芝之俦[36]，论乎其德则暗然[37]，讽乎其言则犁然而当理[38]，考乎其从游之徒，则践规蹈矩，仪型乡国[39]。盖先王之教泽得以仅仅不斩[40]。顽夫有所忌而发其廉耻者，未始非诸先生讲学与群从附和之力也。《诗》曰："风雨如晦，鸡鸣不已。"[41]诚珍之也[42]。今之世，自乡试、礼部试举主而外[43]，无复所谓师者。间有一二高才之士钩稽故训[44]，动称汉京[45]，闻老成倡为义理之学者[46]，则骂讥唾侮。后生欲从事于此，进无师友之援，退犯万众之嘲，亦遂却焉。

吾乡善化唐先生[47]，三十而志洛闽之学[48]。特立独行[49]，诟讥而不悔[50]。岁庚子[51]，以方伯内召为太常卿[52]。吾党之士三数人者，日就而考德问业[53]。虽以国藩之不才，亦且为义理所薰蒸[54]，而确然知大闲之不可逾[55]，未知于古之求益者何如。然以视夫世之貌敬举主与厌薄老成[56]，而沾沾一得自矜者[57]，吾知免矣。丙午二月[58]，先生致仕得请[59]，将归老于湖湘之间[60]。故作《师说》一首，以识年来向道之由[61]，且以告吾乡之人。苟有志于强立[62]，未有不严于事长之礼，而可以成德者也。

——《曾国藩文集》卷一

[1] 化行:教化施行。

[2] 卿大夫:卿和大夫。后借指高级官员。

[3] 凡民之秀:普通人中杰出的人才。凡民,一般民众。秀,杰出的人。

[4] 置:设立,设置。

[5] 州长:官名。一州之长。党正:周时地方组织的长官。俦(chóu筹):同辈,伴侣。

[6] 师氏:见前唐代宗《增修学馆制》注[1]。保氏:古代职掌以礼义匡正君王、教育贵族子弟的官员。

[7] 道:此处指关于儒家学说的宏旨。艺:此处指解读儒家经典字句的能力。

[8] 抠衣趋隅:提起衣服前襟快步走向座位的下首。《礼记·曲礼上》:"毋践屦,毋踏(jí集)席,抠衣趋隅,必慎唯诺。"

[9] 辑业:完成学业。

[10] "师道"二句:见前虞集《论立师道》注[1]。

[11] 教泽:教化或教育的恩泽。下流:向下传递。

[12] 干:拜访,访求。见:被。

[13] 洙泗:见前袁瓒《请建国学疏》注[7]。

[14] 振古无俦:往昔远古都没有相同的情况。振古,远古。

[15] 徒众:门徒。

[16] 长:管理。

[17] 流衍:广泛流布。

[18] 宗圣公:即曾子。这个封号是元代至顺元年所加。子思:孔子的嫡孙,孔鲤的儿子。

[19] 正宗:嫡传承继。

[20] 商瞿(前522—?):字子木,春秋末年鲁国人。犁臂子弓:即仲弓(前522—?),冉雍的字。冉雍是孔子的弟子。

[21] 田何:见前黄宗羲《广师说》[41]。

[22] 孙卿:即荀子。卿是对他的尊称,汉代为避汉宣帝刘询的讳,改称

孙卿。

〔23〕鲁申培:鲁国的申培,汉代经学大师。

〔24〕张苍(前256—前152):西汉丞相,战国末期曾师从荀子。

〔25〕源远流歧:源头久远,支流有分岔。

〔26〕道亦少裂:儒家宏旨也渐渐地分裂细化。《庄子·天下》:"道术将为天下裂。"

〔27〕程子:指北宋理学家程颢、程颐。朱子:指南宋理学家朱熹。

〔28〕绍:继承。

〔29〕邹鲁:借指孔孟。邹是孟子的故乡,鲁是孔子的故乡。

〔30〕躬行:指身体力行。《论语·述而》:"躬行君子,则吾未之有得。"

〔31〕尊闻而行知:重视听到的意见,实行已知的道理。《汉书·董仲舒传》:"曾子曰:'尊其所闻,则高明矣;行其所知,则光大矣。'"

〔32〕粲(càn灿)乎彬彬:形容人的形象文雅有礼。粲,美。彬彬,文质兼备的样子。

〔33〕束修自上:《论语·述而》:"子曰:自行束修以上,吾未尝无诲焉。"这句话说,只要给老师带个见面礼,老师没有不教诲的。

〔34〕循循:有序的样子。隅坐:见前管仲《弟子职》注〔56〕。

〔35〕应唯:口应"唯"声,表示遵从,这是古代的礼仪。敬对:恭敬地回答师长的问题。

〔36〕金、许、薛、胡:不详何人。陆稼书(1630—1692):名陇其,浙江平湖人,清初理学家。张念芝(1611—1674):即张履祥,念芝是他的号,浙江桐乡人,清初理学家。侪:同辈。

〔37〕暗然:伤神的样子。

〔38〕讽:诵。犁然:明辨貌。

〔39〕仪型乡国:指德行学问等能够做家乡父老的楷模。仪型,楷模。乡国,家乡。

〔40〕"盖先生"句:先王的教化因此没有断绝。《孟子·离娄下》:"君子之泽,五世而斩。"

〔41〕"诗曰"二句:语出《诗经·郑风·风雨》。

〔42〕珍:珍爱,珍视。

[43] 举主：旧时对被推荐者而言，推荐者为其举主。

[44] 钩稽故训：查考审核以前的训释。钩稽，查考审核。故训，指先代留下的法则。

[45] 动：动不动。汉京：指汉代都城长安或洛阳。此指汉代。

[46] 老成：指年高有德的人。义理：宋代以来的理学称"义理"。

[47] 善化：旧县名，在今湖南长沙。

[48] 洛闽：洛学和闽学的合称，即程朱理学。北宋程颢、程颐为洛阳人，南宋朱熹曾讲学于福建，故有此称。

[49] 特行独立：谓志行高洁，不随波逐流。

[50] 诟讥：（被人）诟骂讥讽。

[51] 庚子：道光二十年（1840），岁在庚子。

[52] 方伯：殷周时代一方诸侯之长。后泛称地方长官。明清时代对布政使尊称"方伯"。内召：被皇帝召见。太常卿：太常寺的最高官职。太常卿负责引导天子祭祀。

[53] 考德：修德。问业：请问学业。

[54] 薰蒸：熏陶。

[55] 大闲：基本的行为准则。

[56] 貌敬：尊敬。厌薄：厌恶，鄙视。

[57] 自矜：自夸。

[58] 丙午：道光二十六年（1846），岁在丙午。

[59] 致仕：交还官职，即辞官。得请：获准。

[60] 湖湘：洞庭湖与湘江一带。代指湖南。曾国藩是湖南人，故有此说。

[61] 识：同"志"，记住。

[62] 强立：指遇到事情能够明辨是非。《礼记·学记》："九年知类通达，强立而不反，谓之大成。"

# 尊师敬学故事(一)

(一)中醫學概論

# 武　王　尊　师

〔解题〕国君的权威虽然至高无上,但在面对老师的时候,也必须恭恭敬敬,行弟子之礼。周武王遇到疑惑不能解释,向师尚父求教,在斋沐三天之后,才正装见老师。他本来要南面向师尚父求教,师尚父为了武王的国君尊严,西面而教,而武王亦遵从之。由此可见尊师之道在我国由来已久。

武王践阼[1],召师尚父而问焉[2]。曰:"昔黄帝、颛顼之道存乎[3],意亦忽不可得见与[4]?"师尚父曰:"在丹书[5],王欲闻之,则齐矣[6]。"王齐三日,端冕[7]。师尚父亦端冕,奉书而入,负屏而立[8]。王下堂南面而立[9]。师尚父曰:"先王之道,不北面[10]。"王行,西折而南,东面而立。师尚父西面道书之言[11]。

——《大戴礼记》卷六

[1] 践阼:亦作"践胙"、"践祚",即位,登基。
[2] 师尚父:指吕望,即姜太公。周武王即位后,称他为师尚父,意思是可师、可尚、可父。
[3] 黄帝:古华夏部落联盟首领,中国远古时代华夏民族的共主。颛顼:中国上古部落联盟首领,"五帝"之一,号高阳氏,黄帝之孙,昌意之子。颛顼生子穷蝉是虞舜的高祖。
[4] "意亦"句:抑或是恍惚而不能看到吗？意,古通"抑"字。忽,古通"惚",是恍惚的意思。与,同"欤",表示反问的语气词。

［5］ 丹书:是古代帝王藏书之处策府的遗典。传说是赤雀所衔瑞书。

［6］ "王欲"二句:大王想要听到那些话,就要斋戒了。齐(zhāi斋),古通"斋",是斋戒的意思。下同。

［7］ 端冕:端正地戴着衮冕。

［8］ 负屏:背对着屏风。负,背。屏,门中的屏风,用以遮蔽视线。

［9］ 南面:面向南方。

［10］ 北面:见前《学记》注［66］。

［11］ 道:同"导",教导。

# 孔子向老子问礼

司马迁

〔**解题**〕孔子是中国儒家文化的开创者,在中国历史上享有"圣人"的称号。正像韩愈在《师说》里讲的,圣人没有固定的老师,孔子曾经向当时郯子、苌弘、师襄、老子等学者请教。老子是道家学派的创始人,也是中国文化史上的巨擘。孔子向老子请教礼的问题,而老子却对孔子大大教训了一番。老子的申诫并没有让孔子感到沮丧,相反,他看到了老子的深邃和神秘。这则材料从一个侧面反映了一个事实,孔子也曾经历过一个血气方刚的人生阶段,在后人心目中那位和蔼的"万世师表"无疑是经过岁月的洗礼和文化的教养陶铸而成的。

老子者,楚苦县厉乡曲仁里人也[1],姓李氏[2],名耳,字聃,周守藏室之史也[3]。孔子适周[4],将问礼于老子。老子曰:"子所言者[5],其人与骨皆已朽矣,独其言在耳。且君子得其时则驾[6],不得其时则蓬累而行[7]。吾闻之,良贾深藏若虚[8],君子盛德[9],容貌若愚[10]。去子之骄气与多欲,态色与淫志[11],是皆无益于子之身[12]。吾所以告子,若是而已。"孔子去,谓弟子曰:"鸟,吾知其能飞;鱼,吾知其能游;兽,吾知其能走[13]。走者可以为罔[14],游者可以为纶[15],飞者可以为矰[16]。至于龙,吾不能知,其乘风云而上天[17]。吾今日见老子,其犹龙邪!"

——《史记·老子韩非列传》

[1] 苦县:古县名。一般认为在今河南省鹿邑县。《晋书·地理志上》:"苦东有赖乡祠,老子所生地。"

[2] 姓李氏:一说老子为李氏女所生,随母姓。一说生而指李树,以树为姓。

[3] 藏室:此指国家的图书馆和博物馆。

[4] 适:往,到……去。

[5] 子:古代对男子的尊称。

[6] 时:天时,时运,时机。驾:坐车,引申为出仕。

[7] 蓬累而行:像飞蓬飘转一样,行止无定所。蓬,一种细草,根断后随风飘转。累,旋转飞行的样子。古人经常用转蓬来比喻漂泊不定的人生或命运,如李商隐《无题》:"走马兰台类转蓬。"

[8] 良贾:会做生意的大商人。深藏若虚:把货物藏起来不让人发觉,好像没货一样。

[9] 君子盛德:君子具有高尚的品德。

[10] 若愚:在常人看来很愚蠢。大智若愚是老子的一贯主张。

[11] 态色:情态神色。淫志:放荡的心志。淫,过度,无节制。

[12] 是:这些。

[13] 走:奔跑。

[14] 罔:同"网",捕具。

[15] 纶:钓鱼的丝线。

[16] 矰:系有丝绳的箭。

[17] "其乘"句:《易经·乾》:"云从龙,风从虎。"

# 孔子劝子路好学[1]

〔解题〕世传孔子弟子三千,七十二贤,其中便有子路。子路是一个敢说敢做、不吐不快的人,他有一身好武艺,自视甚高。对于受人尊敬的孔夫子,他曾屡次冒犯。但孔子并不介意,他看重子路是个好料子,只要让他懂得谦逊和好学,必成大器。在本文中,子路自负非凡、不可一世的形象栩栩如生。孔子不急不恼,循循善诱,终于令子路折服。在以后陪伴夫子周游列国的生涯中,子路护驾有功。孔子甚至感慨如果自己的政治主张得不到应用和推广,那么跟随他流浪天涯的恐怕只有子路了!由此可见,子路好学之后对孔子表现了绝对的忠诚。

子路见孔子,子曰:"汝何好乐?"对曰:"好长剑。"孔子曰:"吾非此之问也,徒谓以子之所能[2],而加之以学问,岂可及乎[3]?"

子路曰:"学岂益也哉[4]?"孔子曰:"夫人君无谏臣则失正,士而无教友则失听[5]。御狂马不释策[6],操弓不反檠[7]。木受绳则直[8],人受谏则圣[9]。受学重问,孰不顺哉?毁仁恶士[10],必近于刑[11]。君子不可不学。"

子路曰:"南山有竹,不揉自直[12],斩而用之,达于犀革[13],何学之有[14]?"孔子曰:"括而羽之[15],镞而砺之[16],其入之不亦深乎?"

子路再拜曰[17]:"敬而受教[18]!"

——《孔子家语》卷五

[1] 子路(前542—前480):姓仲名由,子路是他的字,又称季路。子路比孔子小九岁,是"孔门十哲"之一,具有政治才干。最后卫国发生内讧,子路殉难。

[2] 徒:只,仅仅。

[3] 岂:同"其",相当于"谁"。

[4] 岂:表示反问。相当于"难道"。也哉:两个语气词连用,表示语气很重。

[5] 教友:能给予教导的朋友。失听:失去判断是非的能力。听,辨别是非。

[6] 释:放下。策:马鞭子。

[7] 反:反对,引申为"抛弃"。檠(qíng 晴):矫正弓弩的器具。

[8] 绳:墨线。

[9] 谏:规劝。圣:明智。

[10] 毁仁恶士:毁谤仁者,憎恶士人。

[11] 近于刑:接近遭受刑罚的犯罪行为。

[12] 揉:同"煣",用火加工使竹木弯曲或平直。

[13] 达:穿透。犀革:犀牛皮制品。

[14] 何学之有:要学习有什么用处呢?

[15] 括:同"栝(guā 瓜)",箭末扣弦之处。羽:这里用作动词,安上羽毛。

[16] 镞(zú 足):箭头。砺:磨刀石。这里用作动词,磨。

[17] 再拜:拜两次,在当时是一种较为隆重的礼节。

[18] 敬:表示尊敬的答语。

# 孔子评点三位弟子

〔解题〕春秋时代的人才可谓风起云涌,子路、子贡和颜渊可以说代表了三种类型的人。子路主张以暴去暴,同时还有些个人英雄主义的色彩,孔子认为他堪称勇士。子贡擅长外交辞令,自信能够化干戈为玉帛,孔子认为他堪称辩士。颜渊把孔子的核心思想"仁"体现在治国纲领之中,以德治国。这正是孔子心目中的治国方案,孔子认为他堪称圣士。孔子的点评不徐不疾,他将三个弟子分为两类:大人与小人,圣者与贤者。颜渊显然属于前者,但他的陈辞有着浓厚的理想主义色彩,是一种乌托邦式的愿景。

孔子游于景山之上,子路、子贡、颜渊从[1]。

孔子曰:"君子登高必赋[2]。小子愿者[3],何言其愿。丘将启汝[4]。"

子路曰:"由愿奋长戟[5],荡三军[6],乳虎在后[7],仇敌在前,蠡跃蛟奋[8],进救两国之患。"孔子曰:"勇士哉!"

子贡曰:"两国构难[9],壮士列陈,尘埃涨天[10],赐不持一尺之兵[11],一斗之粮,解两国之难。用赐者存,不用赐者亡。"孔子曰:"辩士哉[12]!"

颜回不愿[13]。孔子曰:"回,何不愿?"颜渊曰:"二子已愿,故不敢愿。"孔子曰:"不同,意各有事焉。回其愿,丘将启汝。"

颜渊曰:"愿得小国而相之[14]。主以道制[15],臣以德化[16],君臣同心,外内相应。列国诸侯,莫不从义向风[17],壮者趋而进[18],老者扶而至。教行乎百姓,德施乎四蛮[19],莫不释兵[20],辐辏乎四门[21]。天下咸获永宁[22],蝇飞蠕动,各乐其性[23]。进贤使能,各任其事[24]。于是君绥于上[25],臣和于下,垂拱无为[26],动作中道[27],从容得礼[28]。言仁义者赏[29],言战斗者死[30]。则由何进而救,赐何难之解[31]?"孔子曰:"圣士哉!大人出[32],小人匿[33];圣者起,贤者伏。回与执政,则由、赐焉施其能哉!《诗》曰:'雨雪麃麃,曣睨聿消。'[34]"

——《韩诗外传》卷七

[1] 子贡:见前汪琬《师道或问》注[12]。颜渊(前521—前481):即颜回。位列"孔门十哲"之首,一生安贫乐道,在品德上完美无瑕。颜渊是个极其聪明的人,但深藏不露。他比孔子小三十岁,却比孔子死得早,令孔子悲伤至极。后世尊为"复圣"。

[2] 登高必赋:登到高处一定要描绘景象,抒发情怀。

[3] 小子:古代长者对晚辈的称呼,可译为"年轻人"。愿:愿景,内心的理想。

[4] 丘:孔子名丘。向别人称自己的名,在古代是一种谦称。启:启发,开导。汝:你们。

[5] 由:子路名由。戟:古代的一种兵器,是戈、矛的合成体,但杀伤力比戈、矛强大。

[6] 荡:扫荡。三军:古代常用来代指数量很大的军队。

[7] 乳虎:哺乳期间的母虎,更加凶猛。

[8] 蠡(lí离)跃蛟奋:像蠡那样跳跃,像蛟那样奋勇。蛟,龙的一种。

[9] 构难:结成仇怨。

[10] 涨天:涨满天空。

[11] 兵:兵器。

[12] 辩士:能言善辩之士。子贡确实是一个非常出色的外交家,他一

生靠自己的伶牙俐齿,保存了鲁国,搅乱了齐国,打败了吴国,壮大了晋国,还让越国称霸天下。

〔13〕不愿:不吐露自己的志向。

〔14〕相之:做小国的相。相,动词,做相。

〔15〕主以道制:国君用仁道来治理国家。

〔16〕臣以德化:臣子们用优良的品德来教化百姓。

〔17〕从义向风:指各国诸侯都能像风一样归顺正义。

〔18〕趋:小跑。

〔19〕四蛮:指周边少数民族政权。

〔20〕释兵:放下兵器,指停止战斗。

〔21〕辐辏(còu 凑):像车辐聚集于车毂(gǔ 古)一样。四门:国都的四门。

〔22〕咸:全,都。永宁:永远和平。

〔23〕"蝗飞"二句:指天上的飞虫和地上的爬虫都能依着自己的习性快乐地生活。

〔24〕"进贤"二句:国家任用有才能的人,让他们分别发挥自己的才干,完成自己岗位上的事情。

〔25〕君绥(suí 随)于上:国君高高在上享受安乐。绥,安乐。

〔26〕垂拱:垂衣拱手,形容国君毫不费力而天下治理得非常好。《书经·武成》:"垂拱而天下治。"无为:国君什么都不需要做而天下大治。《论语·卫灵公》:"无为而治者,其舜也与?"《老子》第五十七章:"我无为而民自化。"

〔27〕动作中道:所有的政治行为都符合仁道。

〔28〕从容:举动。《礼记·缁衣》:"长民者,衣服不贰,从容有常。"孔颖达疏:"《正义》曰:'从容有常者,从容,谓举动有其常度。'"

〔29〕言:谈论。赏:受到奖赏。

〔30〕死:被处死。

〔31〕"则由"二句:那么子路哪里还有什么危难去解救,子贡哪里还有什么战争去化解?

〔32〕大人:道德修养高的人。

231

[33] 小人:道德修养低的人。匿(nì 逆):隐藏。

[34] "诗曰"三句:《诗经·小雅·角弓》里说:"雪下得很大,但太阳一出来,雪就都熔化了。"麃(biāo 标)麃,雪下得很大的样子。曣(yàn 艳),天晴日出。晛(xiàn 现),太阳出来的样子。聿(yù 玉),古代汉语中的语气词,无意义。

# 颜渊评价孔子

〔解题〕孔子对于自己的弟子们如数家珍,同样,弟子们也在不同的环境里评价自己的老师。颜渊是其最得意的弟子,品学兼优。在本文中颜渊就根据自己的认知对作为教育家的孔子表现了无比的钦敬。

颜渊喟然叹曰[1]:"仰之弥高[2],钻之弥坚[3]。瞻之在前,忽焉在后[4]。夫子循循然善诱人[5],博我以文[6],约我以礼[7],欲罢不能[8]。既竭吾才[9],如有所立卓尔[10],虽欲从之,末由也已[11]。"

——《论语·子罕》

[1] 喟然:叹息的样子。
[2] 仰之弥高:越仰望夫子之道就越觉得它高不可攀。之,代指孔子的道德和学问。弥,更。
[3] 钻之弥坚:越钻研夫子之道就越觉得它坚不可入。
[4] "瞻之"二句:比喻孔子的形象很神秘,但就在你的周围。
[5] 循循然:有次序的样子,指教学步骤是精心计好的。诱:诱导。
[6] 博我以文:用优秀的文化来开阔我的视野。
[7] 约我以礼:用严明的礼仪来约束我的言行。
[8] 欲罢不能:想停止学习都不行。罢,停止。
[9] 既竭吾才:他已经让我在勤学好问的过程里充分发挥了聪明才智。

〔10〕"如有"句:好像我能够独当一面了。卓尔,高大的样子。

〔11〕"虽欲"二句:即使打算跟从老师再前进一步,又不知从哪里起步了。由,路径。也已,两个语气词并用,表示很重的感慨。

# 子贡评价孔子

〔解题〕子贡在孔子的学生中堪称翘楚,以至于有人认为他比老师还高明。子贡用一个非常形象的比喻说明了自己与老师的差距,维护了老师的形象。孔子的道德和学问是需要人去慢慢体悟的。《论衡·讲瑞》载:"子贡事孔子一年,自谓过孔子;二年自谓与孔子同;三年自知不及孔子。当一年二年之时,未知孔子圣也,三年之后,然乃知之。"可见,子贡也是随着时间的推移才感受到孔子的高深莫测。在以后推广孔子的学术主张方面,子贡的贡献是最大的。

叔孙武叔语大夫于朝曰[1]:"子贡贤于仲尼。"

子服景伯以告子贡[2]。子贡曰:"譬之宫墙[3]。赐之墙也及肩,窥见室家之好[4]。夫子之墙数仞[5],不得其门而入,不见宗庙之美[6],百官之富[7]。得其门者或寡矣。夫子之云,不亦宜乎[8]?"

——《论语·子张》

[1] 叔孙武叔:鲁国的司马,名州仇。曾诋毁孔子。语(yù玉):对……说。大(dà汰)夫:古代的一种职官。在西周以后的诸侯国中,国君下有卿、大夫、士三级职官。朝:朝廷。

[2] 子服景伯:鲁国的大夫。有政治远见,曾与子贡一起出使齐国。

[3] 譬之宫墙:拿房屋的围墙打比方吧。譬之,拿……做比方。宫,杨伯峻先生解释为"围障"。后世将师门称"宫墙"。

〔4〕"赐之"二句:我家的围墙只有肩膀那样高,过路的人都可以看到我家的美好。赐,子贡名赐。也,句中语气词。

〔5〕仞:七尺曰仞。

〔6〕美:雄伟。

〔7〕官:房舍。这里并非"官职"之义。

〔8〕"夫子"二句:武叔先生因为不了解孔子才说那样的话,这不也是应该的吗?夫子,古人对别人的敬称。云,说。宜,应当。

# 曾子避席[1]

〔解题〕曾子事亲至孝,是我国历史上"二十四孝"之一。不仅如此,他对待老师毕恭毕敬的态度和做法在中国历史上也是光辉的典范。因为平时聆听教诲时充分感受到了孔子的博大精深,所以,当夫子向自己提出问题的时候,曾子觉得夫子一定要有一番宏论,于是他离开自己的座位洗耳恭听。

仲尼居[2],曾子侍。子曰:"先王有至德要道[3],以顺天下,民用和睦[4],上下无怨[5]。汝知之乎?"

曾子避席曰:"参不敏[6],何足以知之?"

子曰:"夫孝[7],德之本也,教之所由生也[8]。复坐[9],吾语汝[10]。身体发肤,受之父母,不敢毁伤[11],孝之始也。立身行道,扬名于后世,以显父母,孝之终也。夫孝,始于事亲[12],中于事君,终于立身。《大雅》云:'无念尔祖,聿修厥德。'[13]"

——《孝经·开宗明义章第一》

[1] 曾子:见前颜之推《论早教与晚学》注[5]。避席:离开自己的席位。当时的人席地而坐,在有长者或尊者提问、祝酒、见礼的时候,坐在席上的人要起身离开自己的席位,以示谦恭。

[2] 仲尼:孔子的字。古代兄弟间以伯、仲、叔、季排行,孔子排行第二,故称仲。孔子的父亲在孔子出生前去尼丘山祈祷上苍赐给自己一个儿子,故名丘,字尼。居:呆在家里。

237

[３] 先王:指上古时代的尧、舜、禹、文王、武王等君王。至德要道:最高境界的品德和简明扼要的道术。

[４] 用:因而。

[５] 上下无怨:上到国君下到庶民都无怨言。

[６] 不敏:不够聪敏,愚钝。自谦之词。

[７] 夫:古人对问题发表看法时使用的语气词。

[８]"教之"句:孝是一切教育的出发点。古代有五常之教,即父亲应该做到义,母亲应该做到慈,哥哥应该做到友,弟弟应该做到恭,儿子应该做到孝。

[９] 复坐:回到原来的座位。

[10] 语(yù玉):告诉。

[11] 不敢毁伤:指遵守法律而不被刑罚伤害到身体发肤。古代有许多残害人身的刑罚,比如劓(yì义,割鼻)、刵(è贰,割耳)、剕(fèi费,断足)、髡(kūn昆,剃发)。

[12] 事亲:侍奉父母双亲。事,侍奉。

[13]"大雅"三句:《诗经·大雅·文王》里说:"怎么能不想念你的祖先呢？要让你祖先的美德发扬光大啊!"尔,你的。聿(yù玉),语气词。厥,其,指示代词。

# 薛谭学讴于秦青[1]

[解题] 薛谭在向秦青学习唱歌的过程中,骄傲自满,以为达到了老师的水平,没有继续学习的必要了。秦青对于薛谭的心理当然是洞若观火,他没有制止薛谭的离开,在送行时用实力让薛谭感到了震惊和渺小。在中国教育史上,荀子有句名言:"青出于蓝而胜于蓝",意思是后辈会超过前辈。但情况并非完全如此,有些大师登峰造极,是他的学生和后人无法企及的。

薛谭学讴于秦青,未穷青之技[2],自谓尽之,遂辞归。秦青弗止[3],饯行于郊衢[4],抚节悲歌[5],声振林木,响遏行云[6]。薛谭乃谢求反[7],终身不敢言归。

——《列子·汤问》

[1] 讴:唱歌。
[2] 穷:尽。青:指秦青。
[3] 弗止:没有制止。
[4] 饯行:设宴送行。郊衢:城外大路。
[5] 抚节:打着节拍。
[6] 遏:阻止。
[7] 谢:道歉。反:同"返"。

# 纪昌学射

〔**解题**〕这是一个传授和学习射箭技术的故事。从甘蝇到飞卫,从飞卫到纪昌,可谓薪火相传,一代胜过一代。学习一门技术是需要循序渐进的,所以飞卫告诉纪昌,在学习射箭之前要先学会面对外物不眨眼睛,之后再练习能够把小目标看成大目标。其实,在这两种训练达到预期目的之后,学习者就已经真正掌握了射箭的要领:一个是定力,一个是视力。纪昌可谓勤学,而飞卫可谓善教矣。

甘蝇,古之善射者,彀弓而兽伏鸟下[1]。弟子名飞卫,学射于甘蝇,而过其师。纪昌者,又学射于飞卫。飞卫曰:"尔先学不瞬[2],而后可言射矣。"

纪昌归,偃卧其妻之机下[3],以目承牵挺[4]。二年之后,虽锥末倒眦[5],而不瞬也。以告飞卫。飞卫曰:"未也,必学视而后可,视小如大,视微如著,而后告我。"

昌以牦悬虱于牖[6],南面而望之,旬日之间[7],浸大也[8];三年之后,如车轮焉。以睹余物,皆丘山也。乃以燕角之弧[9],朔蓬之簳射之[10],贯虱之心,而悬不绝[11]。以告飞卫。飞卫高蹈拊膺曰[12]:"汝得之矣!"

——《列子·汤问》

[1] 彀(gòu 够)弓:张满弓。彀,使劲张弓。

［2］瞬:眨眼。

［3］机:织布机。

［4］牵挺:机蹑,织布机上的踏板。

［5］眦(zì字):眼角。

［6］氂(máo毛):长毛。牖(yǒu友):窗户。

［7］旬日:十天。

［8］浸:渐渐。

［9］燕角:燕国的牛角。弧:木弓。木杆上配有燕角的弓,这是当时一种上佳的弓。

［10］朔蓬:今人杨伯峻以为"朔"字当为"荆"。《考工记》:"燕之角,荆之干,此材之美者也。"蓬:草名,其茎晒干后可做箭。簳(gǎn敢):箭杆。

［11］悬:悬线。绝:断绝。

［12］拊(fǔ府)膺:拍着胸脯。

# 孟母三迁

〔解题〕孟母非常注重环境的选择,因为环境对人的影响是非常巨大的,所谓"染于苍则苍,染于黄则黄。"这位伟大的母亲对于自己的孩子是有定位的,她不满足于孩子能够长大成人,能够自食其力。她要让自己的孩子接受教育,做一个对社会有用的人,这一点是非常难能可贵的。她把家庭教育、社会教育与学校教育紧密地结合起来,终于为中华民族培养了一位伟大的思想家。

邹孟轲之母也[1],号孟母。其舍近墓。孟子之少也[2],嬉游为墓间之事[3],踊跃筑埋[4]。孟母曰:"此非吾所以居处子[5]。"乃去[6],舍市傍[7]。其嬉戏为贾人炫卖之事[8]。孟母又曰:"此非吾所以居处子也。"复徙舍学宫之傍[9]。其嬉游乃设俎豆[10],揖让进退[11]。孟母曰:"真可以居吾子矣。"遂居。及孟子长,学六艺[12],卒成大儒之名。君子谓孟母善以渐化[13]。《诗》云:"彼姝者子,何以予之?"[14]此之谓也[15]。

孟子之少也,既学而归,孟母方绩[16],问曰:"学何所至矣[17]?"孟子曰:"自若也[18]。"孟母以刀断其织。孟子惧而问其故,孟母曰:"子之废学[19],若吾断斯织也。夫君子学以立名,问则广知,是以居则安宁,动则远害。今而废之,是不免于厮役[20],而无以离于祸患也。何以异于织绩而食[21],中道废而不为,宁能衣其夫、子而长不乏粮食哉[22]！女则废其所食,男则堕于修德,不为窃盗,则为虏役矣[23]。"孟子惧,旦夕勤学不息[24],师事子思[25],遂成天下之名儒。君子谓孟母知为人母之道矣。《诗》云:"彼姝者子,何以告之?"[26]此之谓也。

——《列女传》卷一

[1] 邹(zōu 诹):周朝时的一个国家,在今山东邹城。孟轲(约前372—约前289):字子舆。他出生的时候孔子已去世百年左右。孟子是战国时期伟大的思想家、教育家,儒家学派的杰出代表,与孔子并称"孔孟"。后世称"亚圣"。孟子之母仉(zhǎng 掌)氏。

[2] 之:用在句中,取消句子的独立性,无意义。

[3] 墓间之事:丧葬之事。

[4] 筑埋:造墓埋坟。

[5] 处:这里是"培养"的意思。

[6] 去:离开。

[7] 舍:动词,住。市:集市。

[8] 贾人:商人。炫卖:大声吆喝叫卖。

[9] 学宫:学校。古代贵族子弟读书学习的地方。

[10] 俎(zǔ 组)豆:见前章学诚《师说》注[28]。

[11] 揖让:见前王导《请修学校疏》注[17]。进退:《礼记·曲礼上》:"进退有度,左右有局。"

[12] 六艺:古代以"六经"为六艺。六经指《诗》、《书》、《礼》、《乐》、《易》、《春秋》。

[13] 君子:古人在对问题发表看法的时候常假托"君子"之名。渐化:指利用环境慢慢地教化。

[14] "《诗》云"三句:《诗经》上说:"那美丽的女子啊,我拿什么来赠送给你!"语出《诗经·鄘风·干旄》。姝(shū 叔),美丽。

[15] 此之谓也:说的就是像她这样的人。

[16]绩:把麻纤维披开捻接起来。此处指织布。

[17]"学何"句:学习达到了什么境界?

[18]自若:跟原来一样。

[19]废学:荒废学业。

[20]厮役:干杂役的奴隶,后泛指受人驱使的奴仆。

[21]"何以"句:这和依靠织布而生存有何不同?

[22]"宁能"句:哪能使她的丈夫和儿子有衣服穿而长期不缺乏粮食呢?衣(yì义),动词,给……衣服穿。

[23]虏役:奴隶,奴仆。

[24]旦夕:从早到晚。

[25]师事:把……当做老师侍奉。事,动词,侍奉。子思(约前483—前402):即孔伋,孔子的嫡孙。子思受教于曾子,又把学术传给孟子,后世称"思孟学派"。后世尊为"述圣"。他是当时著名的思想家,著有《中庸》,对中国后世的思想产生了重要的影响。

[26]"诗云"三句:《诗经》上说:"那美丽的女子啊,我拿什么禀告你!"语出《诗经·鄘风·干旄》。

# 苏秦读书锥刺股[1]

〔解题〕 自古以来,知识分子总是梦想着参政议政,苏秦可以说是这方面最杰出的代表。他在当时是纵横家的佼佼者,关于纵横家的能量,《文心雕龙·论说》云:"一人之辩,重于九鼎之宝。三寸之舌,强于百万之师。"其实,苏秦的本事全是自己苦学得来的。他深深地知道,《阴符经》里浓缩了姜太公治国、用兵等方面的智慧。自己既然不能亲炙先贤,那就苦读先贤留下来的书籍。今天看来,他"锥刺股"的苦学方式有点自虐。功夫不负有心人,他终于学有所成,既为自己赢得了名誉和利益,也为六国换来了一个历史阶段的和平。

(苏秦)说秦王书十上而说不行[2],黑貂之裘敝[3],黄金百斤尽,资用乏绝,去秦而归。嬴縢履跻[4],负书担橐[5],形容枯槁[6],面目犁黑[7],状有归色[8]。归至家,妻不下纴[9],嫂不为炊,父母不与言。苏秦喟然叹曰:"妻不以我为夫,嫂不以我为叔,父母不以我为子,是皆秦之罪也[10]。"乃夜发书[11],陈箧数十[12],得太公《阴符》之谋[13],伏而诵之,简练以为揣摩[14]。读书欲睡,引锥自刺其股,血流至足,曰:"安有说人主不能出其金玉锦绣[15],取卿相之尊者乎[16]?"期年[17],揣摩成,曰:"此真可以说当世之君矣!"

于是乃摩燕乌集阙[18],见说赵王于华屋之下[19],抵掌而谈[20]。赵王大说[21],封为武安君[22],受相印,革车百乘[23]、锦绣千纯[24]、白璧百双、黄金万溢以随其后[25],约从散横以抑强秦[26],故苏秦相于赵而关不通[27]。当此之时,天下之大,万民之众,王侯之威,谋臣之权,皆欲决苏秦之策[28]。不费斗粮,未烦一兵[29],未战一士,未绝一弦,未折一矢[30],诸侯相亲,贤于兄弟[31]。夫贤人在而天下服,一人用而天下从,故曰:式于政,不式于勇[32];式于廊庙之内[33],不式于四境之外[34]。当秦之隆[35],黄金万溢为用,转毂连骑[36],炫熿于道[37],山东之国从风而服[38],使赵大重[39]。且夫苏秦,特穷巷掘门、桑户棬枢之士耳[40],伏轼撙衔[41],横历天下[42],廷说诸侯之王[43],杜左右之口[44],天下莫之能伉[45]。

——《战国策·秦策一》

[1] 苏秦(?—前284):字季子。河南洛阳人。战国时期著名的纵横家、政治家,他主张联合六国对抗强大的秦国,并取得了很大的成效。股:大腿。

[2] 说:第一个"说"(shuì 睡),游说。第二个"说",学说,意见。

[3] 貂(diāo 刁):一种哺乳动物,毛皮一般为黄褐色,很珍贵。裘(qiú 求):皮衣。敝:破旧。

[4] 羸縢(léi téng 雷腾)履蹻(jué 决):腿上缠着绑腿布,脚上穿着草鞋。羸,同"缧",缠绕。縢,绑腿布。蹻,草鞋。

[5] 负书担橐(tuó 驼):背着书箱,担着行囊。橐,囊。

[6] 形容枯槁:体型瘦弱,面容憔悴。枯槁,干枯的木头。

[7] 犁黑:同"黧(lí)黑"。

[8] 归色:羞愧的神色。归,同"愧"。

[9] 妻不下纴:妻子纺织如故,像没有看见自己的丈夫一样。纴,纺织。

[10] 是:这些。秦:苏秦。

[11] 发:打开。

[12] 陈箧(qiè切):打开书箱。箧,书箱。

[13] 太公:姜太公,即姜子牙。《阴符》:相传是姜子牙所著关于兵法权谋的书。

[14] 简练:选择重点反复练习。简,选择。练,熟练。

[15] 安:怎么。人主:国君。

[16] 卿相:古代执政大臣的代称。《孟子·公孙丑上》:"夫子加齐之卿相,得行道焉,虽由此霸王,不异矣。"

[17] 期(jī机)年:一周年。

[18] 摩:接近。燕乌集阙:赵国君主所居之处。一说,古代的关塞。

[19] 华屋:华丽之屋。

[20] 抵(zhǐ止)掌而谈:谈到开心的时候击掌。抵,原作"抵",误。

[21] 说(yuè越),同"悦"。

[22] 武安:地名,在今河北武安。

[23] 革车:兵车。

[24] 纯:匹。

[25] 溢:同"镒(yì义)",重量单位,二十两。一说,二十四两。

[26] 约从:联合六国对抗秦国。从,同"纵"。六国的地理位置大致在南北这条线上,故六国联称"合纵"或"约纵"。散横:破坏个别国家与秦国的友好关系。秦国在西部,它与六国中的某个国家联合起来称"连横"。连横是为了远交近攻,各个击破。苏秦破坏这种关系称"散横"。

[27] 关不通:六国与秦国断绝往来,因此函谷关交通断绝。关,指函谷关。

[28] "皆欲"句:都要取决于苏秦的策略。

[29] 兵:兵器。

[30] 矢:箭。

[31] 贤于:胜于。

[32] "式于"二句:运用政治,不运用武力。式,用。

[33] 廊庙:殿下屋和太庙。代指朝廷。

[34] 四境:四周边境。

[35] 当秦之隆:在苏秦处于人生顶点的时候。

247

[36] 转毂连骑:车马相连。

[37] 炫熿:炫耀。

[38] 山东之国:指齐、楚、燕、韩、魏等国。山东,崤山以东。

[39] 大重:地位变得非常重要。

[40] "特穷"句:只不过是个穷小子。特,只不过。掘门,同"窟门"。桑户,用桑木做成门板。棬(quān 弮)枢,用树条圈起来做门枢。

[41] 伏轼撙(zǔn 尊上声)衔:伏在车前的横木上,拉着马的缰绳。古代只有贵族才能乘车马。

[42] 横历天下:驰骋天下。

[43] 廷说:在朝廷上游说。

[44] 杜:塞。

[45] 莫之能伉(kàng 抗):没有人能与他匹敌。伉,同"抗"。

# 张 良 受 书[1]

司马迁

[**解题**] 张良是秦汉之际著名的谋士,他辅佐刘邦称帝,与萧何、韩信并称"三杰"。张良成为帝师,与他早期的一段经历有关。他曾经也是个热血青年,为报国雪耻刺杀秦王奋不顾身。但在智者看来张良这不过是逞匹夫之勇,在他逃亡的途中遇到了异人黄石公,是黄石公训练了他能"忍"的意志和品格,这一点比起勇敢和谋略来尤为重要。在张良达到了黄石公训练要求的时候,黄石公才将稀世秘籍《太公兵法》赠送给他。张良熟读此书,智慧大开。宋代文豪苏轼有感于张良的事迹撰写了一篇鸿文《留侯论》,在苏轼看来,刘邦在开国前后对内对外的斗争中取得胜利的一个重要法宝是能"忍",而这一点恰恰是张良教导的结果。

良尝从容步游于下邳圯上[2],有一老父,衣褐[3],至良所,直堕其履圯下[4],顾谓良曰[5]:"孺子[6],下取履!"良鄂然[7],欲殴之。为其老,强忍,下取履。父曰:"履我[8]!"良业为取履[9],因长跪履之。父以足受,笑而去。良殊大惊,随目之[10]。父去里所[11],复还,曰:"孺子可教矣。后五日平明[12],与我会此。"良因怪之,跪曰:"诺[13]。"五日平明,良往。父已先在,怒曰:"与老人期,后[14],何也?"去,曰:"后五日早会。"五日鸡鸣,良往。父又先在,复怒曰:"后,何也?"

去,曰:"后五日复早来。"五日,良夜未半往。有顷[15],父亦来,喜曰:"当如是。"出一编书[16],曰:"读此则为王者师矣。后十年兴[17],十三年孺子见我济北[18],谷城山下黄石即我矣[19]。"遂去,无他言,不复见。旦日视其书[20],乃《太公兵法》也[21]。良因异之,常习诵读之。

——《史记·留侯世家》

[1] 张良(约前250—前186):字子房。战国时期韩国人,汉开国后封留侯。张良是秦汉之际著名的谋士,刘邦后来称赞"夫运筹策帷帐之中,决胜于千里之外,吾不如子房。"

[2] 从容:悠闲的样子。下邳:秦时的一个县,在今江苏睢宁西北。圯(yí 移):桥。

[3] 衣(yì 义)褐:穿着短衣。衣,动词,穿。

[4] 直:故意。

[5] 顾:回头。

[6] 孺子:小孩子。古时长者对晚辈的称呼。

[7] 鄂:惊讶的样子。鄂,同"愕"。

[8] 履我:为我穿上鞋子。履,鞋子。这里用作动词。

[9] 业:已经。

[10] 目:注视。

[11] 里所:大约一里路。所,表示约数。

[12] 平明:黎明。

[13] 诺:古时答应对方时的用语。

[14] 后:来得晚。

[15] 有顷:一会儿。

[16] 一编书:一卷书。秦汉之际文字还是写在竹简上,用皮串连起来,这叫编。

[17] 兴:兴起。指张良会有一番大的作为。

[18] 济北:地名,在今山东长清附近。

[19] 谷城山:一名黄山,在今山东东阿东北。

[20] 旦日:第二天早上。

[21] 《太公兵法》:相传为姜太公所著的兵书。姜太公,即姜子牙,辅佐周文王克商建周。

# 伏生治《尚书》[1]

班 固

〔解题〕战争破坏了文化事业,但文化的传播总是不绝如缕。伏生就是我国历史上一位功勋卓著的文化大师。他通过对《尚书》文献的珍藏、记诵和讲解,使《尚书》学得以在中国开枝散叶。

伏生,济南人也,故为秦博士[2]。孝文时[3],求能治《尚书》者[4],天下亡有[5],闻伏生治之,欲召。时伏生年九十余,老不能行,于是诏太常[6],使掌故朝错往受之[7]。秦时禁《书》,伏生壁藏之[8],其后大兵起,流亡。汉定,伏生求其《书》,亡数十篇[9],独得二十九篇,即以教于齐、鲁之间。齐学者由此颇能言《尚书》,山东大师亡不涉《尚书》以教[10]。伏生教济南张生及欧阳生。张生为博士,而伏生孙以治《尚书》征[11],弗能明定[12]。是后鲁周霸、雒阳贾嘉颇能言《尚书》云[13]。

——《汉书·儒林传》

[1] 伏生(前260—前161):西汉经学家。今山东邹平人。一作伏胜,字子贱。他为保存和传播《尚书》做出了不可磨灭的贡献。治:研究。

[2] 故:原来。博士:古代的学官名称,六国时代已有,秦朝时仍设立。

[3] 孝文:即汉文帝刘恒(前202—前157),汉高祖刘邦的第四子,在

位期间励精图治。

〔4〕治:研究。

〔5〕亡:同"无"。

〔6〕太常:即太常寺,掌管礼仪之事的国家机构。

〔7〕掌故:太常寺的属官,掌管礼乐故实。朝错:即晁错(前200—前154),西汉之初政治家、文学家。汉景帝时官至御史大夫,七国之乱时被冤杀。

〔8〕壁藏:把《尚书》藏在墙壁里。

〔9〕亡:丢失。

〔10〕山东:指战国、秦汉时崤山以东地区。

〔11〕征:被征召。

〔12〕明定:阐明论定。

〔13〕是后:从这以后。周霸:西汉之初学者,经学家申公的弟子。曾任胶西国内史。雒阳:洛阳之古称。贾嘉:贾谊之孙,好学,后来成为栋梁之材。

# 申公享受安车蒲轮[1]

班　固

〔解题〕申公在他后半生的学术生涯中经历了许多戏剧性的变化,汉初得以拜见开国皇帝刘邦,这在某种程度上奠定了他的宗师地位。后来做楚王刘戊的老师,因为自己的严格教育竟受到了刘戊的虐待和侮辱。但天下读书人的眼睛是雪亮的,大家都知道申公是鸿儒硕师,因此"自远方至受业者千余人"。汉武帝时他又受到了一种最高规格的待遇——安车蒲轮。申公的一生在某种程度上说是中国知识分子命运遭际的缩影。

申公,鲁人也。少与楚元王交俱事齐人浮丘伯受《诗》[2]。汉兴,高祖过鲁[3],申公以弟子从师入见于鲁南宫。吕太后时[4],浮丘伯在长安,楚元王遣子郢与申公俱卒学[5]。元王薨[6],郢嗣立为楚王[7],令申公傅太子戊[8]。戊不好学,病申公[9]。及戊立为王,胥靡申公[10]。申公愧之[11],归鲁退居家教,终身不出门。复谢宾客[12],独王命召之乃往[13]。弟子自远方至受业者千余人,申公独以《诗经》为训故以教[14],亡传[15],疑者则阙弗传[16]。兰陵王臧既从受《诗》[17],已通,事景帝为太子少傅[18],免去[19]。武帝初即位[20],臧乃上书宿卫[21],累迁[22],一岁至郎中令[23]。及代赵绾亦尝受《诗》申公[24],为御史大夫[25]。

绾、臧请立明堂以朝诸侯[26]，不能就其事[27]，乃言师申公。于是上使使束帛加璧[28]，安车以蒲裹轮[29]，驾驷迎申公[30]，弟子二人乘轺传从[31]。

——《汉书·儒林传》

[1]申公：名培。西汉之初鲁国人，经学大师，荀子的再传弟子。在当时教授《诗经》的有四大家，号称"齐鲁韩毛"，申公是其中一家。安车蒲轮：车轮用蒲叶包裹起来，人可以安然乘坐的马车。古代马车车轮是实木的，行进起来难免颠簸，裹上蒲叶可以减震，这是对贤者和长者的礼遇。

[2]楚元王交：刘交（？—前179），汉高祖刘邦的同父异母弟弟。自幼好学，拜浮丘伯为师。汉六年（前201）封楚王，在位二十三年，谥号元王。事：侍奉。浮丘伯：秦汉之际的大儒，他是荀子的学生。

[3]高祖：即刘邦（前256—前196），在秦末农民战争中表现了卓越的政治才能和军事才能，建立汉朝。庙号太祖，谥号高皇帝。

[4]吕太后：即吕雉（前241—前180），刘邦的皇后。她是一位非常出色的政治家，在刘邦死后被尊为皇太后，临朝称制，在对内斗争中虽然表现得残忍，但国家平稳发展。

[5]郢：刘郢（？—前174），也叫刘郢客，在王位仅四年。卒学：完成学业。

[6]薨（hōng轰）：古代诸侯、后妃以及王公大臣的死叫薨。

[7]嗣立：继承王位。

[8]傅：动词，做……的老师。太子：这里是王太子。戊：刘戊（？—前154），刘交之孙，刘郢之子，道德败坏，后参与"七国之乱"，兵败自杀。

[9]病：厌恶，憎恨。

[10]胥靡：古代服劳役的一种刑罚。颜师古的注解是："联系使相随而服役之，故谓之胥靡，犹今之役囚徒以锁联缀耳。"

[11]愧之：为这件事感到耻辱。

[12]谢：谢绝。

[13]王：指鲁恭王刘余，景帝之子。"七国之乱"平定后由淮阳王徙为鲁王。为人口吃，不喜辞辩。为扩建宫室而毁坏孔子旧宅，于宅壁中得古文经传。

[14] 训故:即训诂,解释古书中的字句。

[15] 亡传:颜师古曰:"口说其指,不为解说之传。"亡,同"无"。传,义理阐发。

[16] "疑者"句:遇到特别疑难的字句,放过去,不强加解释。

[17] 王臧(?—前139):西汉儒生,今山东兰陵人。申公的弟子,汉武帝初受重用,推行儒术,贬斥黄老。后因触怒窦太后,被捕入狱,死于狱中。

[18] 景帝:刘启(前188—前141),汉文帝第五子。太子少傅:负责教习太子的官职。

[19] 免去:因事免去职官。

[20] 武帝:刘彻(前156—前87),十六岁时(前141)登基。推崇儒术,兴太学,他是中国历史上一位具有雄才大略的帝王。

[21] 宿卫:在宫廷中值宿,担任警卫。

[22] 累迁:多次升职。

[23] 郎中令:侍奉皇帝左右的高级官职。

[24] 代:西汉之初分封的一个同姓国,在今山西东北部、河北西北部。汉文帝曾做过代国国王,他登基后废除了代国。但这个地名概念仍为人袭用。赵绾(wǎn 晚):西汉之初的儒生,汉武帝时受重用。后因触怒窦太后,被捕入狱,死于狱中。

[25] 御史大夫:职掌监察,与丞相、太尉合称三公。

[26] 明堂:雄伟高大的天子之庙,代表君权神授。朝诸侯:让诸侯来朝拜。朝,使动用法,让……来朝拜。

[27] 就其事:成其事。

[28] 使:第一个"使",动词,让。第二个"使",名词,使者。束帛:捆成一束的五匹帛。古代用为聘问、馈赠的礼物。《易经·贲》:"束帛戋(jiān 尖)戋。"璧:一种美玉,中间有小孔。

[29] "安车"句:颜师古注:"以蒲裹轮,取其安也。"见本篇注[1]。

[30] 驾驷:四匹马驾的车。迎申公事在建元元年(前140)。

[31] 轺传(yáo chuán 遥船):古代一种轻便的小马车。在汉代,四马高足为置传,四马中足为驰传,四马下足为乘传,一马二马为轺传。

# 河间献王刘德好藏书[1]

班 固

[**解题**] 在中国古代文献的搜集和保存方面,刘德无疑是功不可没的。《汉书》对他"实事求是"精神的概括对后来影响甚大。明代张居正《辛未会试程策二》里说:"其所以振刷综理者,皆未尝少越于旧法之外,惟其实事求是,而不采虚声。"毛泽东在《改造我们的学习》一文中又指出:"'实事'就是客观存在着的一切事物,'是'就是客观事物的内部联系,即规律性,'求'就是我们去研究。"这种追求真理的精神将世世代代流传下去。

河间献王德以孝景前二年立[2],修学好古[3],实事求是[4]。从民得善书[5],必为好写与之[6],留其真[7],加金帛赐以招之。繇是四方道术之人不远千里[8],或有先祖旧书,多奉以奏献王者,故得书多,与汉朝等。

——《汉书·景十三王传》

[1] 河间:西汉时国名,都在今河北献县。刘德(前171—前130),汉景帝第二子,汉景帝前元二年(前155)封河间王。他一生致力于古籍的收集与整理,为中国文化的薪火相传做出了卓越的贡献。"献"是其谥号。

[2] 孝景:即汉景帝。

[3] 好古:喜欢古代的典籍文化。

[4] 实事求是:弄清事实,求得正确结论。实,动词,弄清。是,真事,

正确的结论。颜师古注:"务得事实,每求真是也。"

　　[5] 从民:从民间。善书:好书,善本书。

　　[6] 写:抄写。

　　[7] 真:真本,手稿或原刻本。

　　[8] 繇(yóu由)是:因此。繇,同"由"。道术:学问。不远千里:不以千里路途为远。

# 目不窥园

班　固

〔解题〕董仲舒对于汉代的文化建设和人才培养是有巨大贡献的。根据《汉书·董仲舒传》的记载,汉武帝时设立学校的官员,从州郡推荐秀才和孝廉,都是董仲舒倡议的。董仲舒在学术研究上硕果累累,他在教学过程中让弟子们互相传授并非自己偷懒,这样既可以促进弟子的学业,也可以增进弟子间的友谊。因为钻研圣贤之道,在三年多的时间里姹紫嫣红的花园对于他来说没有任何的吸引力,这无疑又为学生们做出了极好的表率。

董仲舒[1],广川人也。少治《春秋》,孝景时为博士[2]。下帷讲诵[3],弟子传以久次相授业[4],或莫见其面[5]。盖三年不窥园,其精如此。进退容止[6],非礼不行,学士皆师尊之。

——《汉书·董仲舒传》

[1] 董仲舒(前179—前104):今河北景县人。汉代经学家、政治家、教育家。

[2] 博士:学官。

[3] 下帷:放下帷幕。这个词在以后成为"教书"的代名词。

[4] "弟子"句:弟子间根据入门先后辗转传授学业。久次,年资长短。

[5] 或:有的人。

[6] 进退容止:《孝经·圣治》:"容止可观,进退可度。"容止,仪容举止。

# 带经耕读

班　固

〔解题〕倪宽是古代贫寒子弟的榜样,他既没有高贵的血统,也没有显赫的战功,完全凭借自己渊博的学问成为国家的栋梁。他受业于孔子的后裔孔安国,这是一份非常宝贵的教育资源,这种资源能够为学习者提供极大的动力和养料。倪宽"带经而锄"的故事真实地体现了读书人对知识的热爱和追求。

倪宽[1],千乘人也。治《尚书》,事欧阳生[2],以郡国选诣博士,受业孔安国[3]。贫无资用,尝为弟子都养[4]。时行赁作[5],带经而锄,休息辄读诵,其精如此[6]。

——《汉书·倪宽传》

[1] 倪宽(？—前103):字仲文。今山东广饶人。官至御史大夫。曾奉诏与司马迁共同商定《太初历》。

[2] 事:侍奉。欧阳生:字和伯。伏生的学生。与倪宽是同乡。《汉书》有传。

[3] 孔安国(约前156—前74):字子国。孔子第十世孙。经学家。

[4] 都(dōu 兜)养:见前黄宗羲《广师说》注[21]。

[5] 赁作:受雇为人干活。

[6] 精:专一,深入。

# 文翁兴学

班　固

〔**解题**〕本文记述文翁在蜀郡大兴教化之事。蜀郡在当时是偏远、落后地区，文翁首先选拔人才赴京师长安学习，之后又大力兴办学校、奖掖人才，蜀郡渐起向学重教之风，乃至比肩齐鲁，成为大化之地。

文翁，庐江舒人也[1]。少好学，通《春秋》，以郡县吏察举[2]。景帝末，为蜀郡守[3]，仁爱好教化。见蜀地辟陋有蛮夷风，文翁欲诱进之，乃选郡县小吏开敏有材者张叔等十余人亲自饬厉[4]，遣诣京师，受业博士[5]，或学律令[6]。减省少府用度[7]，买刀布蜀物[8]，赍计吏以遗博士[9]。数岁，蜀生皆成就还归，文翁以为右职[10]，用次察举[11]，官有至郡守刺史者。

又修起学官于成都市中[12]，招下县子弟以为学官弟子[13]，为除更徭[14]，高者以补郡县吏，次为孝弟力田[15]。常选学官僮子，使在便坐受事[16]。每出行县，益从学官诸生明经饬行者与俱[17]，使传教令，出入闺阁[18]。县邑吏民见而荣之，数年，争欲为学官弟子，富人至出钱以求之。由是大化，蜀地学于京师者比齐鲁焉。至武帝时，乃令天下郡国皆立学校官，自文翁为之始云。

文翁终于蜀,吏民为立祠堂,岁时祭祀不绝。至今巴蜀好文雅,文翁之化也。

——《汉书·文翁传》

[1] 庐江舒:庐江郡舒县,今安徽庐江。

[2] 察举:汉代官吏选拔制度,由官吏推荐人选,经考核后任以官职。

[3] 蜀郡:西汉蜀郡大约在今四川中部一带,治所在今四川成都。

[4] 饬(chì赤)厉:告诫勉励。

[5] 受业博士:跟随博士学习。博士,汉代学官名,负责传授儒家经典。

[6] 律令:法律条令。

[7] 少府:郡少府,为太守的掌财机构。

[8] 刀布:金刀蜀布,都是蜀地特产。

[9] 赍(jī机):遣送。计吏:州郡掌簿籍负责上报的官员。

[10] 右职:重要的职位。右,古代崇右,故以右为上,为贵。

[11] 用次察举:通过察举的途径依次推荐。

[12] 学官:学校。

[13] 下县:一郡中除了郡治以外的县,这里指成都以外的县。

[14] 更徭:更赋和徭役。更,男子按规定轮番戍边,为更役,纳钱代更役,为更赋。

[15] 孝弟力田:又作"孝悌力田"。汉代选拔官吏的科目之一。

[16] "使在"句:让(他们)在郡赴的厢房中协助处理政务。便坐:别室,厢房。

[17] 饬行:行为严谨合礼。

[18] 闺阁:内室,这里指官衙之内。

# 凿 壁 偷 光

〔解题〕 自古以来贫寒子弟好读书者不乏其人,匡衡就是其中的佼佼者,他堪称"学而优则仕"的典范。匡衡刻苦读书的故事在流传过程中被提炼为"凿壁偷光"。"偷"本是世界各民族都唾弃的一个用语,但用在这里却把匡衡对知识如饥似渴的那种劲头儿表现得淋漓尽致。匡衡不仅好学,而且善教。他讲解《诗经》既鞭辟入里,又幽默风趣。这是中国教育史上"寓教于乐"的经典案例。

匡衡[1],字稚圭,勤学而无烛。邻居有烛而不逮[2],衡乃穿壁引其光[3],以书映光而读之。邑人大姓[4],文不识[5],家富多书,衡乃与其佣作[6],而不求偿[7]。主人怪[8],问衡,衡曰:"愿得主人书,遍读之。"主人感叹,资给以书[9],遂成大学[10]。

衡能说《诗》[11],时人为之语曰:"无说《诗》[12],匡鼎来。匡说《诗》,解人颐[13]。"鼎,衡小名也。时人畏服之如是[14],闻者皆解颐欢笑。衡邑人有言《诗》者,衡从之[15],与语质疑,邑人挫服[16],倒屣而去[17]。衡追之,曰:"先生留听[18],更理前论[19]。"邑人曰:"穷矣[20]。"遂去不返。

——《西京杂记》卷二

[1] 匡衡(生卒年不详):字稚圭,山东兰陵人。西汉时期经学家,善于

解说《诗经》。宣帝时不受重用,元帝时官至丞相,成帝时获罪罢官。

〔2〕不逮:不及。指邻人的烛光照不到他家。

〔3〕穿壁:凿穿邻人的墙壁。

〔4〕邑人:乡人。邑,旧指县。大姓:富贵人家。

〔5〕文不识:不识文字。

〔6〕佣作:同"庸作",做佣工。

〔7〕偿:报酬。

〔8〕怪:感到奇怪。

〔9〕资给:借给。

〔10〕大学:大学者。

〔11〕《诗》:《诗经》最早称《诗》。

〔12〕无说:不要再说。

〔13〕解人颐:使人笑开颜。颐,面颊,腮。

〔14〕畏服:敬畏,佩服。

〔15〕从之:登门求教。

〔16〕挫服:折服。

〔17〕倒屣(xǐ 喜)而去:倒穿着鞋子跑出去。屣,鞋子。西汉时还是席地而坐,宾主进门都要脱鞋。

〔18〕留听:留下来听一听。

〔19〕更:接着。

〔20〕穷:理屈词穷。

# 尊师敬学故事(二)

經濟發展史（二）

# 汉元帝尊师孔霸[1]

司马光

〔解题〕作为帝王,汉元帝在政治和军事上几乎乏善可陈。但是他热爱文化,史书中评价他"柔仁好儒"。在对待自己老师孔霸的态度上,汉元帝可作楷模。孔霸作为圣人的后裔成为帝师,赐爵封侯,享尽荣耀。但他并没有贪得无厌,人贵自知之明。一位学者可以在原则上和知识上教导太子,但不一定就代表自己能在朝廷的重要部门担任要职。这种清醒的头脑是他让汉元帝更加敬重的原因所在。

帝之为太子也,从太中大夫孔霸受《尚书》[2]。及即位,赐霸爵关内侯[3],号褒成君,给事中[4]。上欲致霸相位[5],霸为人谦退,不好权势,常称:"爵位泰过,何德以堪之!"[6]御史大夫屡缺,上辄欲用霸[7];霸让位,自陈至于再三[8]。上深知其至诚,乃弗用[9]。以是敬之,赏赐甚厚。

——《资治通鉴》卷二八

[1] 汉元帝:刘奭(前74—前33),汉宣帝之子。孔霸(生卒年不详):字次儒。山东曲阜人。孔延年之子。他是孔子的第十二世孙,曾师从夏侯胜学习《尚书》,在《尚书》研究上颇有建树。其子孔光是西汉名臣。

[2] 太中大夫:职官。掌管议论,秩比千石(dàn旦)。

[3] 爵:中国古代政治生活里的一种等级,但它并不具有行政职能。

爵位的授予分封爵和赐爵两种。关内侯：西汉都城长安在函谷关以内(西)，关内为王畿，故称"关内侯"。关内侯在赐爵中地位最高。

〔4〕给(jǐ挤)事中：是一种加官，加此号能在宫廷中经常侍奉皇帝左右，备顾问应对，为汉代朝中要职，多以硕儒、皇亲充任。

〔5〕"上欲"句：元帝打算把孔霸放到丞相的位置。

〔6〕"爵位"二句：爵位太高，我没有高尚的品德，承受不起。泰，太。堪，承受得起。

〔7〕辄：动辄，总是。

〔8〕陈：陈述。

〔9〕弗：不再。

# 汉明帝尊师桓荣[1]

司马光

[解题] 汉明帝在帝王系列的尊师活动中可能是最出色的了,他尊敬桓荣没有半点作秀的味道,纯粹出于至诚。天下的读书人及三公九卿对他这位帝王敬重有加,但是他在桓荣面前仍执弟子之礼,尤其是在桓荣病重他去问候的时候"拥经而前",仿佛自己重新回到跟老师读书学习的时光,这是多么令人感动的一幕。

上自为太子[2],受《尚书》于桓荣[3],及即帝位,犹尊荣以师礼。尝幸太常府[4],令荣坐东面,设几杖[5],会百官及荣门生数百人,上亲自执业[6];诸生或避位发难[7],上谦曰:"太师在是[8]。"既罢,悉以太官供具赐太常家[9]。荣每疾病,帝辄遣使者存问[10],太官、太医相望于道。及笃[11],上疏谢恩,让还爵土[12]。帝幸其家问起居[13],入街,下车,拥经而前[14],抚荣垂涕,赐以床茵、帷帐、刀剑、衣被,良久乃去。自是诸侯、将军、大夫问疾者,不敢复乘车到门,皆拜床下。荣卒[15],帝亲自变服临丧送葬[16],赐冢茔于首山之阳[17]。

——《资治通鉴》卷三〇

［1］汉明帝:刘庄(28—75),光武帝刘秀第四子,东汉第二位皇帝。在位期间提倡儒学,政通人和。

［2］上自为太子:刘庄在建武十九年(43)被立为太子。

［3］桓荣(生卒年不详):字春卿。东汉初学者、大臣。自幼读书甚勤。教授刘庄学习《尚书》时已年逾花甲,之后备受亲重,官至太常,享年八十多岁。

［4］幸:古代称帝王的举动,这里是驾临之意。建武三十年(54),桓荣官拜太常。

［5］几杖:坐几和手杖。几是古代的一种坐具。几和杖都是老者常用之物,所以,在古代也是敬老之物。《礼记·曲礼上》:"谋于长者,必操几杖以从之。"

［6］执业:听讲,捧书求教。

［7］避位发难:离开席位提出疑难问题。

［8］太师:这里是帝王对自己曾经的老师的尊称,不是职官。是:这里。

［9］太官:职官名,主管帝王膳食与宴飨。

［10］存问:慰问,问候。

［11］笃:病情加重。

［12］爵土:官爵和封地。

［13］起居:此指病情。

［14］拥经:捧着经书。

［15］卒:死。

［16］变服:不穿帝王的服装,改变服饰。

［17］冢茔:坟墓。首山:在今河南襄城。天下名山共有八个,首山是其中的一个。

# 发明家张衡[1]

范 晔

〔**解题**〕如众所知,中国历史上注重道德、人格这些心性之学的教育,而对于技术开发和进步不仅不以为然,而且认为"人多伎巧,奇物滋起"是惑乱人心的祸端。今天看来,这显然是一种错误的、落后的观点。正因如此,中国历史上既是科学家又是文学家、政治家的人可谓凤毛麟角,而张衡就是这样一位人才。他不慕荣华,不阿权贵,潜心钻研,取得了卓越的成就。当然,史书中描述的这个地动仪,引起了后世中外许多研究者的好奇和探究,钦佩者有之,质疑者有之。一项发明在将近两千年以后还有回响,这充分说明了张衡的成就是超越时代的。

衡善机巧[2],尤致思于天文、阴阳、历算[3]。……安帝雅闻衡善术学[4],公车特征拜郎中[5],再迁为太史令[6]。遂乃研核阴阳[7],妙尽璇机之正[8],作浑天仪[9],著《灵宪》、《算罔论》[10],言甚详明。

顺帝初[11],再转[12],复为太史令。衡不慕当世[13],所居之官辄积年不徙[14]。自去史职,五载复还……

阳嘉元年[15],复造候风地动仪[16]。以精铜铸成,员径八尺[17],合盖隆起,形似酒尊[18],饰以篆文、山、龟、鸟、兽之形。中有都柱[19],傍行八道[20],施关发机[21]。外有八龙[22],首衔铜丸,下有蟾蜍[23],张口承之。其牙机巧制[24],皆隐在尊中,覆盖周密无际。如有地动,尊则振龙,机发吐丸,而蟾蜍衔之。振声激扬[25],伺者因此觉知[26]。虽一龙发机,而七首不动,寻其方面,乃知震之所在。验之以事,合契若神[27]。自书典所记,未之有也[28]。尝一龙机发而地不觉动,京师学者咸怪其无征[29]。后数日驿至[30],果地震陇西[31],于是皆服其妙。自此以后,乃令史官记地动所从方起。

——《后汉书·张衡传》

[1] 张衡(78—139):字平子。今河南南阳人。东汉时期伟大的天文学家、地震学家、数学家、文学家、政治家。他研制了浑天仪和地动仪,所以也是世界史上了不起的发明家。

[2] 机巧:机械制造方面的技巧。

[3] 阴阳:指日月运行的规律。历算:推算年月日与节气等。

[4] 安帝:刘祜(94—125)。汉章帝之子。雅闻:常常听说。雅,平素。术学:术数方面的学问。

[5] 公车:汉代的一种官署,负责处理征召等事宜。征:征召。拜:任命。郎中:官名。帝王侍从官的通称。

[6] 太史令:官名,掌管天时、星象、历法等事务。

[7] 研核:研究,核验。

[8] 璇机:即璇玑。机,同"玑"。天璇与天玑的简称,这是北斗七星中的两颗星星,以此代指北斗,又以北斗代指星象。正:原理,规律。

[9] 浑天仪:浑天仪由两部分组成,一部分是用来演示天象的仪器,一部分是用来观测天象的仪器。

[10]《灵宪》:张衡所著一部关于历法的著作。《算罔论》:张衡所著一部关于算术的著作。

[11] 顺帝:刘保(115—145),汉安帝之子。

[12] 转:迁转,转任。

［13］当世：当世的权贵。

［14］辄：总是。徙：这里是提升的意思。

［15］阳嘉元年：公元132年。阳嘉是汉顺帝的第二个年号。

［16］候风地动仪：测验地震的仪器。一说，此乃两种仪器，一为测风的仪器，一为测地震的仪器。

［17］员径：圆的直径。员，同"圆"。

［18］酒尊：古代的盛酒器。尊，同"樽"。

［19］都柱：大铜柱。都，大。

［20］傍：同"旁"。

［21］施关发机：指仪器内部设置了很多机关可以触发。

［22］龙：龙形的机件。

［23］蟾蜍（chán chú 馋除）：蛤蟆。这里指蛤蟆形状的仪器。

［24］牙机巧制：指互相咬合的制作精巧的部件。

［25］激扬：声音响亮。

［26］伺者：守候观察的工作人员。

［27］合契：非常符合。

［28］未之有也：从来没有的事。

［29］京师：首都。东汉首都在洛阳。咸：都。征：应验。

［30］驿：驿使，驿站上传信的人。

［31］陇西：郡名。在今甘肃兰州、临洮、陇西一带。

# 郑玄之学[1]

范　晔

〔解题〕在汉代精通一经即可踏入仕途,郑玄精通五经,却"不乐为吏"。他仿佛就是为学术而生的学者。在两汉时代,今文经学与古文经学斗争得很激烈,各有各的资料和理论,二者几乎水火不容。郑玄的研究打通了它们之间的壁垒,他在注释经典上吸收了两派的成果,这样,郑玄通过自己的学术努力在形式上结束了今古文经学之争。郑玄的学术造诣和人格魅力令天下读书人风靡,追随他学习的人从"数百千人"到"数千",可谓弟子如云,为中国的教育事业立下了汗马功勋。这样一位大学者、大教育家,理应得到时人和后人的尊敬和怀念。

郑玄字康成,北海高密人也[2]。八世祖崇[3],哀帝时尚书仆射[4]。玄少为乡啬夫[5],得休归[6],常诣学官[7],不乐为吏,父数怒之[8],不能禁。遂造太学受业[9],师事京兆第五元先[10],始通《京氏易》、《公羊春秋》、《三统历》、《九章算术》[11]。又从东郡张恭祖受《周官》、《礼记》、《左氏春秋》、《韩诗》、《古文尚书》[12]。以山东无足问者[13],乃西入关,因涿郡卢植[14],事扶风马融[15]。

融门徒四百余人,升堂进者五十余生[16]。融素骄贵,玄在门下,三年不得见,乃使高业弟子传授于玄[17]。玄日夜寻诵[18]，未尝怠倦。会融集诸生考论图纬[19]，闻玄善算，乃召见于楼上，玄因从质诸疑义，问毕辞归。融喟然谓门人曰："郑生今去，吾道东矣[20]。"

玄自游学，十余年乃归乡里。家贫，客耕东莱[21]，学徒相随已数百千人。及党事起[22]，乃与同郡孙嵩等四十余人俱被禁锢[23]，遂隐修经业[24]，杜门不出[25]。时任城何休好公羊学[26]，遂著《公羊墨守》、《左氏膏肓》、《谷梁废疾》[27]；玄乃发《墨守》[28]，针《膏肓》[29]，起《废疾》[30]。休见而叹曰："康成入吾室，操吾矛，以伐我乎！"[31]初，中兴之后[32]，范升、陈元、李育、贾逵之徒争论古今学[33]，后马融答北地太守刘瓌及玄答何休，义据通深[34]，由是古学遂明[35]。

灵帝末[36]，党禁解[37]，大将军何进闻而辟之[38]。州郡以进权戚[39]，不敢违意，遂迫胁玄，不得已而诣之[40]。进为设几杖[41]，礼待甚优。玄不受朝服，而以幅巾见[42]。一宿逃去。时年六十，弟子河内赵商等自远方至者数千[43]。后将军袁隗表为侍中[44]，以父丧不行。国相孔融深敬于玄[45]，屣履造门[46]。告高密县为玄特立一乡，曰："昔齐置'士乡'[47]，越有'君子军'[48]，皆异贤之意也[49]。郑君好学，实怀明德[50]。昔太史公、廷尉吴公、谒者仆射邓公[51]，皆汉之名臣。又南山四皓有园公、夏黄公[52]，潜光隐耀[53]，世嘉其高[54]，皆悉称公。然则公者仁德之正号[55]，不必三事大夫也[56]。今郑君乡宜曰'郑公乡'。昔东海于公仅有一节[57]，犹或戒乡人侈其门闾[58]，矧乃郑公之德[59]，而无驷牡之路[60]！可广开门衢[61]，令容高车[62]，号为'通德门'。"

——《后汉书·郑玄传》

[1] 郑玄(127—200):字康成,北海高密(今山东高密)人。汉代经学的集大成者,一生著作等身,对后世影响甚巨。

[2] 北海:东汉时代的一个国,治所在今天山东寿光。

[3] 崇:郑崇,字子游。高密大族。以公平刚直闻名。后冤死狱中。

[4] 哀帝:刘欣(前25—前1),汉元帝之孙,汉成帝之侄。尚书仆射(yè夜):尚书令的副职。汉成帝时置尚书五人,其中一人为仆射。

[5] 啬夫:汉代掌管诉讼、赋税的小吏。

[6] 休归:致仕,退休。

[7] 学官:学校房舍,此指主管教育教学的官员。

[8] 父数(shuò硕)怒之:他的父亲多次对他发怒。数,屡次。郑玄从小不喜欢虚荣。

[9] "遂造"句:于是到太学跟从老师学习。太学:东汉时太学可容纳学生三万多人。

[10] 师事:师从。京兆:东汉京兆指洛阳。第五元先:人名,生平、事迹不详。第五,复姓。

[11] 《京氏易》:指西汉著名的易学家京房(前77—前37)研究《易经》的成果。《公羊春秋》:注释《春秋》的有三大家,即左氏、公羊、谷梁。《三统历》:刘歆所撰。《九章算术》:周公所作。

[12] 东郡:今河南濮阳西南。《周官》:河间献王刘德从民间搜得的古书,后更名为《周礼》。《韩诗》:汉初传授《诗经》的有四家,"齐鲁韩毛",其中燕国人韩婴讲授的《诗经》称"韩诗"。《古文尚书》:用上古小篆写成的《尚书》称《古文尚书》。另有伏生传授的用汉代隶书书写的《尚书》称《今文尚书》。

[13] 山东:崤山以东。

[14] 因:通过。涿郡:今河北涿州一带。卢植(139—192):字子干。东汉末年经学家、军事将领。马融的弟子。

[15] 事:师事。扶风:郡名,在今陕西扶风一带。马融(79—166):字季长。东汉名将马援的从孙。一生著述甚多,是中国历史上著名的经学家、教育家。

［16］升堂进者：即"升堂入室"者。比喻学问由浅入深，从老师那里获得了越来越多的学问。《论语·先进》："由（子路）也升堂矣，未入室也。"

［17］高业弟子：学业优秀的弟子。

［18］寻诵：推求学理，诵读经书。

［19］诸生：古代经考试录取而进入各级学校的生员。考论：考查论证。图纬：图谶（chèn 趁）与纬书。图谶是关于神秘寓言的书。纬书与经书相对，也是关于符箓、祥瑞、灾异、占验等内容的书。

［20］吾道东矣：我的学术将要随着郑玄传播到崤山以东了。东，向东。

［21］客耕：租种他人的田地。东莱：郡名，在今山东掖县一带。

［22］党事：指党锢之祸。东汉桓帝、灵帝时期，士大夫与宦官发生了激烈的斗争，宦官以"党人"的罪名逮捕、禁锢了一大批士人，这样的事件共发生了两次，朝野震动。

［23］孙嵩：字宾石，东汉末年高士，曾搭救赵岐，为后世称扬。禁锢（gù 故）：关押，监禁。

［24］经：指儒家典籍。

［25］杜门：闭门。

［26］任城：地名，在今山东济宁东南。何休（129—182）：字邵公。山东滋阳人。东汉时期经学家，官至谏议大夫。

［27］《公羊墨守》：书名。意思是，《春秋公羊传》义理不可驳难，就像墨翟守城一样，无懈可击。《左氏膏肓（huāng 荒）》：书名。意思是，《春秋左氏传》有顽疾，不可救药。《左传·成公十年》："疾不可为也，在肓之上，膏之下，攻之不可，达之不及，药不至焉，不可为也。"心尖脂肪叫膏，心脏与膈膜之间叫肓。《谷梁废疾》：书名。意思是，《春秋谷梁传》有漏洞，于事无补。

［28］发（bō 播）：同"拨"，除去。

［29］针：以针刺治病。

［30］起：治愈。

［31］"休见"四句：何休看见了郑玄的著作，惊叹道："郑康成非常熟悉我的学说，他这是用我的矛来攻击我的盾啊！"

［32］中兴：由衰落而重新振兴起来。

［33］范升、陈元、李育、贾逵：这四位都是东汉初期经学家。古今学：古文经学和今文经学。古文经学与现实政治问题联系较弱，今文经学关注时事政治。

［34］义据：释义与考据。通深：通透深刻。

［35］遂明：于是兴盛起来。遂，于是。

［36］灵帝：汉灵帝刘宏（157，一作156—189），汉章帝玄孙。桓帝去世后即位。

［37］党禁：限制列入党人名籍的人士活动的禁令。

［38］何进（？—189）：字遂高。南阳宛（今河南南阳）人。官至大将军，后被宦官杀害。辟：征召。

［39］权戚：有权势的外戚。何进的妹妹是汉灵帝的皇后，汉献帝时为皇太后。

［40］诣之：把郑玄送到京城。诣，到……那里去。

［41］几杖：见前司马光《汉明帝尊师桓荣》注［5］。

［42］幅巾：古代男子以全幅细绢裹头的头巾。

［43］河内：今河南北部、河北南部、山东西部一带。赵商：郑玄的学生，经常与老师切磋辩难。

［44］表：上表举荐。侍中：侍从皇帝左右的官职，位尊任重。

［45］国相：北海国国相。孔融（153—208）：字文举。鲁国（治今山东曲阜）人。东汉末期文学家，"建安七子"之一。因官北海相，人称"孔北海"。

［46］屣履：拖着鞋子走路。表示见贤心切。造门：登门。

［47］士乡：春秋时代齐国管仲辅佐齐桓公时，令士、农、工、商四民分别居住。其中，士民聚居的地方称"士乡"。《国语·齐语》："管子于是制国以为二十一乡：工商之乡六，士乡十五。"

［48］君子军：春秋时期越王勾践以自己的心腹组建的军队。《国语·吴语》："（越王）以其私卒君子六千人为中军。"

［49］异贤：尊贤。异，同"翼"，恭敬。

［50］实怀明德：确实具有高尚的品德。

［51］谒者仆射：职官。掌管朝廷礼仪以及传达使命。

[52] 南山四皓：秦末汉初在南山隐居的东园公、甪(lù 陆)里先生、绮里季、夏黄公四位高士。

[53] 潜光隐耀：隐藏光彩。指隐藏才华，不出来做官。

[54] 世嘉其高：举世都在称赞他们的高尚。嘉，称赞。

[55] 正号：正式的名位，尊号。

[56] 三事大夫：《尚书》里称任人（行政官）、准夫（法官）、牧作（地方官）为三事大夫。《诗经》里称司徒（掌管土地役徒）、司马（掌管军赋车马）、司空（掌管筑城修路）为"三有事"或"三事大夫"。这些都是古代非常重要的官位。

[57] 东海于公：刘向《说苑·贵德》："丞相西平侯于定国者，东海下邳人也，其父号曰于公，为县狱吏，决曹掾，决狱平法，未尝有所冤。郡中离文法者，于公所决，皆不敢隐情。东海郡中为于公立生祠，命曰于公祠。"

[58] "犹或"句：《汉书·于定国传》："始，定国父于公，其闾门坏，父老方共治之。于公谓曰：'少高大闾门，令容驷马高盖车。我治狱多阴德，未尝有所冤，子孙必有兴者。'"侈(chǐ尺)，增高，扩大。门闾，家门，门庭。

[59] 矧(shěn 审)乃：况乃，况且。

[60] 驷牡之路：指四匹马能够并行的道路。驷牡，驾一辆车的四匹母马。

[61] 门衢(qú 渠)：门前的道路。

[62] 令容高车：让高大的车辆能够通过。高车，古代官高爵显的人所乘的车，车篷比较高，供人立乘。

# 魏昭师事郭泰[1]

司马光

[**解题**] 从古到今的教育工作者大体可分为两种,一种只注重知识的传授和技能的训练,一种更注重人格的培养。前一种叫"经师",后一种叫"人师"。正像魏昭所言:"经师易遇,人师难遭。"人格的考验也是教育的一个重要环节,郭泰——这位拥有上千弟子的名士对于刚刚进门的魏昭就先打上一百杀威棒,等验证了魏昭的虔诚之后,他竟放下师道尊严,两人成为至交好友。

陈国童子魏昭请于泰曰[2]:"经师易遇,人师难遭[3]。愿在左右,供给洒扫。"泰许之。泰尝不佳[4],命昭作粥,粥成,进泰,泰呵之曰:"为长者作粥,不加意敬,使不可食!"以杯掷地。昭更为粥重进[5],泰复呵之。如此者三,昭姿容无变。泰乃曰:"吾始见子之面,而今以后,知卿心耳[6]!"遂友而善之[7]。

——《资治通鉴》卷五五

[1] 魏昭(生卒年不详):东汉时知名学者。郭泰(128—169):字林宗。山西介休人。东汉名士,闭门教书,弟子达上千人。

[2] 陈国:东汉时期的行政单位除了州、郡、县之外,仍有王国。陈国治所在陈县(今河南睢阳)。

[3] "经师"二句:胡三省注:"经师,谓专门名家,教授有师法者;人

师,谓谨身修行,足以范俗者。"

〔4〕不佳:患有微疾。

〔5〕更:再次。

〔6〕卿:你。古代长辈对晚辈、尊者对卑者的爱称。

〔7〕友:成为朋友,动词。

# 三余读书

〔解题〕老子说,圣人"行不言之教"。因为说得越多,漏洞越多。董遇可能对这一点感受最深。当学生向他请教学习要领的时候,他给出了一个流传千古的格言:"读书百遍,而义自见。"这绝不是一个不负责任的老师在敷衍,这是董遇的切身感受。当学生感慨缺少读书时间的时候,董遇又告诫可以用三种剩余的时间去读书。这与后来鲁迅所言"时间就像海绵里的水,只要愿挤,总还是有的",有异曲同工之妙。

董遇好学[1],人从学者[2],遇不肯教,云:"当先读书百遍,而义自见。"[3]从学者云:"苦渴无日。"[4]遇曰:"当以三余[5]。冬者岁之余,雨者晴之余,夜者日之余。"

——《艺文类聚》卷三

[1] 董遇:字季直。三国时魏人。
[2] 人从学者:有人跟随他学习。
[3] "当先"二句:应当自己先去读书,读上百十遍,其中的含义自然就明白了。见,同"现"。
[4] 苦渴无日:苦于没有时间。
[5] 当以三余:应当用三种剩余时间来学习。

# 集 萤

〔解题〕 家境贫寒买不起灯油,就用布囊把几十个萤火虫装起来照明读书,这听起来就像一个美丽的童话,但这确是晋代车胤真实的故事。就是靠着这种精神学习,车胤重振家风,位列台阁。

车胤[1],字武子,南平人也。曾祖浚[2],吴会稽太守。父育,郡主簿[3]。太守王胡之名知人[4],见胤于童幼之中,谓胤父曰:"此儿当大兴卿门,可使专学。"胤恭勤不倦,博学多通。车胤家贫不常得油[5],夏月则练囊盛数十萤火以照书[6],以夜继日焉。

——《晋书·车胤传》

[1] 车胤:见前王俭《释奠释菜议》注[8]。
[2] 浚:车浚(?—276),三国时吴国官员。有政声。
[3] 主簿(bù 布):主官属下掌管文书的佐吏,能够参与机要。
[4] 王胡之(?—348):字修龄。今山东临沂人。为官颇有作为。名知人:在知人方面很出名,善于知人。
[5] 油:灯油。
[6] 练囊:用白色的绢做成的布袋。

# 书圣王羲之

〔**解题**〕遗传、家教和师承,这三个方面对于"书圣"王羲之来讲应有尽有,父亲王旷精通书道,家里藏有书道秘籍,叔父王廙(yì义)、从叔父王导、堂兄弟王恬、王洽在书道方面也都是行家里手,老师卫夫人是当时书道领域公认的巨擘。但以上这些都不是将王羲之推上一代宗师的关键因素。"外因是变化的条件,内因是变化的根据。"如果没有临池洗墨,又怎么能够练习出"入木三分"的书法?

晋王羲之[1],字逸少,旷子也[2]。七岁善书。十二见前代《笔说》于其父枕中,窃而读之。父曰:"尔何来窃吾所秘[3]?"羲之笑而不答。母曰:"尔看用笔法?"父见其小,恐不能秘之。语羲之曰:"待尔成人,吾授也。"羲之拜请:"今而用之。使待成人,恐蔽儿之幼令也[4]。"父喜,遂与之。不盈期月[5],书便大进。

卫夫人见[6],语太常王策曰[7]:"此儿必见《用笔诀》,近见其书,便有老成之智。"流涕曰:"此子必蔽吾名!"晋帝时祭北郊,更祝版[8],工人削之[9],入木三分。

——《太平广记》卷二〇七

[1] 王羲之:见前曾巩《墨池记》注[4]。
[2] 旷:王旷。王羲之的父亲,官至太守。精于书法。

〔3〕秘:珍藏。

〔4〕蔽:遮蔽,阻挡。幼令:幼儿时期的才华。

〔5〕期月:一个月。

〔6〕卫夫人:即卫铄(272—349),字茂猗。今山西夏县人。她是太守李矩的妻子,书法家钟繇的学生,王羲之的老师。

〔7〕语(yù玉):对……说。

〔8〕更祝版:更换祭神的木板。

〔9〕工人削之:工人削去上面王羲之的字迹。

# 映雪读书

〔解题〕读书的种子从来就不会断绝,孙康映雪读书的故事再一次谱写了新的篇章。他与孙敬悬梁、苏秦刺股、车胤囊萤、买臣负薪、李密挂角一起编入了《三字经》,从而流芳百世。

孙康家贫[1],常映雪读书[2],清介[3],交游不杂。

——《艺文类聚》卷二

[1] 孙康:晋代京兆(今河南洛阳)人。孙秉之子,孙放之孙。官至御史大夫。

[2] 映雪:利用雪的反光读书。形容勤学苦读的样子。

[3] 清介:清正耿直。

# 燃糠自照

李延寿

〔**解题**〕顾欢是真正的农家子弟,但这并没有阻挡他好学成才。小的时候,父亲让他去驱赶黄雀,他却做起了《黄雀赋》,致使"雀食稻过半"。对于一个农民家庭来讲,这种损失是巨大的,父亲的恼怒是可以理解的。但当目不识丁的父亲看到孩子所做的赋时,却放下了举起的拳头。中国古代的史料很少挖掘人物的心理,但我们可以推想顾欢的父亲在这一刻一定心潮起伏,他可能从儿子身上看到了改换门庭的希望。但是,家里确实太过贫寒,无法供给孩子去读书,想到这些他可能又是心如刀绞。不过,顾欢自有妙策,去学校墙后偷听老师讲课,然后默记,晚上再点燃松节或谷壳照明读书,一位道教学宗就是这样成长起来的。需要说明的是,"燃糠自照"的故事后来还有人重演,《太平广记》卷一七五就记载了五代时期的李琪靠这种精神竟读完了数千卷图书。

顾欢[1],字景怡,一字玄平,吴兴盐官人也。家世寒贱,父祖并为农夫,欢独好学。年六七岁,知推六甲[2]。家贫,父使田中驱雀,欢作《黄雀赋》而归,雀食稻过半。父怒,欲挞之[3],见赋乃止。乡中有学舍[4],欢贫,无以受业[5],于舍壁后倚听,无遗忘者。夕则然松节读书[6],或然糠自照[7]。及长,笃志不倦。

——《南史·顾欢传》

[1] 顾欢:今浙江海宁人。南朝齐著名的道教学者。

[2] 六甲:《汉书·食货志上》:"八岁入小学,学六甲、五方、书记之事,始知室家长幼之节。"六甲是用天干、地支相配来计算时日,其中有甲子、甲戌、甲申、甲午、甲辰、甲寅,故称。

[3] 挞:打。

[4] 学舍:学校。

[5] 受业:接受教育。

[6] 然:同"燃"。

[7] 糠:谷壳。

# 牛角挂书

〔解题〕本来就在宫廷里有一份令人羡慕的工作,但当李密听说多读书前程就会更加远大的时候,他毅然辞职,去拜访高人。路上的时光他没有用来观赏风景,而是在牛角上挂着《汉书》,边走边读。这一幕被当时朝廷的重臣杨素看到,他预言李密绝非等闲之辈。

(李密)闻包恺在缑山[1],往从之。以蒲鞯乘牛[2],挂《汉书》一帙角上[3],行且读[4]。越国公杨素适见于道[5],按辔蹑其后[6],曰:"何书生勤如此?"密识素,下拜。问所读,曰:"《项羽传》。"因与语,奇之[7]。归谓子玄感曰[8]:"吾观密识度,非若等辈。"[9]玄感遂倾心结纳[10]。大业九年[11],玄感举兵黎阳[12],潜人入关迎密。

——《新唐书·李密传》

[1] 李密(582—619):字玄邃,一字法主。今陕西西安人。隋末瓦岗军首领。包恺(kǎi 凯):字和乐。今江苏连云港人。隋末大儒,门人数千。缑(gōu 勾)山:在今河南偃师境内。

[2] 蒲鞯(jiān 肩):用蒲草做的鞍鞯。

[3] 帙(zhì 至):用布帛做成的书的封套。

[4] 行且读:边走边读。

[5] 杨素(544—606):字处道。今陕西华阴人。隋朝著名的军事家、政治家。适:碰巧。

[6] 按辔(pèi 配):勒紧马的缰绳。

[7] 奇之:觉得他了不起。

[8] 玄感:杨玄感(?—613),封楚国公。后反隋。

[9] 识度:见识和气度。若:你们。

[10] 倾心结纳:真诚地结交拉拢。

[11] 大业九年:公元613年。大业,隋炀帝的年号。

[12] 黎阳:地名,在今河南浚县东北。

# 唐太宗定《五经正义》

司马光

〔解题〕李世民去国子监参加祭奠孔子仪式并听孔颖达等人讲论儒家经典之事,这吸引了许多国内外的学子前来学习,唐代彬彬大盛的文教局面遂由此形成。

二月,丁丑,上幸国子监[1],观释奠,命祭酒孔颖达讲《孝经》[2],赐祭酒以下至诸生高第帛有差[3]。是时上大征天下名儒为学官,数幸国子监[4],使之讲论,学生能明一大经已上皆得补官[5]。增筑学舍千二百间,增学生满三千二百六十员,自屯营飞骑[6],亦给博士[7],使授以经,有能通经者,听得贡举[8]。于是四方学者云集京师,乃至高丽、百济、新罗、高昌、吐蕃诸酋长亦遣子弟请入国学[9],升讲筵者至八千余人[10]。上以师说多门[11],章句繁杂,命孔颖达与诸儒撰定《五经》疏,谓之《正义》[12],令学者习之。

——《资治通鉴》卷一九五

[1] 上:这里指唐太宗。国子监:隋朝以来全国最高的教育行政机关。

[2] 祭酒:见前《明代的经筵》注[8]。孔颖达(574—648):孔子的三十一世孙,唐太宗时著名的经学家。

[3] 高第:科举考试名列前茅。有差:有区别。

[4] 幸:指封建帝王到达某地。

[5] 明:通晓。经:儒家经典。

[6] 屯营:军营。飞骑:唐禁军名,贞观十二年唐太宗置左右屯营于玄武门,其兵称"飞骑"。

[7] 博士:古代学官名。唐代有太学博士、算学博士等。

[8] 贡举:当时拔举人才的一种制度。

[9] 高丽、百济、新罗:这都是古代在朝鲜半岛存在的国家政权。高昌:高昌为西域古国,位于今新疆吐鲁番东南,是古时西域交通枢纽。吐蕃:是由古代藏族在青藏高原建立的政权。国学:国家为全国设立的学校。

[10] 讲筵者:讲经、讲学的人。

[11] 师说:师长的学说。

[12] 正义:在前人对经书注解的基础之上再做注释工作,叫正义。

# 唐太宗尊师

吴 兢

[**解题**] 吴兢（670—749），汴州浚仪（今河南开封）人，武周时曾修国史，作《贞观政要》，主要记录唐太宗李世民及其重臣魏徵、王珪、房玄龄等人的政论和施政措施等内容，而尊师重教是其中一个重要的方面。唐太宗作为开创"贞观之治"的明君，非常重视师道尊严。在他看来，前代圣王的丰功伟绩与尊师有着很大关系。他赐太子之师李纲坐步舆上殿，又命太子亲自在前引领，给李纲至高的荣誉。又告诫魏王对待老师要"如见我面"，"宜加尊敬"。太宗严教子弟，从而使老师在当时的政治生活与社会生活中享有极高的荣誉。

贞观三年[1]，太子少师李纲有脚疾[2]，不堪践履[3]。太宗赐步舆[4]，令三卫举入东宫[5]，诏皇太子引上殿[6]，亲拜之，大见崇重。纲为太子陈君臣父子之道，问寝视膳之方[7]，理顺辞直，听者忘倦。太子尝商略古来君臣名教[8]，竭忠尽节之事，纲懔然曰[9]："托六尺之孤，寄百里之命[10]，古人以为难，纲以为易。"每吐论发言，皆辞色慷慨，有不可夺之志，太子未尝不耸然礼敬[11]。

贞观六年，诏曰："朕比寻讨经史[12]，明王圣帝曷尝无师傅哉[13]？前所进令[14]，遂不睹三师之位[15]，意将未可，何以然？黄帝学大颠，颛顼学录图，尧学尹寿，舜学务成昭，禹学西王国，汤学威子伯，文王学子期，武王学虢叔[16]。前代圣王，未遭此师[17]，则功业不著乎天下，名誉不传乎载籍。况朕接百王之末，智不同圣人，其无师傅，安可以临兆民者哉[18]？《诗》不云乎：'不愆不忘，率由旧章。'[19]夫不学，则不明古道，而能政致太平者，未之有也。可即著令，置三师之位。"

贞观八年，太宗谓侍臣曰："上智之人，自无所染[20]，但中智之人无恒，从教而变，况太子师保，古难其选。成王幼小，周、召为保傅[21]。左右皆贤，日闻雅训，足以长仁益德，使为圣君。秦之胡亥，用赵高作傅[22]，教以刑法，及其嗣位，诛功臣，杀亲族，酷暴不已，旋踵而亡[23]。故知人之善恶，诚由近习。朕今为太子、诸王精选师傅，令其式瞻礼度[24]，有所裨益。公等可访正直忠信者，各举三两人。"

贞观十一年，以礼部尚书王珪兼为魏王师[25]。太宗谓尚书左仆射房玄龄曰[26]："古来帝子，生于深宫，及其成人，无不骄逸，是以倾覆相踵，少能自济。我今严教子弟，欲皆得安全。王珪，我久驱使，甚知刚直，志存忠孝，选为子师。卿宜语泰，每对王珪，如见我面，宜加尊敬，不得懈怠。"珪亦以师道自处，时议善之也。

贞观十七年，太宗谓司徒长孙无忌、司空房玄龄曰[27]："三师以德导道人者也[28]。若师体卑，太子无所取则。"于是诏令撰太子接三师仪注[29]。太子出殿门迎，先拜三师，三师答拜。每门让三师[30]。三师坐，太子乃坐。与三师书，前名惶恐[31]，后名惶恐再拜。

——《贞观政要·论尊师傅》

［1］贞观三年：即公元629年。

［2］李纲(547—631)：字文纪，观州(今河北东光)人，隋代为太子洗马，唐初为太子詹事，贞观初为太子少师。

［3］践履：行走。

［4］步舆：一种人抬的代步工具。

［5］三卫：指太子东宫宿卫，有亲卫、勋卫和翊(yì义)卫三种，合称"三卫"。

［6］皇太子：李承乾(619—645)，唐太宗长子，贞观初被立为太子，后被废。

［7］问寝视膳：亦作"问安视膳"。儿子侍奉父母的礼法，即每日必问安，每食必在侧。典出《礼记·文王世子》。

［8］商略：品评。

［9］懔然：严正的样子。

［10］"托六尺"二句：《论语·泰伯》："可以托六尺之孤，可以寄百里之命，临大节而不可夺也。"六尺之孤，指未成年的孤儿。百里，指诸侯国。

［11］耸然：敬畏的样子。

［12］比：近日，近来。寻讨：寻究探讨。

［13］曷尝：何尝。

［14］令：诏令，此指拟好进呈皇帝等待批示的诏令。

［15］三师：唐官制，设太师、太傅、太保各一人，为三师，是正一品，虚衔，无官署，无实职。

［16］"黄帝"八句：此处关于前代帝王与圣贤尊师的事迹，可参见前班固《入学尊师》注［14］及《论尊师》注［1］至［15］。

［17］遭：逢，遇到。

［18］临：统治。兆民：百姓，天子之民。

［19］"不愆(qiān千)"二句：不犯错不遗漏，就要遵循先祖旧的典章。语出《诗经·大雅·假乐》。愆，罪过，过错。率由，遵循，沿用。

［20］染：沾染恶习。

［21］"成王"二句：周成王即位时年幼，以周公姬旦和召公姬奭(shì士)为师。当时以周、召二人共同辅政，二人皆有美政。

[22]"秦之"二句:秦二世胡亥,秦始皇少子,曾从宦官赵高学习狱法,被赵高、李斯等扶立为君,赵高实际控制政权,多暴政。

[23]旋踵:调转脚跟,形容时间短促。

[24]式瞻:仰慕,效法。

[25]王珪(570—639):字叔玠,河东祁县(今山西祁县)人,曾为侍中。魏王:即李泰(620—652),太宗第四子,聪敏多才,为太宗偏爱。

[26]房玄龄(579—648):名乔,字玄龄,齐州(今山东淄博)人,唐初名相。

[27]长孙无忌(594—659):字辅机,河南洛阳人,唐太宗文德皇后兄长。

[28]道:通"导",教导。

[29]仪注:礼仪制度。

[30]门:用如动词,过门。

[31]名:称,说。这里是写上的意思。

# 怀素传[1]

陆 羽

〔解题〕本文出自唐人陆羽所作《僧怀素传》。怀素在练习书法的过程中非常勤奋。他没钱买纸,就在芭蕉上挥洒,后来又把盘、板磨穿。除了自身的努力之外,他清醒地认识到,如果没有老师传授,学习也会不得门径。于是他拜邬彤与颜真卿为师,终于得到真传。在拜访名师的同时,他还善于观察大自然中的一些景观,这些景观对于怀素在书法练习中也发挥了一定的启示作用。怀素的故事再一次印证了一个道理,宝剑锋从磨砺出,梅花香自苦寒来。

怀素疏放,不拘细行[2],万缘皆缪[3],心自得之[4]。于是饮酒以养性[5],草书以畅志[6]。时酒酣兴发,遇寺壁、里墙、衣裳、器皿,靡不书之[7]。贫无纸可书,尝于故里种芭蕉万余株[8],以供挥洒[9]。书不足,乃漆一盘书之;又漆一方板,书之再三,盘、板皆穿。怀素伯祖,惠融禅师也,先时学欧阳询书[10],世莫能辨,至是乡中呼为"大钱师"、"小钱师"[11]。吏部韦尚书涉见而赏之曰[12]:"此沙门札翰[13],当振宇宙大名。"

怀素心悟曰:"夫学无师授,如不由户而出。"[14]乃师金吾兵曹钱塘邬彤[15],授其笔法[16]。邬亦刘氏之出,与怀素为群从中表兄弟[17]。至中夕而谓怀素曰[18]:"草书古势多矣!惟太宗以羲、献之书如凌冬枯树[19],寒寂劲硬,不置枝叶。张旭长史又尝私谓彤曰[20]:'孤蓬自振,惊沙坐飞[21],余师而为书,故得奇怪[22]。'凡草圣尽如此。"怀素不复应对,连叫数声曰:"得之矣[23]。"经岁余,辞之去。彤曰:"万里之别,无以为赠,吾有一宝,割而相与[24]。"先时,人传彤有右军《恶溪》、小王《骚》、《劳》三帖,拟此书课[25],以一本相付。及临路[26],草书竖牵似古钗脚[27],勉旃[28]。

至晚岁,颜太师真卿以怀素为同学邬兵曹弟子[29],问之曰:"夫草书于师授之外,须自得之。张长史观孤蓬、惊沙之外,见公孙大娘剑器舞[30],始得低昂回翔之状。未知邬兵曹有之乎?"怀素对曰:"似古钗脚,为草书竖牵之极。"颜公于是倘佯而笑[31],经数月不言其书。怀素又辞之去,颜公曰:"师竖牵学古钗脚,何如屋漏痕[32]?"素抱颜公脚,唱叹久之。颜公徐问之曰[33]:"师亦有自得之乎?"对曰:"贫道观夏云多奇峰,辄常师之[34]。夏云因风变化,乃无常势,又遇壁坼之路[35],一一自然。"颜公曰:"噫!草书之渊妙[36],代不绝人,可谓闻所未闻之旨也[37]。"

——《全唐文》卷四三三

[1] 怀素(725—785):字藏真。俗姓钱,僧名怀素。今湖南永州人。中国历史上著名的书法家,他的草书与张旭齐名,人称"颠张醉素"。

[2] 细行:小节,小事。

[3] 万缘皆缪:一切因缘都是假的。缪,诈伪。

[4] 心自得之:万事万物的道理靠自己的本心去觉悟。

[5] 养性:涵养心性。这句写怀素不拘小节,因为僧人是不能饮酒的。

[6] 畅志:放飞心灵。

[7] 靡不书之:没有一个地方他不题字。靡,没有。

［8］故里:故乡。怀素的故乡在永州零陵,他居住在绿天庵,故址今存。

［9］挥洒:指练习书法挥毫泼墨。

［10］欧阳询(557—641):字信本。今湖南长沙人。我国历史上著名的书法家。

［11］小钱师:怀素叔侄俗姓钱,故称。师是对僧人的敬称。

［12］韦尚书涉:吏部尚书韦涉,善文辞。代宗朝薨。

［13］沙门:小和尚。梵语音译。札翰:这里指字。

［14］"夫学"二句:在学习过程中没有老师传授,就好像不从屋门走出去,是不可能的。户,门。《论语·雍也》:"子曰:'谁能出不由户?'"

［15］金吾兵曹:官名。掌管宫廷护卫的武职。邬彤:人名。

［16］授:同"受"。

［17］群从:堂兄弟。中表:父亲这一支脉的血亲关系。

［18］中夕:半夜。

［19］太宗:即李世民,他对王羲之的书法极其推崇,他认为自古书家"尽善尽美,其王逸少乎!"羲、献之:王羲之和他的儿子王献之在中国书法史上并称"二王"。凌冬:寒冬。

［20］张旭(675—约750):字伯高,一字季明。今江苏苏州人。官至金吾长史。中国历史上著名的书法家。

［21］"孤蓬"二句:风中的蓬草自然振作,风中的沙子平地飞起。比喻草书没有固定的体势。

［22］"余师"二句:我向这些自然现象学习练习书法,所以才能写出奇异的情致。师,学习。奇怪,奇异。

［23］得之矣:明白了。

［24］割而相与:忍痛割爱送给你。与,给。

［25］书课:修习的课业。

［26］临路:临行。

［27］古钗脚:钗是古代妇女头上的金银饰物,脚似圆锥。形容圆转又有力量。这个词后来成为书法理论中的一个术语。

［28］勉旃(zhān毡):努力。旃,语助词。

[29] 颜太师:即颜真卿(709—784),字清臣。今陕西西安人。官至太子太师,封鲁郡公,人称"颜鲁公"。中国历史上著名的书法家。

[30] 公孙大娘:唐代开元年间舞蹈家。杜甫有诗《观公孙大娘舞剑器行》记之。李白《草书歌行》:"少年上人号怀素,草书天下称独步。……古来万事贵天生,何必要公孙大娘浑脱舞。"

[31] 徜徉(cháng yáng 常扬):自在地散步。

[32] 屋漏痕:屋子漏水沿墙壁流下,并非一泻到底,而是蜿蜒而下,并且在最后有停顿和存储。这个词后来也成为书法理论中的一个术语。

[33] 徐:慢慢地。

[34] "贫道"二句:我观察夏云变化无形,像千奇百怪的山峰,就经常揣摩这个。贫道,僧人谦称用语。辄,就。

[35] 壁坼(chè 彻):泥墙自然开裂,非刻意为之。这个词后来也成为书法理论中的一个术语。坼,裂开。

[36] 渊妙:深刻奥妙。

[37] 旨:要义。

# 熊丸教子

〔**解题**〕作为母亲没有不疼爱自己孩子的,但什么才是真正的爱呢?伟大的母亲会选择鼓励和鞭策孩子成才。读书不刻苦,很难成大器。于是,柳仲郢的母亲把熊胆这种极苦的东西做成药丸,让儿子在夜间读书的时候咀嚼吞咽,通过这种方式驱赶瞌睡虫。《战国策》里说:"父母之爱子,则为之计深远。"柳仲郢的母亲对这句话应该有着更深刻的感受吧。

(柳仲郢)母韩[1],即皋女出[2]。善训子,故仲郢幼嗜学。尝和熊胆丸[3],使夜咀咽以助勤。

——《新唐书·柳仲郢传》

[1] 柳仲郢(?—864):字谕蒙。陕西铜川人。柳公绰之子。自幼苦学有成,曾得到韩愈的赏识。

[2] 皋:即韩皋(744—822),字仲闻。有令名,唐宪宗、穆宗时大臣,官至左仆射。

[3] 熊胆:黑熊或棕熊的胆囊,味道极苦,具有清热解毒、平胆明目、杀虫止血的功效。

# 苦节读书

白居易

〔解题〕 本文选自白居易《与元九书》。世人都羡慕白居易的文学才华，殊不知这都是他勤学苦练的结果。他与文字有着前世之缘，刚出生六七个月就能认识"之"、"无"。中国文化中也因此有了一个成语"不识之无"，以此形容人的文化水准不敢恭维。白居易在长大之后付出的努力，是常人不能想象的，特别是他读书用眼过度竟患白内障。功夫不负有心人，白居易的文学作品不仅流传了一千多年，而且还漂洋过海，在日本等一些国家赢得了广泛的青睐。

仆始生六七月时[1]，乳母抱弄于书屏下，有指"之"字、"无"字示仆者，仆虽口未能言，心已默识[2]。后有问此二字者，虽百十其试，而指之不差。则知仆宿昔之缘[3]，已在文字中矣。及五六岁，便学为诗。九岁，谙识声韵[4]。十五六，始知有进士，苦节读书。二十已来，昼课赋[5]，夜课书，间又课诗，不遑寝息矣[6]。以至于口舌成疮，手肘成胝[7]，既壮而肤革不丰盈，未老而齿发早衰白，瞥瞥然如飞蝇垂珠在眸子中也[8]，动以万数。盖以苦学为文所致，又自悲矣！

——《白氏长庆集》卷四五

[1]仆:谦称,指白居易自己。白居易(772—846),字乐天,号香山居古,又号醉吟先生。祖籍太原。唐代大诗人,官至刑部尚书。

[2]识:记住。

[3]宿昔:前世。

[4]谙(ān安)识:熟悉,练达。

[5]课:按照相关规定教授、修习叫课。

[6]不遑:没有时间,来不及。

[7]胝(zhī支):厚皮,茧子。

[8]眊(mào冒)眊然:昏花的样子。

# 恶 圆

姚 铉

[解题] 自古中国的教育非常注重防微杜渐。元结家里的乳母制作了一件婴儿非常喜欢的圆转之器,这在世人眼里是很正常的事,但元结的友人公植深恶而痛绝之。公植从一个人造圆、戏圆、乐圆、言圆联想到他会趋圆、行圆,在他看来,一个没有操守和原则的人是很危险的。他还引用恶圆之士的名言教育元结:宁肯因为正直沦为仆役,也不能使用圆滑换取功名。这则材料告诉我们,中国是一个非常注重道德教育的国家,就像宋代司马光所言:"德胜才谓之君子,才胜德谓之小人。"

元子家有乳母为圆转之器[1],以悦婴儿,婴儿喜之,母聚孩孺助婴儿之乐[2]。

友人公植者,闻有戏儿之器,请见之。及见之,趋焚之[3]。责元子曰:"吾闻古之恶圆之士歌曰:'宁方为皂,不圆为卿[4];宁方为污辱,不圆为显荣。'次山奈何任造圆转之器,恣令悦媚婴儿[5]?少喜之,长必好之。教儿学圆且陷不义,躬自戏圆又失方正[6]。嗟[7]!嗟!次山入门爱婴儿之乐圆,出门当爱小人之趋圆,吾安知次山异日不言圆[8],行圆[9],以终身乎?吾岂次山之友也!"

元子召季川谓曰[10]:"吾自婴儿戏圆,公植尚辱我,言绝忽乎[11]。吾与汝圆以应物,圆以趋时,非圆不预,非圆不为,公植其操矛戟刑我乎[12]!"

——《唐文粹》卷四三

[1] 元子:元结(719—772),字次山,自号很多,有元子、漫叟、聱叟、漫郎、猗玗子等。祖籍太原。曾招募义兵抗击史思明叛军,保全十五城。官至刺史,颇有政绩。

[2] 孩孺:幼童。

[3] 趋焚之:快走几步把它烧了。

[4] "宁方"二句:宁可因为正直沦为奴仆,不可凭借圆滑成为公卿。皂,皂隶,泛指从事低贱职业的人。

[5] 恣令:放纵指使。悦媚:取悦讨好。

[6] 躬:亲自。方正:正直的操守。

[7] 嗟:感叹词。

[8] 安:怎么。

[9] 行圆:做事圆滑。

[10] 季川:元结的从弟,名融。

[11] 绝:断交。

[12] "吾与"五句:我与你如果圆滑地应对事情,圆滑地迎合世俗,不是圆滑的事情不参与,不是圆滑的事情不去做,公植就会拿着矛戟来刺杀我们吧。预,参与。刑,刺杀。

# 一字之师

王定保

〔解题〕中国自古就有"不耻下问"的优良传统。一个小吏委婉地指出自己上司的一个读音错误,这位高官既没有勃然大怒,也没有文过饰非,而是非常虚心地拜他为师。这是何等的胸襟!五代时期的郑谷把僧人齐己《早梅》诗中的"数枝开"改为"一枝开",也曾让齐己折服下拜。如果我们每个人都有这种能者为师的态度,那自身的水平和境界都会有一个大的飞跃。

大居守李相读《春秋》[1],误呼叔孙婼为婼[2]。日读一卷,有小吏侍侧,常有不怿之色[3]。公怪,问曰:"尔常读此书耶?"曰:"然。""胡为闻我读至此而数色沮耶[4]?"吏再拜言曰:"缘某师授,误呼文字。今闻相公呼婼为婼,方悟耳。"公曰:"不然。吾未之师也[5],自检释文而读[6],必误在我,非在尔也。"因以释文示之[7]。小吏因委曲言之[8]。公大惭愧,命小吏受北面之礼[9],号为"一字师"。

——《唐摭言》卷五

[1] 大居守:官职。
[2] 叔孙婼(chuò 辍)(?—前517):叔孙豹之子。春秋时代鲁国的政治家、外交家。婼还有一个读音(ruò 若)。

[3] 不怿(yì义):不悦。

[4] 胡:为什么。数(shuò朔):屡次。色沮(jǔ举):脸色不好。沮,气色败坏。

[5] 未之师:没有跟老师学过。

[6] 检:查看。释文:指解释儒家经典的一些工具书。如唐陆德明《经典释文》。

[7] 示之:给他看。

[8] 委曲:委婉。指小吏在解释的时候给长官留足了面子。

[9] 北面之礼:向北行拜师之礼。古代面南为尊。

# 尊师敬学故事(三)

# 邵雍刻苦求学

陈邦瞻

[解题] 邵雍(1011—1077)是北宋著名的理学家,他刻苦求学、不断探索,不为富贵荣禄所诱惑,一心探求天地万物变化的真理,这是他成为大儒的根本原因。

邵雍,字尧夫,范阳人。雍少笃学,坚苦刻厉[1],冬不炉,夏不扇,卧不就枕席者数年。尝以为学者之患[2],在于好恶先成乎心,而挟其私智以求[3],于道则蔽于所好而不得其真。故其求之,至于四方万里之远,天地阴阳屈伸消长之变,无所不通,而必折中于圣人[4],虽深于象数[5],先见默识,未尝以自名也[6]。其学纯一而不杂,居之而安,行之而成,平易浑大,不见圭角[7],其自得深矣。

——《宋史纪事本末》卷二一

[1] 刻厉:刻苦自励。
[2] 患:毛病。
[3] 私智:个人的智慧。常与公法相对,指偏私的识见。
[4] 折中:这里指拿来做标准之意。
[5] 象数:易学术语。《易经》的组成要素。在《周易》中"象"指卦象、爻象,即卦爻所象之事物及其时位关系;"数"指阴阳数、爻数,是占筮求卦的基础。

[6] 自名:因自己在某一方面有所成就而闻名。
[7] 圭角:圭的锋芒有棱角,比喻人的言行奇特刻薄。

# 胡瑗弟子如云[1]

〔解题〕中国历史上那些著名的教育家在教育学生上各有特色,有的人和蔼,有的人严厉。胡瑗就属于后者。但他不仅对学生要求严,对自己要求更严。即使酷暑时分,他在与学生会面时也不着便装,而是正襟危坐。这种强调老师与弟子之间礼仪的做法显然受理学的影响。他对学生的严格其实是对学生的爱护,学生们能感受得到,因此学生们才信赖他、热爱他。胡瑗为国家培养了大批栋梁,人们能够从一个人的言谈举止上判断他是不是胡瑗的弟子,堪称中国教育史上的一段佳话。

瑗教人,有法[2],科条纤悉备具[3],以身先之[4]。虽盛暑,必公服坐堂上[5],严师弟子之礼[6]。视诸生如其子弟,诸生亦信爱如其父兄,从之游者常数百人。庆历中[7],兴太学[8],下湖州取其法[9],著为令[10]。召为诸王宫教授,辞疾不行[11]。为太子中舍[12],以殿中丞致仕[13]。

皇佑中[14],更铸太常钟磬[15],驿召瑗、逸[16],与近臣、太常官议于秘阁[17],遂典作乐事[18]。复以大理评事兼太常寺主簿[19],辞不就。岁余,授光禄寺丞、国子监直讲[20]。乐成[21],迁大理寺丞,赐绯衣银鱼[22]。瑗既居太学,其徒益众,太学至不能容,取旁官舍处之[23]。礼部所得士,瑗弟子十常居四五[24],随材高下,喜自修饬[25],衣服容止,往往相类,人遇之虽不识,皆知其瑗弟子也。嘉祐初[26],擢太子中允、天章阁侍讲[27]，仍治太学。既而疾不能朝，以太常博士致仕，归老于家。诸生与朝士祖饯东门外[28]，时以为荣。既卒[29]，诏赙其家[30]。

——《宋史·胡瑗传》

[1] 胡瑗(993—1059)：字翼之。今江苏如皋(一作泰州)人。中国历史上著名的理学家、思想家、教育家。与孙复、石介合成"宋初三先生"。官至天章阁侍讲。世称"安定先生"。程颐是他的学生。

[2] 有法：有章法。

[3] 科条：条例，章程。纤悉：细致而详尽。

[4] 以身先之：自己身体力行，为学生做表率。

[5] 公服：相当于今天的制服。这里指作为学官的胡瑗见弟子所穿的衣服。

[6] "严师"句：让老师与弟子之间的礼仪非常庄严。

[7] 庆历：宋仁宗赵祯的第六个年号(1041—1048)。

[8] 兴：兴办。

[9] "下湖州"句：朝廷派人到湖州学习胡瑗的教学之法。胡瑗当时在湖州做教授。

[10] 著为令：明文规定把它作为法令必须遵守。

[11] 辞疾不行：托辞有病，没有去上任。

[12] 中舍：即中舍人。太子属官，多以有才学的人担任此职。

[13] 殿中丞：殿中省的属官。致仕：官员正常退休。

[14] 皇祐：宋仁宗赵祯的第七个年号(1049—1054)。

[15] 太常：太常寺。掌管宗庙祭祀之事。

[16] 驿召：用驿马传召。逸：阮逸，字天隐，今福建建阳人。曾与胡瑗一起校订音律。

[17] 秘阁：在崇文院内，收藏善本图书及字画。

[18] 典：主持，主管。《尚书·尧典》："命汝典乐。"

[19] 大理评事：大理寺的属员。负责案件的审理。

[20] 光禄寺丞：光禄寺的属员。负责祭祀与食膳。直讲：辅助博士讲

授经学。

［21］乐成:指太常寺钟磬铸成。

［22］绯衣银鱼:古代朝官的红色品服称绯衣。银质的鱼符称银鱼。绯衣银鱼是当时官员品级的标志,也是出入宫廷的符信,非常荣耀。宋吴曾《能改斋漫录》卷十三:"除秘书少监,赐绯衣、银鱼、象笏。"

［23］处:安置。

［24］"礼部"二句:礼部录取的人才,其中有十分之四五是胡瑗的学生。

［25］修饬(chì 赤):行为端正,不违礼仪。

［26］嘉祐:宋仁宗赵祯的第九个,也是最后一个年号(1056—1063)。

［27］擢:晋职。太子中允:太子官属。

［28］祖饯:在路上设宴为人送行。

［29］既卒:去世之后。既,已经。

［30］赗(fù 负):给办丧事的人家赠送钱财。

# 欧母画荻[1]

〔解题〕欧阳修的父亲虽然在地方上做推官,但仁政爱民,一生清廉,去世前没有给孤儿寡母留下任何生活费用。欧阳修的母亲郑氏夫人出身江南名族,既有文化素养,又有列女节操。她一方面自食其力,抚养儿子成人;一方面教儿子识字。买不起纸笔,就用芦荻在沙地上画写。根据欧阳修《泷冈阡表》的记载,欧母经常用乃父清廉的故事教育儿子。在欧阳修的宦海沉浮中,欧母也表现了荣辱不惊的高贵品质。这些无疑都会对欧阳修的成长起着潜移默化的作用。

欧阳修[2],字永叔,庐陵人。四岁而孤[3],母郑,亲诲之学[4],家贫,至以荻画地学书[5]。幼敏悟过人,读书辄成诵[6]。及冠[7],嶷然有声[8]。

——《宋史·欧阳修传》

[1] 画荻:以荻画地写字。荻,一种似芦苇的草本植物。
[2] 欧阳修(1007—1072):字永叔,号醉翁、六一居士。江西永丰人。北宋政治家、文学家、史学家。他利用自己的政治地位和文学成就把北宋文坛引向关注现实和文从字顺的方向。明朝人把唐朝的韩愈、柳宗元与宋朝的欧阳修、苏洵、苏轼、苏辙、王安石和曾巩并称为"唐宋散文八大家"。
[3] 四岁而孤:欧阳修《泷冈阡表》:"修不幸,生四岁而孤。"
[4] 诲:教育。
[5] 书:书籍。

[6] 辄:就。

[7] 及冠:古代男子二十岁行冠礼。

[8] 嶷(yí移)然:形容年幼而聪慧。有声:拥有优良的声誉。

# 警 枕

范祖禹

〔解题〕为了能够挤出时间来读书,古人想尽了办法。司马光的做法是用圆木做枕头,这样是为了使自己在枕头转动时即可醒来读书。凭着这种劲头,司马光才成为史学界的泰山北斗,为后人景仰。

(司马光)以圆木为警枕[1],小睡则枕转而觉[2],乃起读书。盖恭俭勤礼,出于天性。

——《范太史集》卷三六

[1] 司马光(1019—1086):字君实。今山西夏县人。北宋政治家、史学家、文学家。曾主编《资治通鉴》。卒赠温国公。
[2] 觉:醒来。

# 程门弟子杨时

〔**解题**〕在中国教育史上,兄弟二人同为大师的例子屈指可数,"二程"就是这方面登峰造极的人物。一生能拜"二程"为师的学生又是凤毛麟角,而杨时就是这样的幸运儿。为了能拜程颢为师,他竟置朝廷的调令于不顾。这是何等的气概!在追随程颐学习的过程中,杨时与游酢两人"程门立雪"的故事,更是千古美谈。

杨时字中立[1],南剑将乐人。幼颖异[2],能属文[3],稍长,潜心经史。熙宁九年[4],中进士第。时河南程颢与弟颐讲孔、孟绝学于熙、丰之际[5],河、洛之士翕然师之[6]。时调官不赴[7],以师礼见颢于颍昌[8],相得甚欢。其归也,颢目送之曰:"吾道南矣[9]。"四年而颢死,时闻之,设位哭寝门[10],而以书赴告同学者[11]。至是,又见程颐于洛[12],时盖年四十矣。一日见颐,颐偶瞑坐[13],时与游酢侍立不去[14],颐既觉,则门外雪深一尺矣。德望日重,四方之士不远千里从之游,号曰"龟山先生"。

——《宋史·杨时传》

[1] 杨时(1053—1135):北宋理学家、政治家、学者。字中立,号龟山。今福建将乐人。官至龙图阁直学士。

[2] 颖异:非常聪明。

[3] 属文:写文章。

[4] 熙宁九年:公元1076年。熙宁是宋神宗的第一个年号(1068—1077)。

[5] 程颢(1032—1085):北宋哲学家、教育家。字伯淳,人称"明道先生"。今河南洛阳人。他是北宋理学的奠基者。后来朱熹继承并发展了"二程"的学说,世称"程朱理学"。绝学:失传的学说。熙、丰之际:熙宁年号共用十年,宋神宗的第二个年号元丰共用八年。

[6] 翕(xī西)然师之:全都拜程颢、程颐为师。翕然,一致的样子。师,向……学习。

[7] "时调"句:杨时被调去做官他都没去上任。

[8] 颍昌:宋代行政区划设有颍昌府,治所在今河南许昌。

[9] 吾道南矣:我的学说会随着杨时传播到南方了。南,向南(传播)。

[10] 设位:设立灵位。寝门:内室之门。《仪礼·士丧礼》:"君使人吊,彻帷,主人迎于寝门外。"

[11] 赴告:报丧。《史记·周本纪》:"昭王南巡狩不返,卒于江上。其卒不赴告,讳之也。"

[12] 程颐(1033—1107):字正叔。世称"伊川先生"。北宋理学家和教育家。与兄程颢共创"洛学"。

[13] 瞑坐:闭目静坐。

[14] 游酢(zuò坐)(1053—1123):字定夫,号豸(zhì至)山。今福建建阳人。宋代理学家、教育家、书法家、诗人。官至将军。闽学的创立者。不去:不离开。

# 苏轼以范滂为榜样[1]

〔解题〕 根据司马光《苏主簿夫人墓志铭》可知,苏轼的母亲程氏夫人喜欢读书,颇识大体。儿子读书过程中被范滂的故事感动,作为母亲,没有呵斥,没有沉默,而是强烈地支持。这是一种强大的人格力量！因为范滂故事的本质不是功名利禄,而是舍生取义、杀身成仁。苏轼在他以后的人生中,坚持操守,应该同母亲在他儿时的教育是分不开的。从这个故事也可看出,我们这个民族的很多历史人物,爱护名节甚于生命。

苏轼,字子瞻,眉州眉山人。生十年,父洵游学四方,母程氏亲授以书,闻古今成败,辄能语其要[2]。程氏读东汉《范滂传》[3],慨然太息[4],轼请曰:"轼若为滂,母许之否乎[5]?"程氏曰:"汝能为滂,吾顾不能为滂母邪[6]?"

——《宋史·苏轼传》

[1] 苏轼(1037—1101):字子瞻,号东坡居士。今四川眉州人。宋代文学成就最高的代表。与父苏洵、弟苏辙合成"三苏"。

[2] 辄:就。语:道出。要:关键之处。

[3] 《范滂传》:范晔《后汉书》中有《范滂传》。范滂(137—169),字孟博。今河南漯河人。举孝廉。官至光禄勋主事。一生嫉恶如仇。桓帝时以党事下狱,后释归。灵帝时再兴党锢之祸,范滂主动投狱,死于狱中。

[4] 太息:长叹。

[5] 许:答应。

［6］"吾顾"句：我就不能成为范滂的母亲吗？范滂的母亲在听说儿子要被宦官杀害的时候没有悔恨，她对儿子说："你现在能与李膺、杜密齐名，死了又有什么遗憾的！"

# 毕昇发明活版印刷术[1]

沈 括

〔解题〕 图书在古代几乎全部垄断在社会上层手中,这固然是古人贯彻"上智下愚"的需要,更主要的是因为图书的成本太高了。北宋时期活字印刷术的发明将中国的文化史、教育史翻开了新的一页。经、史、子、集可以成批量地印刷,可以"飞入寻常百姓家"了。但做出这一卓越贡献的毕昇,并没有在官修正史中立传,在今天看来这是非常不公平的。幸而有沈括的《梦溪笔谈》记载了毕昇和他的印刷术。我们更要感谢西方人李约瑟,是他的《中国科学技术史》将活版印刷术列入中国古代的"四大发明",才让毕昇名满天下。

版印书籍,唐人尚未盛为之[2],自冯瀛王始印五经[3],已后典籍,皆为版本。

庆历中[4],有布衣毕昇,又为活版。其法用胶泥刻字,薄如钱唇[5],每字为一印,火烧令坚[6]。先设一铁版,其上以松脂腊和纸灰之类冒之[7]。欲印则以一铁范置铁板上[8],乃密布字印。满铁范为一板,持就火炀之[9],药稍熔[10],则以一平板按其面,则字平如砥[11]。若止印三、二本,未为简易;若印数十百千本,则极为神速。常作二铁板,一板印刷,一板已自布字。此印者才毕[12],则第二板已具。更互用之,瞬息可就[13]。每一字皆有数印,如"之"、"也"等字,每字有二十余印,以备一板内有重复者。不用则以纸贴之,每韵为一贴,木格贮之。有奇字素无备者[14],旋刻之[15],以草火烧,瞬息可成。不以木为之者,木理有疏密[16],沾水则高下不平,兼与药相粘,不可取。不若燔土[17],用讫再火令药熔[18],以手拂之,其印自落,殊不沾污[19]。

昇死,其印为余群从所得[20],至今保藏。

——《梦溪笔谈》卷一八

[1] 毕昇(约970—1051):今湖北英山人。中国古代发明家。

[2] "版印"二句:雕版印刷在唐代还没有完全盛行。

[3] 冯瀛王:冯道(882—954),字可道。今河北沧州人。五代时官至宰相。后周时去世,追封瀛王。冯道曾主持国子监雕印儒家《九经》,是中国印刷史和经学史上的大事。

[4] 庆历:宋仁宗赵祯的年号(1041—1048)。

[5] 钱唇:铜钱的边缘。

[6] 火烧令坚:用火把它烧干变硬。

[7] 冒:涂抹,覆盖。

[8] 铁范:铁模子。

[9] 炀(yáng扬):熔化。

[10] 药:指松脂腊和纸灰。稍:渐渐。

[11] 砥:磨刀石。

[12] 毕:完毕。

[13] 就:完成。

[14] "有奇"句:有平时没有准备的奇怪的字。素,平素。

[15] 旋:立刻。

[16] 理:纹理。

[17] 燔(fán烦):烧。

[18] 讫(qì气):完。

[19] 殊不:一点也不。殊,副词,极,绝。
[20] 从:堂兄弟及侄子辈。

# 辽太祖祀孔

〔解题〕据《辽史》记载，契丹本来是炎帝的后代，辽太祖等人也自称中国人。今天在俄语中依然称中国作 khitay（契丹），这是中华民族多元统一的例证。辽代初期，大多数契丹人还未学会汉语，但辽太祖耶律阿保机与太子耶律倍却要在祭祀天地的同时祭祀孔子，这充分体现了古代少数民族统治者在尊师重教方面的思想和行动。

时太祖问侍臣曰[1]："受命之君，当事天敬神。有大功德者，朕欲祀之，何先？"皆以佛对。太祖曰："佛非中国教。"倍曰[2]："孔子大圣，万世所尊，宜先。"太祖大悦，即建孔子庙，诏皇太子春秋释奠。

——《辽史·义宗传》

［1］太祖：即辽太祖耶律阿保机（872—926）。
［2］倍：即东丹王耶律倍，为耶律阿保机长子，初为皇太子。

# 辽世宗尊师

〔解题〕赵莹以汉族人的身份担任契丹皇太子的老师,可见契丹皇帝对于儒家的尊崇。在他薨逝之后,辽世宗下令辍朝一日,同时安排赵莹归葬故乡,这一点很能体现辽代对儒家礼俗的接受。

五月壬戌朔[1],太子太傅赵莹薨[2],辍朝一日,命归葬于汴[3]。

——《辽史·世宗本纪》

[1] 五月:此是辽世宗天禄五年(951)五月。壬戌朔:这是古代以天干和地支记时的方式。朔指每月的初一,这一年五月初一是壬戌,所以称"壬戌朔"。

[2] 太子太傅:太子的师傅,古代官职名。赵莹(885—951):字玄辉,华阴(今陕西华阴)人,五代时期政治家、史学家。后被辽国俘虏,授以官职。薨:古代诸侯、王或有爵位的高官去世。

[3] 汴:北宋国都,也称作"汴京"或"汴梁"。赵莹最后实葬于华阴。

# 王冕读书[1]

宋 濂

〔解题〕本文选自宋濂所作《王冕传》。王冕与历史上的顾欢有两点相似之处,第一,小的时候帮助家里做农活"消极怠工",致使没有文化的父亲勃然大怒。第二,家境贫寒上不起学,就去"窃听"。王冕没有"燃糠自照",而是去寺庙里利用长明灯读书。古人特别注重诵读,例如白居易因为诵读而导致"口舌成疮"。王冕"琅琅达旦"是一种投入和陶醉,这绝非在教鞭下被动的学习所能比拟。寺庙里的鬼神土偶,在夜间更加狰狞恐怖,而王冕全然不觉,这更显得他天真可爱。在当世名儒韩性将其"录为弟子"之后,王冕更是令人刮目相看,一位大学者的形象已经呼之欲出了。

王冕者,诸暨人。七八岁时,父命牧牛垄上,窃入学舍听诸生诵书。听已,辄默记[2]。暮归,亡其牛[3]。或牵牛来责蹊田[4]。父怒,挞之,已而复如初。母曰:"儿痴如此,曷不听其所为[5]?"冕因去,依僧寺以居,夜潜出,坐佛膝上,执策映长明灯读之[6],琅琅达旦[7]。佛像多土偶,狞恶可怖[8],冕小儿,恬若不见[9]。安阳韩性闻而异之[10],录为弟子。学遂为通儒。

——《明文海》卷四〇四

[1] 王冕(1287—1359):字元章,号煮石山农。今浙江诸暨人。画家、诗人、篆刻家。

[2] 辄:就。

[3] 亡:丢失。

[4] "或牵"句:有的人牵着王冕家的牛来责备牛践踏了自己的田地。或,有的人。蹊(xī 西),践踏。

[5] 曷(hé 河):为什么。听:听任。

[6] 执策:拿着书卷。

[7] 琅琅:响亮的读书声。达旦:一直到天明。

[8] 可怖:可怕。

[9] 恬(tián 田):满不在乎,坦然。

[10] 韩性(1266—1341):字明善。今浙江绍兴人。祖籍河南安阳。理学家。元代大儒。异之:觉得他了不起。

# 尊师重教诗歌八首

耶律楚材

〔解题〕耶律楚材(1190—1244),字晋卿,号湛然居士,辽太祖九世孙,元初官至中书令。耶律楚材在保护儒生、修建孔庙、整理儒家文献、选举儒士为官等方面不遗余力,为儒学的恢复和发展做出了巨大的贡献。他在地方上修建孔子庙之后,曾赋诗言志,由此可见儒家文化在元代历史上的地位。

## 贾非熊修夫子庙疏

天产宣尼降季周[1],血食千祀德难酬[2]。重新庠序独无力[3],试向沧溟下钓钩[4]。

——《湛然居士集》卷一三

[1] 宣尼:即孔子。季周:晚周。
[2] 血食:谓受享祭品。古代杀牲取血祭祀祖先和神灵。
[3] 新:新建。
[4] 沧溟:大海。

## 重修宣圣庙疏

精蓝道观已重新[1],独有庠宫尚堑垣[2]。试问中州士君子[3],谁人不出仲尼门?

——《湛然居士集》卷一三

[1]"精蓝"句:该句说元初佛教与道教都非常受重视。精蓝,佛寺。
[2]庠宫:古代称学校。此指儒家文化教育。垝垣(guǐ yuán 鬼园):毁坏的墙。
[3]中州:中国。

## 邳州重修宣圣庙疏[1]

宣尼万世帝王师,可叹荆榛没古祠。重整庠宫阐文教,颙观日月再明时[2]。

——《湛然居士集》卷一三

[1]邳州:今江苏徐州。
[2]颙(yóng 永阳平)观:仰望。

## 周敬之修夫子庙

天皇有意用吾儒,四海钦风尽读书[1]。可爱风流贤太守,天山创起仲尼居。

——《湛然居士集》卷一四

[1]钦风:谓敬慕其风俗教化。

## 云中重修宣圣庙疏[1]

槐宫悉混玉石焚[2],庙貌依然惟古云[3]。须仗吾侪更修葺[4]，休教盛世丧斯文[5]。

——《湛然居士集》卷一四

[1] 云中：今大同一带在古代属云中郡，故称。
[2] 槐宫：指古代的三公九卿的行政机关。玉石焚：比喻好坏同归于尽。《尚书·胤征》："火炎昆冈，玉石俱焚。"
[3] 庙貌：解释为庙宇及神像。
[4] 吾侪(chái 柴)：我辈。
[5] 丧斯文：《论语·子罕》："天之将丧斯文也，后死者不得与于斯文也。"

## 太原修夫子庙疏

并门连岁不年丰[1]，证父攘羊礼义空[2]。既倒狂澜扶不起[3]，直须急手建庠宫[4]。

——《湛然居士集》卷一四

[1] 并门：并州，太原的古称。
[2] 证父攘羊：指儿子告发父亲偷羊。《论语·子路》："叶公语孔子曰：'吾党有直躬者，其父攘羊，而子证之。'"礼义：礼法道义。
[3] 既倒狂澜：此指儒家文化衰落。韩愈《进学解》："回狂澜于既倒。"
[4] 直须：应当。急手：急速。

## 释　奠并序

王巨川能于灰烬之余草创宣圣庙，以己丑二月八日丁酉率诸士大夫释而奠之，礼也。诸儒相贺曰："可谓吾道有光矣！"是日，四众奉迎释迦遗像行城，欢声沸沸，仆皆预其礼,作是诗以见意云。

多士云奔奠上下[1],释迦遗像亦行城。旌幢错落休迷色[2],钟磬铿锵岂在声!宣父素心施有政,能仁深意契无生[3]。儒流释子无相讽[4],礼乐因缘尽假名[5]。

——《湛然居士集》卷三

[1] 多士:众多贤士。
[2] 旌幢:旗幡。色:佛教对有形之物的称呼。
[3] 无生:佛教语。谓没有生灭,不生不灭。
[4] 儒流释子:儒士之辈和僧徒。
[5] 假:借。名:指名教,即儒教。

## 寄金城士大夫

远闻金城学斋绝粮,因奉粟十斛助虀盐之资[1],故作小诗以励本土学士大夫。

金城人士本多奇,何事庠宫久蔑资[2]。周急无轻五秉粟[3],伤时因寄一篇诗。

——《湛然居士集》卷一二

[1] 虀(jī机)盐:腌菜和盐。此指生活的基本资料。
[2] 蔑资:缺少资金。
[3] 周急:周济困急。五秉粟:《论语·雍也》:"子华使于齐,冉子为其母请粟。子曰:'与之釜。'请益。曰:'与之庾。'冉子与之粟五秉。"杨伯峻注:"五秉则是八十斛……周秦的八十斛合今天的十六石。"后借指赈穷济急之粮。

333

# 耶律有尚的儒学贡献

苏天爵

〔解题〕耶律有尚(1235—1320),为耶律楚材侄孙,是元代大儒许衡的学生,对恢复元代儒学做出了很大的贡献,死后谥"文正"。耶律有尚谨守师道,尊崇他的老师许衡,深受许衡赞许。其后耶律有尚在学官为师,倾其一生之力从事教学工作,培养了大批士人,成为契丹族中老师的杰出代表。

公生有奇质,身顾然以长[1],毅然不苟戏笑。宪宗皇帝临御[2],廉文正王希宪奉世祖潜藩命[3],宣抚关中[4],奏征许文正公为京兆提学[5],以淑多士[6]。公逾弱冠[7],艰关数千里[8],赢粮往从之游[9]。文正公见其学苦,而志笃深器[10],异之。世祖立极[11],召文正公入朝。公还东平,会姚文献公枢来为宣抚使[12],辟公从事幕府[13]。公以不能政事辞,姚公曰:"今正欲汝习政事也。"未几[14],姚公赴召,公亦退休于里[15],日益力学。当是时,齐鲁之士踵金辞赋余习[16],以饰章绘句相高[17],公厌薄之[18]。专明经训[19],人或以为迂[20],公弗渝也[21]。至元八年[22],文正公由中书左丞屡请谢政[23],世祖勉从所请,擢拜集贤大学士兼国子祭酒。专以成均之教[24],责成焉[25],凡勋臣贵戚之子弟及海内名士,咸从受业,乃请于朝驿[26]。召弟子在四方者,十一人为伴读。公居其一,既至日与诸生共相讲学,盖文正公之为教也。

——《耶律文正公神道碑铭》

[ 1 ] 颀(qí齐)然:身材修长的样子。

[ 2 ] 宪宗:即蒙哥(1209—1259),成吉思汗之孙,托雷之子,忽必烈之兄。忽必烈称帝后尊蒙哥庙号为宪宗。临御:君临天下。

[ 3 ] 廉文正王希宪:即廉希宪,畏吾儿(今维吾尔)人。元初著名政治家。父布鲁海牙,曾任燕南诸路廉访使,遂以官为姓,子孙皆姓廉。死后追封魏国公,谥号文正。《元史》有传。潜藩:帝王尚未登基。

[ 4 ] 宣抚:宣召抚慰。

[ 5 ] 许文正公:许衡(1209—1281),字仲平,号鲁斋,世称"鲁斋先生",谥号文正。京兆:长安及其附近地区的古称。提学:掌管一路州县教育行政的官职。元各行省置有儒学提举司。

[ 6 ] 淑:改善,对……有利。多士:众多贤士。

[ 7 ] 弱冠:男子二十岁称弱冠。

[ 8 ] 艰关:谓崎岖辗转,历尽艰险。

[ 9 ] 赢粮:担粮。

[10] 志笃:志向坚定。

[11] 立极:即位。

[12] 姚文献公枢:即姚枢(1203—1280),元初政治家、理学家,官至翰林学士承旨。谥文献。

[13] 辟:指君主相召。幕府:旧时军中或官署聘用的文书人员。

[14] 未几:时间不久。

[15] 里:乡里。

[16] 踵:承袭。金:金代。

[17] 饰章绘句:指雕琢文辞。相高:相标榜。

[18] 厌薄:厌恶鄙视。

[19] 明经:讲明经典。

[20] 迂:迂腐。

[21] 渝:改变。

[22] 至元八年:公元 1271 年。至元,元世祖忽必烈的年号(1264—1294)。

[23] 文正公:指耶律有尚。谢政:辞官退休。

[24] 成均:泛称最高学府。

[25] 责成:负责这件事的完成。

[26] 朝驿:朝堂中或路边的驿道上。

# 送曹生从师

袁 凯

[解题] 袁凯是元末明初著名诗人。明初官御史,后佯狂免官。享年百岁上下。该诗作于元末,诗中提到的求学者曹生和他要拜访的老师曾君也都是名不见经传的人物。但这更能说明我们这个民族是热爱学习的。在当时天下板荡的情况下,社会底层的人士仍然没有放弃接受教育。这首诗歌里引用了许多典故,其中"负笈从师"这个成语对古往今来的莘莘学子们来讲是最熟悉不过的了。诗歌最后引用苏秦的例子为曹生描绘了美好的愿景。

白沙入泥沙自黑,蓬生麻中岂不直[1]!生子当置齐鲁间,礼义熏陶易成德[2]。三江雪花没马牛,曹生扣门言远游[3]。天地苦寒子何往,负笈从师清泖头[4]。曾君为儒我所知,规矩进退无差池[5]。座中弟子十余辈,森森玉立多容仪[6]。子往拜之听教诲,师严友亲各从类。一篑为山古所闻[7],百川与海终相会[8]。他时还乡拜庭闱[9],百年门巷生光辉。里中父老皆称叹,胜似苏家相国归[10]。

——《海叟集》卷二

[1] "白沙"二句:这两句说,环境对于一个人的成长是很重要的。《荀子·劝学》:"蓬生麻中,不扶而直;白沙在涅,与之俱黑。"

［２］"生子"二句：孩子生下来应该把他放到齐鲁之地，在那里受礼义的熏陶能够养成美好的品德。《左传·昭公二年》："周礼尽在鲁矣。"《论语·雍也》："齐一变，至于鲁；鲁一变，至于道。"

［３］"三江"二句：三江地区雪下得极大，曹生却来叩门告诉我他要远行。《史记·河渠书》："于吴，则通渠三江五湖。"司马贞索隐："三江，按地理志，北江从会稽毗陵县北东入海；中江从丹阳芜湖县东北至会稽阳羡县东入海；南江从会稽吴县南东入海。故禹贡有北江中江也。"《论语·里仁》："父母在，不远游，游必有方。"

［４］负笈：背着书箱，指游学外地。《北齐书·刘昼传》："（刘昼）爱学，负笈从师，伏膺无倦。"泖：袁凯的家乡在松江府华亭县，有三泖。《明一统志》卷九："三泖。在（松江）府城西南三十六里。《广韵》：'泖，华亭水也。'"

［５］"曾君"二句：曾先生是大儒，我也听说过。他教书育人规矩很大，学生们一行一动，没有越礼的。差池，差错。

［６］森森：谨严有度的样子。玉立：站姿美好的样子。

［７］"一篑"句：堆筑一个高高的土山，只差一筐土没有完成，很可惜。比喻做事情要做彻底，直到成功。《尚书·旅獒》："为山九仞，功亏一篑。"

［８］百川句：《淮南鸿烈解·泛论训》："百川异源，而皆归于海。"

［９］庭闱：父母所居之地。

［１０］"里中"二句：到那时，家乡的父老都称赞你，你比当年苏秦做了相国回家还要风光。《战国策·秦策一》："苏秦……将说楚王，路过洛阳，父母闻之，清宫除道，张乐设饮，郊迎三十里。"

# 钱唐尊孟

[解题] 作为刑部尚书的钱唐为儒家文化建设做了两件事，一是力谏天下通祀孔子，二是力谏孟子应该配享孔庙。他这样做冒着杀头的危险。朱元璋是个马上皇帝，残暴刻薄，喜怒无常。历代帝王无不轰轰烈烈地尊孔，但他却打算仅限孔子的家乡祭祀。孟子因为非常强调君臣关系的对等，这让崇尚专制的朱元璋咬牙切齿，不能手刃孟轲，那就把他逐出孔庙。有史料说，当时敢为孟子求情的，朱元璋"命金吾射之"。当此之时，钱唐大义凛然，为尊圣贤而不惧受戮，充分表现了一位知识分子威武不能屈的气节。

钱唐[1]，字惟明，象山人。博学敦行[2]。洪武元年[3]，举明经[4]。对策称旨，特授刑部尚书[5]。二年诏孔庙春秋释奠[6]，止行于曲阜[7]，天下不必通祀[8]。唐伏阙上疏言[9]："孔子垂教万世，天下共尊其教，故天下得通祀孔子，报本之礼不可废[10]。"侍郎程徐亦疏言[11]："古今祀典，独社稷、三皇与孔子通祀。天下民非社稷、三皇则无以生，非孔子之道则无以立。尧、舜、禹、汤、文、武、周公，皆圣人也。然发挥三纲五常之道[12]，载之于经，仪范百王，师表万世，使世愈降而人极不坠者，孔子力也。孔子以道设教[13]，天下祀之，非祀其人，祀其教也，祀其道也。今使天下之人，读其书，由其教，行其道，而不得举其祀，非所以维人心、扶世教也。"

皆不听。久之,乃用其言。帝尝览《孟子》,至"草芥"、"寇仇"语[14],谓:"非臣子所宜言",议罢其配享[15]。诏:"有谏者以大不敬论[16]。"唐抗疏入谏曰[17]:"臣为孟轲死,死有余荣[18]。"时廷臣无不为唐危[19]。帝鉴其诚恳[20],不之罪[21]。孟子配享亦旋复[22]。

——《明史·钱唐传》

[1] 钱唐(1314—1394):字惟明。今浙江丹城人。官至刑部尚书。为人清正廉直。

[2] 博学敦行:学问渊博,又去身体力行书中的道理。敦,勉力。《礼记·曲礼上》:"博闻强识而让,敦善行而不怠,谓之君子。"

[3] 洪武元年:公元1368年。洪武:明太祖朱元璋的年号(1368—1398)。

[4] 举明经:因为熟悉儒家经典被推举上来。明经是汉武帝时开始出现的一种选举官吏的制度,被推举者明习经学,故称。后来的科举考试中以儒家经典考试被录取的人士称明经。宋神宗时废除了这一制度。明清时代,明经是贡生的别称。

[5] 刑部尚书:主管全国司法和刑狱的高级官员。

[6] 释奠:见前王俭《释奠释菜议》注[4]。

[7] 曲阜:孔子的故里。

[8] 通祀:共同祭祀。

[9] 伏阙:拜伏于宫阙之下。这是臣子直接向帝王上书言事时的礼节。

[10] 报本:报答本源。指受恩思报。

[11] 程徐:字仲能。今浙江鄞(yín 银)州人。通晓《春秋》。官至刑部尚书。

[12] 三纲:君为臣纲,父为子纲,夫为妻纲。五常:仁、义、礼、智、信。

[13] 以道设教:用天地间的大道来进行教育。

[14] "帝尝"二句:孟子具有强烈的民本思想。他在《孟子·离娄下》

中说:"君之视臣如手足,则臣视君如腹心;君之视臣如犬马,则臣视君如国人;君之视臣如土芥,则臣视君如寇仇。"意思是,国君把臣子看成自己的手足,那臣子就会把君主看成自己的腹心;国君把臣子看成狗马,那臣子就会把国君看成普通国人;国君把臣子看成泥土草芥,那臣子就会把国君看成仇敌。

[15] 配享:这里指与孔子合祭。享,同"飨"。

[16] 大不敬:侵犯皇帝的权力和尊严的罪名,当斩。古代有所谓"十恶",大不敬是其中的一条。《旧唐书·刑法志》:"又有十恶之条:一曰谋反,二曰谋大逆,三曰谋叛,四曰谋恶逆,五曰不道,六曰大不敬,七曰不孝,八曰不睦,九曰不义,十曰内乱。"

[17] 抗疏:臣子向皇帝上书直言。

[18] 余荣:身后的荣耀。

[19] 为唐危:为钱唐感到危险。

[20] 鉴:审察,知道。

[21] 不之罪:不怪罪他。

[22] 旋:不久。

# 河东薛夫子

〔**解题**〕薛瑄是明代一位为人敬仰的学术大师,他对于程朱理学既有持久的钻研,也怀有深厚的感情,因此,在他做教育管理工作的时候,首先标举朱熹在白鹿洞书院讲学的学规。因为他有一个做了四十年教谕的父亲,我们可以想象儿子一定从父亲那里获得了很多法宝。其中,教学方法的耳濡目染应该就是其中一项。他的教学态度是严格还是宽和呢?"才者乐其宽,而不才者惮其严。"这真是一个绝妙的概述。

薛瑄[1],字德温,河津人。父贞[2],洪武初领乡荐[3],为元氏教谕[4]。母齐,梦一紫衣人谒见[5],已而生瑄[6]。性颖敏[7],甫就塾[8],授之《诗》、《书》,辄成诵[9],日记千百言。及贞改任荥阳,瑄侍行。时年十二,以所作诗赋呈监司[10],监司奇之。既而闻高密魏希文、海宁范汝舟深于理学,贞乃并礼为瑄师[11]。由是尽焚所作诗赋,究心洛、闽渊源[12],至忘寝食。后贞复改官鄢陵。瑄补鄢陵学生,遂举河南乡试第一,时永乐十有八年也[13]。明年成进士。以省亲归[14]。居父丧,悉遵古礼[15]。宣德中服除[16],擢授御史[17]。三杨当国[18],欲见之[19],谢不往[20]。出监湖广银场,日探性理诸书[21],学益进。以继母忧归[22]。

正统初还朝[23],尚书郭琎举为山东提学佥事[24]。首揭白鹿洞学规[25],开示学者[26]。延见诸生[27],亲为讲授。

才者乐其宽,而不才者惮其严[28],皆呼为"薛夫子"。

……瑄学一本程朱[29],其修己教人,以复性为主[30],充养邃密[31],言动咸可法[32]。尝曰:"自考亭以还[33],斯道已大明[34],无烦著作,直须躬行耳[35]。"有《读书录》二十卷,平易简切,皆自言其所得,学者宗之。

——《明史·薛瑄传》

[1] 薛瑄(1389—1464):字德温,号敬轩。山西河津人。明代思想家、理学家、文学家、教育家。官至翰林院学士。他是河东学派的创始人,世称"薛河东"。谥号文清,后世又称"薛文清"。

[2] 贞:薛贞,洪武间举人,历官教谕四十年。

[3] 领乡荐:乡试中举。唐宋时期应试进士由州县荐举叫乡荐。

[4] 元氏:今河北元氏。教谕:县学的学官,负责教育学生和祭祀文庙。《明史·职官志四》:"儒学。府,教授一人,训导四人。州,学正一人,训导三人。县,教谕一人,训导二人。教授、学正、教谕,掌教诲所属生员,训导佐之。"

[5] 谒(yè业)见:拜见。

[6] 已而:很快。

[7] 颖敏:非常聪明。

[8] 甫就塾:刚刚就读私塾。甫,刚。

[9] 辄:就。

[10] 监司:见前程颢《请修学校尊师儒取士札子》注[52]。

[11] "贞乃"句:薛贞于是对魏希文、范汝舟非常尊敬,请他们做薛瑄的老师。

[12] "究心"句:潜心探究洛学、闽学的渊源。北宋程颐、程颢兄弟在洛阳讲学,他们的学术流派被人称作"洛学"。洛学开宋明理学的先河。南宋朱熹在福建讲学,他的学术流派被人称作"闽学"。朱熹是理学的集大成者。

[13] 永乐:明成祖朱棣的年号。永乐十有八年,即永乐十八年(1420)。

〔14〕省(xǐng 醒)亲：回家探望父母或其他尊长。

〔15〕悉：全，都。

〔16〕宣德：明宣宗朱瞻基的年号(1426—1435)。服除：守丧期满。

〔17〕擢：提拔。

〔18〕三杨当国：杨士奇(1365—1444)，今江西泰和人。杨荣(1371—1440)，今福建建瓯人。杨溥(1372—1446)，今湖北石首人。三人均历仕永乐、洪熙、宣德、正统四朝，位至台阁，世称"三杨"。明焦竑《玉堂丛语》卷七："论我朝贤相，必曰三杨。"

〔19〕欲见之：想让薛瑄来拜见自己。

〔20〕谢不往：婉言谢绝不去拜见。

〔21〕性理诸书：探究人性和天理的学术著作。明成祖时曾敕胡广等编辑《性理大全》。其中包括周敦颐、张载、邵雍、朱熹等理学家的著作。

〔22〕"以继"句：因为继母去世需要居丧辞官回家。忧，居丧。

〔23〕正统：明英宗朱祁镇的年号(1436—1449)。

〔24〕郭琎(jìn 进)：字时用。今河南新安人。官至吏部尚书。佥事：属官，相当于现在的副职或助理。

〔25〕"首揭"句：薛瑄第一次在教育机构中标榜白鹿洞书院的教学理念和原则。白鹿洞，南宋朱熹在今江西庐山重建白鹿洞书院，聚徒讲学。在此期间，朱熹制定了著名的《白鹿洞书院学规》，这是我国教育史上的一件大事。

〔26〕开示学者：开导教育求学的人。

〔27〕延见诸生：接见学生们。延见，接见。

〔28〕"才者"二句：有才学的学生们对薛瑄的宽和很高兴，没有才学的学生对薛瑄的严厉很害怕。惮，害怕。

〔29〕"瑄学"句：薛瑄的学术完全源于程朱理学。一本，完全源于。

〔30〕复性：回复本性之善。唐李翱《复性书》："情者妄也，邪也。邪与妄则无所因矣。妄情灭息，本性清明，周流六虚，所以谓之能复其性也。"薛瑄《读书录》卷三："圣人之所以教，贤者之所以学，性而已。"

〔31〕充养：学养，学问。邃密：精深严密。朱熹《鹅湖寺和陆子寿》："旧学商量加邃密，新知培养转深沉。"

[32]"言动"句:一言一行都可作为世人的法则。咸,都。

[33]考亭:代指朱熹。朱熹晚年居住在考亭(今福建建阳市内)讲学,弟子众多,学术史上称"考亭学派"。

[34]斯道:指性理之学。

[35]躬行:亲自实践。

# 顾炎武好学

〔**解题**〕在王阳明心学的影响下,明清之际的人们普遍喜欢空谈心性。作为清学的开山之祖,顾炎武注重学以致用。他是一位反清复明的革命家,嗣母临终时的教诲"勿事二姓"铭刻肺腑。顾炎武没有呆在书斋里做学问,他实地考察了许多关塞,用亲眼所见的风土和地理来校勘文献的记载。正史中写道:"清初称学有根柢者,以炎武为最",此言不虚。

顾炎武[1],字宁人,原名绛,昆山人。明诸生。生而双瞳[2],中白边黑。读书目十行下。见明季多故[3],讲求经世之学[4]。明南都亡[5],奉嗣母王氏避兵常熟[6]。昆山令杨永言起义师,炎武及归庄从之[7]。鲁王授为兵部司务[8],事不克[9],幸而得脱,母遂不食卒[10],诫炎武弗事二姓[11]。唐王以兵部职方郎召[12],母丧未赴,遂去家不返。炎武自负用世之略[13],不得一遂[14],所至辄小试之[15]。垦田于山东长白山下,畜牧于山西雁门之北、五台之东,累致千金。遍历关塞,四谒孝陵[16],六谒思陵[17],始卜居陕之华阴[18]。谓"秦人慕经学,重处士[19],持清议[20],实他邦所少[21];而华阴绾毂关河之口[22],虽足不出户,亦能见天下之人、闻天下之事。一旦有警,入山守险,不过十里之遥;若有志四方[23],则一出关门,亦有建瓴之便[24]。"乃定居焉。

生平精力绝人,自少至老,无一刻离书。所至之地,以二骡二马载书,过边塞亭障[25],呼老兵卒询曲折[26],有与平日所闻不合,即发书对勘[27];或平原大野,则于鞍上默诵诸经注疏[28]。

——《清史稿·顾炎武传》

[1] 顾炎武(1613—1682):字宁人。江苏昆山人。因仰慕文天祥的学生王炎午,改名炎武。其故居旁有亭林湖,人称"亭林先生"。与黄宗羲、王夫之并称明末清初"三大儒"。中国历史上的思想家、经学家、史地学家、音韵学家。

[2] 双瞳:一目双眸。

[3] 明季:明朝末年。多故:多难。

[4] 经世之学:中国明末清初兴起的一种学问。凡能治国治民的学问,皆可称经世之学。经世之学反对理学家空谈心性,也反对清初盛行的考据学。

[5] 明南都亡:指弘光政权灭亡。公元1644年明朝被李自成灭亡后,同年福王朱由菘在南京被拥立为帝,这就是南明弘光政权。弘光政权只存在了一年。

[6] 嗣母:顾炎武过继给去世的堂伯为嗣,寡母王氏抚养顾炎武成人,从小教育他做人要向岳飞、文天祥、方孝孺等忠义之士学习。避兵:躲避清兵。

[7] 归庄(1613—1673):明代归有光的曾孙。书画家、文学家。与顾炎武为至交。

[8] 鲁王:在弘光政权中,鲁王朱以海监国。

[9] 事不克:起兵反清之事没有成功。

[10] 不食卒:绝食而死。

[11] 弗事二姓:不要投降清朝。事,侍奉。二姓,这里指两个王朝。《汉书·龚胜传》:"今年老矣,旦暮入地,谊岂以一身事二姓,下见故主哉!"

[12] 唐王:朱聿键,南明第二任君主。

[13] 用世之略:治国方略。

[14] 遂:满足心愿。

[15] 辄:就。

[16] 孝陵:明太祖朱元璋的陵墓。朱元璋是开国之君。

[17] 思陵:明思宗朱由检的陵墓。朱由检是亡国之君。

[18] 卜居:选择居处。

[19] 处士:有才德而没有做官的人。

[20] 清议:公正的议论,对时政的议论。

[21] 他邦:其他地方。

[22] 绾毂(wǎn gǔ 晚古):控制。《史记·货殖列传》:"然四塞,栈道千里,无所不通,唯褒斜绾毂其口。"司马贞索隐:"言褒斜道狭,绾其道口,有若车毂之凑,故云'绾毂'也。"关河:函谷关、黄河。

[23] 有志四方:有远大的志向。这里指反清复明的军事斗争。

[24] 建瓴(líng 玲)之便:比喻居高临下,占据绝对优势。建,倒水,泼水。瓴,盛水的瓶子。《史记·高祖本纪》:"地势便利,其以下兵于诸侯,譬犹居高屋之上建瓴水也。"

[25] 亭障:堡垒。

[26] 曲折:详细情况。

[27] 发书:打开图书。对勘:比对核实。

[28] 注:对经书字句的注解。疏:对注的注解。

# 万　先　生

〔**解题**〕与历史上许多大师一样,万斯同不仅学殖深厚,而且人品极佳。上到王公下至士子,无不尊称"万先生"。万氏出生在一个文化氛围浓厚的家庭,自幼聪颖,长大后师从黄宗羲。黄氏是明末大儒刘宗周的弟子,刘氏蕺(jí)山讲学是中国教育史、思想史上的大事,万斯同当然心向往之。万氏与同窗采取了"会讲"的方式学习,这是中国古代行之有效的教学、学习模式,不仅同学之间可以切磋,而且师生之间也可讨论。他们热爱老师,但更热爱真理。

万斯同[1],字季野,鄞县人。父泰,生八子,斯同其季也[2]。兄斯大[3],儒林有传[4]。性强记[5],八岁,客坐中能背诵扬子《法言》[6]。后从黄宗羲游[7],得闻蕺山刘氏学说[8],以慎独为宗[9]。以读书励名节与同志相劘切[10],月有会讲[11]。博通诸史,尤熟明代掌故[12]。康熙十七年,荐鸿博[13],辞不就……

平生淡于荣利[14],修脯所入[15],辄以以周宗党[16]。故人冯京第死义[17],其子没入不得归[18],为醵钱赎之[19]。尤喜奖掖后进[20]。自王公以至下士,无不呼曰"万先生"。李光地品藻人伦[21],以谓顾宁人、阎百诗及万季野[22],此数子者,真足备石渠顾问之选[23]。而斯同与人往还[24],其自署则曰"布衣万某",未尝有他称也。

——《清史稿·万斯同传》

[1] 万斯同(1638—1702):字季野,号石园。今浙江鄞州人。黄宗羲的弟子。史学家、学者。《明史稿》五百卷,皆其亲自裁定。

[2] 季:排行最小的。

[3] 斯大:万斯大,字充宗。万泰的第六个儿子,他也是黄宗羲的弟子。经学家。

[4] 儒林有传:《清史稿》卷四八一《儒林传二》有万斯大的本传。

[5] 性强记:具有极强的记忆力。

[6] 扬子《法言》:《法言》是扬雄(前53—18)的代表作,共十三卷。其内容是宣扬孔孟之道,主张宗经、征圣。

[7] 从黄宗羲游:追随黄宗羲学习。黄宗羲(1610—1695):字太冲,号南雷,别号梨洲。人称"梨洲先生"。中国历史上的经学家、思想家、史学家、地理学家、教育家。

[8] 蕺山刘氏:刘宗周(1578—1645),字起东。今浙江绍兴人。因在山阴蕺山讲学,人称"蕺山先生"。他是宋明理学的殿军。黄宗羲是他的学生。

[9] 慎独:刘宗周在自己的著作中反复强调"慎独"的重要性,认为它是学问的第一要义。慎独是讲在没人监督的时候,自己也应控制自己的欲望,不要做违礼违法的事情。《礼记·大学》:"此谓诚于中,形于外,故君子必慎其独也。"

[10] 劘(mó 摩)切:切磋。

[11] 会讲:学术讨论。中国历史上本来就有会讲的传统,到宋代朱熹(1130—1200)与张栻(1133—1180)在岳麓书院传经布道,师生间切磋讨论,这就是历史上有名的"朱张会讲"。

[12] 掌故:历史人物、典章制度等。

[13] 鸿博:博学鸿词科的简称。清朝共举行过两次博学鸿词科考试,第一次就在康熙十七年(1678)。

[14] 荣利:荣誉和利益。

[15] 修脯(fǔ 府):送给老师的酬金和礼物。修,干肉。

[16] 周:周济。宗党:宗族、乡党。

［17］冯京第:字跻仲,号簟溪。今浙江慈溪人。复社成员。抗清名士。死义:永历八年(1654),冯京第被部将出卖给清军,慷慨就义。

［18］没(mò 末)入:人口入官。

［19］醵(jù 巨)钱:凑钱,集资。

［20］后进:晚生,后学。

［21］李光地(1642—1718):字晋卿,号厚庵。今福建泉州人。理学名臣。官至文渊阁大学士。品藻人伦:品评人物。

［22］顾宁人:顾炎武,字宁人。阎百诗(1638—1704):阎若璩(qú 渠),字百诗。今山西太原人。清初经学家、考据学家。

［23］"真足"句:真可以做帝王的老师。石渠,石渠阁的简称,西汉皇室藏书之地,当时名儒硕学在石渠阁为皇帝讲论五经。

［24］往还:书信往来。

## 关 键 词

尊师重教是中华文明得以传承与创新的关键因素。不论学在官府,还是学在民间,老师都是教育活动中居于主导作用的一个环节。当然,老师这一角色也是一个历史的概念。上古时期,政府官员兼任老师,所谓"官师合一",这是由于文化与学术垄断在统治阶级手里造成的。随着历史的演进,伴随着社会结构的巨大变动,出现了由专门学者充当的老师。从此以后,老师们传授的内容既有经典的解读,也有人格的培养。或者也可以说,一方面是培养国家的栋梁之材,另一方面,又没有完全让教育成为政治的附庸。当年子路安排学未有成的子羔去做一个地方官,孔子就说子路这是去害那个年轻人。这种情况,不仅在孔子的时代大量存在,就是在后世也是非常普遍的,所以北宋的王令写了篇《师说》批判这种现象。从孔子的时代开始,老师们对于弟子的教育有着更高更严的要求,道与艺、内圣与外王,所有这些都在教学的范围之内。在尊师重教这一核心价值观的笼罩之下,敬学勤学便成为一个顺理成章的事情了。因此,我们可以骄傲地说,中华民族既拥有丰富的教育教学理论资源,也不乏尊师重教与勤学好问的伟大实践。"带经耕读"、"凿壁偷光"、"熊丸课子"、"欧母画荻",这些光辉的榜样激励着一代又一代中华儿女发愤成才。当然客观地说,中国历史上的"传道受业解惑"是围绕着"虚学"或者"心性之学"展开的。而这种注重传统、心灵和人格的"虚学"或"心性之学"在中国历史上始终处于绝对优势的地位,它不仅使得我国的学术常常限于空谈而不务实际的局面,并且直接导致科学技术的继承与创新受到极大的限制。有感于此,本书有意遴选了张衡与毕昇的故事,以见"敬学"在中国古代科学技术领域中的表现。